Gefühle 1
Von Angst bis Zärtlichkeit

Naturgeister 16

Zu den Steiner-Zitatangaben in den FLENSBURGER HEFTEN: Die GA-Nummern beziehen sich auf die jeweilige Bibliographie-Nummer der Rudolf Steiner Gesamtausgabe im Rudolf Steiner Verlag, Dornach/Schweiz. Danach sind in der Regel das Erscheinungsjahr der benutzten Ausgabe, das Vortragsdatum bzw. Kapitel und die Seitenzahl angegeben, von der Autor-, Titel- und Ortsnennung wird abgesehen. Nach Bibliographie-Nummern geordnet ist die Rudolf Steiner Gesamtausgabe im Katalog des Rudolf Steiner Verlags aufgeführt. Der Katalog ist durch den Buchhandel erhältlich.

Aus dem Inhalt

Liebe Leserinnen und Leser!

Viele Menschen haben Schwierigkeiten bzw. kommen gar nicht auf die Idee, unsere Welt konsequent wesenhaft zu denken – selbst wenn sie sich um Spiritualität bemühen. Wenn man sich in die Anthroposophie vertieft, eröffnet sich einem zwar eine Fülle von Wesenheiten, die Erde und der ganze Kosmos stellen sich in differenzierten Wesenhaftigkeiten dar – aber meist bleibt es für den modernen Menschen doch irgendwie abstrakt, wenn er über geistige Wesen spricht. Das liegt schlicht daran, daß sich die Aufmerksamkeitskräfte der meisten Menschen heutzutage auf die Sinneswelt richten, nicht auf die übersinnlichen Welten, die unsere materielle Welt durchdringen. Und es liegt auch daran, daß man sich unsere Welt nicht so vielgestaltig wesenhaft vorstellt, wie sie ist.

Die Milliarden von Menschen sowie ihre Schutzengel sind nur ein Bruchteil aus der Fülle aller existierenden Wesen. Dieses vorliegende Buch würde nicht ausreichen, um alleine die etwas differenzierteren Gruppen von Wesenheiten aufzuzählen. Unsere Welt ist viel wesenhafter, als man sich wahrscheinlich vorstellen kann. Denken Sie doch einfach einmal die Welt wesenhaft!

Während des langsamen Verfestigungsprozesses vom Wärmezustand des alten Saturn über die alte Sonne, den alten Mond bis hin zu unserer materiell verfestigten Erde unterlag ein großer Bereich unserer kosmischen Welt über Äonen von Zeitaltern einer fortwährenden Verdichtung. Immer dann, wenn sich etwas verfestigt, müssen sich Wesenheiten absondern oder werden neu geschaffen und müssen in den dichteren Zustand einziehen.

Denken Sie sich Wasser mit gelöstem Salz in einer Schale. Stellen Sie die Schale gedanklich oder real in die Sonne und beobachten Sie über einen längeren Zeitraum, wie das Wasser allmählich verdunstet und sich die Salzwürfel herauskristallisieren. Dies ist der Verdichtungsprozeß des Salzes vom Flüssigen zum Festen. Damit dies geschehen kann, müssen sich kleinere Salzwesen mit den sich verfestigenden Salzkristallen verbinden. Fortan haben diese dann im Stoff ihren Wirkungsbereich. Real. Wesenhaft. Übersinnliche Wesen – verbunden mit dem Stoff.

Haben Sie schon einmal daran gedacht, wenn Sie Ihre Suppe salzen, daß Sie dann nicht nur Salzkristalle hineinstreuen, sondern auch kleinere Wesen, die beim Lösungsprozeß in einer gewissen Weise wieder befreit werden? Das findet man heutzutage lächerlich. Natürlich kann man solche Übungen nicht bei jeder alltäglichen Verrichtung durchführen, aber man könnte sich vornehmen, sich einmal täglich einen solchen Vorgang bewußtzumachen.

Und so wie mit den Wesenheiten bei den Salzprozessen müssen Sie sich gleichermaßen alles vorstellen. Mit allem, was verfestigt ist – sei es von höheren geistigen Wesen geschaffen oder durch den Menschen selbst gestaltet und in die Welt gestellt –, verbinden sich immer Wesen. Und dies sind nur die kleinen Wesen, z.B. Naturwesen oder alle die Wesen, die mit geschaffenen materiellen Gegenständen verbunden sind, wie z.B. Hausgeister oder Maschinenwesen.

Stellen Sie sich einfach Ihr Zimmer vor, in dem Sie sich gerade befinden. Da stehen ein Tisch, ein Stuhl, eine Vase mit Blumen, ein Bücherregal mit vielen Büchern, Ihr Schreibtisch mit einem Laptop, sicherlich auch viele Zettel, ein Bord mit Ihrer CD-Sammlung, vielleicht auch eine brennende Kerze, mitunter noch eine Tasche in irgendeiner Ecke, sicherlich aber viele Staubkörner auf dem Teppich und vielleicht noch zu guter Letzt eine Wespe, die gerade durchs geöffnete Fenster geflogen ist und Sie stört. Mit allen diesen materiellen Körpern sind auch übersinnliche Wesen verbunden. Viele!

Und nun stellen Sie sich vor, Sie könnten alle diese Wesen in Ihrem Zimmer übersinnlich wahrnehmen – so wie diese Wesen Sie wahrnehmen. Stellen Sie sich einfach vor, es wären lauter Menschen in Ihrem Zimmer. Würden Sie sie fortwährend mißachten? Sicherlich nicht. Sie würden sie zumindest einmal am Tag grüßen. Sicherlich hätten Sie auch so manche Frage nach dem Sinn und dem Umfang der Aufgabenbereiche dieser Wesen. Vielleicht würden Sie auch darüber sprechen, wie man sich im großen und ganzen besser arrangiert, wie man sich gegenseitig besser kennenlernen und zusammenarbeiten kann. Vielleicht aber hätten Sie auch noch weitergehende Fragen an diese Wesen, denn der Suche und der Erkenntnis sind schließlich keine Grenzen gesetzt.

Aber es gibt nicht nur diejenigen Wesen, die mit unserem materiellen Sein verbunden sind, sondern geistige Wesen, die darüber hinaus alles weitere regeln – in sämtlichen übersinnlichen Bereichen des Kosmos.

Wenn man intensiv einen Begriff denkt, verbindet man sich mit dem Wesen dieses Begriffs. Jeder Begriff ist ein Wesen – klein oder groß, in einer unteren Ebene als abstrakter Gedanke, in höheren Regionen vielleicht als Ideal oder verbunden mit einem Ideal. Wenn man meditiert, eröffnet man geistige Kraftgestalten, verschiedene Wesen verbinden sich mit unseren Bewußtseinsanstrengungen und kommunizieren mit uns. Wenn wir beten, eröffnen wir aus Freiheit eine Kraftgestalt, höhere geistige Wesen stützen diese Kraftgestalt.

Und wie ist es mit unseren Gefühlen? Genauso. Die Seele des Menschen ist sehr vielgestaltig. Wenn Sie z.B. Anfang Mai in den Wald gehen und sich einige Buschwindröschen suchen und an ihnen riechen, so sind diese Blumen Dinge der äußeren materiellen Welt. Sie selbst treten als irdisches Wesen an diese heran. Und bei dieser Begegnung gibt es den einen Moment: wenn Ihre Seele auf die Blumen in der Außenwelt reagiert, vermittelt durch Ihre Sinne. Die Empfindungsseele ist es, die – vermittelt durch die Sinne, den Ätherleib und den Seelenleib – auf die Wahrnehmungen der äußeren Welt reagiert. Und in diesem Bereich der Seele leben unzählige Gefühle und Gefühlsnuancen – alle die, die auf etwas anderes, Fremdes, von außen Kommendes reagieren; seien dies nun Dinge der Außenwelt oder Seelisch-Geistiges von anderen Wesen.

Erst dann, wenn der Mensch seine klareren, gedanklichen Kräfte, seine Ich-Kräfte, aktiviert, läßt er nicht nur geschehen, reagiert er nicht nur auf die Gefühle, sondern gestaltet selbst. Man ordnet, analysiert, bekämpft oder drängt ein Gefühl zurück oder läßt es absichtlich zu. In diesem Bereich werden die Kräfte der Verstandesseele aktiviert, die aber letztendlich immer noch von außen, von anderen Wesen oder Dingen angestoßen werden, aber schon mit eigener Ichkraft durchdrungen werden. Und wenn sich der Mensch ganz frei macht, nur das in die Welt stellt, was er selber will, sich auch Neuem und Geistigem öffnet, aktiviert er die Kräfte seiner Bewußtseinsseele.

Wie auch immer – die Seele des Menschen ist vielgestaltig und verbunden mit den Weiten des Kosmos. Und die geistige Individualität, das Ich des Menschen gestaltet diese Seele, entwickelt sie weiter, hat in sich das Feuer der Umgestaltungskraft – bis hin zu Horizonten, die nie enden.

Genauso wie jedes Haus einen Hausgeist und sehr viele kleine Geister hat, ist auch jedes Gefühl nicht nur eine Kraft in der Seele des Menschen, sondern hat auch ein Wesen, ist dieses Wesen des jeweiligen Gefühls – der Zorn ist ein Wesen, die Zärtlichkeit ist ein Wesen, der Neid ist ein Wesen, die Toleranz ist ein Wesen... Man könnte sie astrale Wesen nennen, obwohl Begriffe für vielgestaltige Wesen oft problematisch sind, weil sie einengen, festzurren. Jedes Wesen ist grundverschieden – mehr seelisch, mehr geistig, auf jeden Fall umfassender Repräsentant des jeweiligen Gefühls, der jeweiligen Tugend, der jeweiligen Eigenschaft.

Ausschlaggebend ist auch, daß das Wesen eines Gefühls nicht eng, einseitig und schablonenhaft zu verstehen ist. Oft wird der Geiz einfach als ahrimanisch, die Verschwendungssucht als luziferisch charakterisiert. Aber so einfach kann man es sich nicht machen. Die Wesen sind entweder grau wie auch der Mensch, also gemischt, vielseitig, oder es sind ganz neutrale und oft sehr weise Wesen.

Mit diesen Wesen habe ich gesprochen, vermittelt durch Verena Staël von Holstein. Meist hatte ich einige Fragen vorbereitet, Verena Staël von Holstein aber war niemals im Wissen, welches Gefühl gerade an die Reihe kam. Die Gespräche selbst waren meist sehr spontan, manchmal kam ich kaum zu Wort, oft war der Verlauf völlig anders, manchmal rangen wir geistig um eine Erkenntnis. Auf jeden Fall entstanden ganz neue Welten, eröffneten sich vollständig neue Zusammenhänge in bezug auf das Wesen eines solchen Gefühls – Zusammenhänge, die ich oft nicht für möglich gehalten hätte.

Lesen Sie selbst, wie vielseitig und bunt die Welt des Seelisch-Geistigen ist.

Ihr

Wolfgang Weirauch

Die beteiligten Geistwesen

DIESE WESEN SIND AUS VORANGEGANGENEN VERÖFFENTLICHUNGEN BEKANNT:

Etschewit, der Nasse – Wasserwesen

DIESE WESEN TRETEN HIER ZUM ERSTEN MAL AUF:

Geiz, der Geiz – Astrales Wesen
Luzasia, der Verschwendungssucht – Astrales Wesen
Johanna Maria Helena Cecilia, die Freigiebigkeit – Astrales Wesen
Calytta, das Interesse – Astrales Wesen
Langeweile, die Langeweile – Zeitwesen, Raumwesen
Lilly, die Neugier – Astrales Wesen
Generosa, die Gier – Astral-Äther-Wesen
Tamara, die Zärtlichkeit – Universelles Wesen
Pader, die Trägheit des Herzens – Astrales Wesen
Kert, die Hartherzigkeit – Ahrimanisches Wesen
Zorn, der Zorn – Höherer Engel
Vander, der Sanftmut – Astrales Wesen
Herr der Temperamente – Höherer Engel
Verlogenheit – Dunkel-Astrales Wesen
Flamme, die Begeisterung – Geistiges Wesen
Fanal, der Fanatismus – Astrales Willenswesen
Kolehra, die Toleranz – Denk-Wesen
Martha, das Mitleid – Geistig-Astrales Wesen
Angst, die Angst – Universelles multiples Wesen

Geiz

Wolfgang Weirauch: Ist ein Geiz-Wesen zu sprechen?

Geiz: Ja. Soll ich jetzt geizen?

W.W.: Nicht zu sehr, denn ich möchte mit Dir sprechen.

Geiz: Warum?

W.W.: Du interessierst mich, und ich möchte möglichst viel von Dir erfahren.

Geiz: Ich passe nicht zu Dir.

W.W.: Beantwortest Du mir trotzdem einige Fragen?

Geiz: Es soll so sein.

W.W.: Erzähl mal etwas über Dich. Was bist Du für ein Wesen?

Geiz: Ich bin ein astrales Wesen. Ich lebe sehr erfolgreich auf dem astralen Plan; besonders in der heutigen Zeit. Ihr verkennt mich vielfach, und das macht mein Agieren sehr einfach.

W.W.: Warum verkennen Dich die Menschen?

Geiz: Weil ihr mich hauptsächlich im Zusammenhang mit Geld seht, das aber ist nur ein Aspekt von mir. Ich habe auch andere Aspekte, sogar positive. Aber die sind euch aus den Augen geraten.

W.W.: Nämlich?

Geiz: Man kann auch mit negativen Eigenschaften geizen. Das ist nach eurer Weltanschauung positiv. Man kann Geiz als Steuerungsmittel einsetzen, indem man etwas ausgeizt. Weinbauern machen das und bekommen dadurch bessere Weine. Dieser Begriff ist nicht mehr allgemein bekannt, nur noch in Spezialistenkreisen.

Ich bin in meiner Ausprägung menschengemacht; in meiner Entstehung eher nicht. Es haben andere Kräfte gewirkt, damit Geiz vorhanden ist. Nenn mich einfach Geiz; das ist am einfachsten.

Geiz ist ein neutrales Wesen

W.W.: Geizt Du mit allem?

Geiz: Nur nicht mit Geiz!

W.W.: Bist Du ein verwandtes Wesen zur Habgier und zur Sparsamkeit?

Geiz: Nein, nein, nein. Die Sparsamkeit ist mir zwar verwandt, mit der Habgier aber habe ich nichts zu tun. Das ist eine Verwechslung.

W.W.: Ist die Habgier ein gegenteiliges Wesen zu Dir?

Geiz: Ja. Geiz und Habgier heißen eben Geiz und Habgier, weil eure Sprache sehr viel weiser ist als ihr selbst. Geiz ist viel neutraler als Habgier. Geiz ist eigentlich ein neutrales Wesen. Ihr macht mich schwarz oder weiß, aber ich bin eher farblos. Habgier dagegen ist nicht farblos, sondern eher im schwarzen Bereich angeordnet. Habgier führt dazu, immer mehr haben zu wollen.

W.W.: Wer geizig ist, hat meist schon etwas; wer habgierig ist, will zumindest noch mehr haben, oder nicht?

Geiz: Ja, obwohl der Manager, der schon sehr viel hat, trotz seines Besitzes noch mehr haben will. Geiz dagegen will nicht unbedingt mehr haben, Geiz will lediglich das, was vorhanden ist, nicht weggeben.

Ich opfere an der richtigen Stelle

W.W.: Hast Du Schwierigkeiten, beispielsweise etwas zu opfern?

Geiz: Opfern und schenken sind große Worte! Damit sollte man vorsichtig umgehen. Sonst werden die Geschenke und Opfer überbordend. Das Richtige im richtigen Moment opfern kannst Du auch, wenn Du geizig bist. Das ständige Opfern, das ewige Vor-sich-hin-Opfern ist nicht mein Ding.

W.W.: Folglich opferst Du auch manchmal ein wenig?

Geiz: Ja.

W.W.: Kannst Du einmal dafür ein Beispiel geben?

Geiz: Wenn es notwendig ist zur Erhaltung meiner selbst, opfere auch ich. Ich opfere sogar auch, wenn es notwendig ist zum Fortbestand der Welt. Der Geizige opfert an der Stelle bereitwillig, an der er damit größere Schäden verhindert.

Sparsam und geizig

W.W.: Kannst Du einmal den Charakter eines geizigen Menschen beschreiben?

Geiz: Er muß keineswegs habgierig sein. Der geizige Mensch besitzt etwas. Das kann Geld sein, es können aber auch ganz andere Gaben sein. Geiz kann auch ein Ergebnis eines Mangels sein. Ein geiziger Mensch gibt die Gaben, die er hat, nur unter bestimmten Umständen heraus. Wenn ein Mensch relativ viel Geld hat und es nicht willkürlich in der Welt verschwendet, gilt er bei den anderen Menschen als geizig. In dem Moment wird der Geiz als ein negativer Charakterzug angesehen. Hat ein Mensch aber viel von einer seelischen Gabe und setzt diese nur gezielt ein, zurückhaltend, wird er eher als sparsam betitelt.

Hier entsteht die Frage, wo der Übergang von der Sparsamkeit zum Geiz beginnt. Der Geiz hat sogar im alten Sinne – nicht in der neueren Verständnisweise – etwas Veredelndes, denn der Geizige versucht, aus den Gaben, die er hat – welche auch immer das sind –, etwas Besseres zu machen. Der Sparsame macht das eher nicht. Das ist ein wichtiger Unterschied! Solche Feinheiten sind zwar in der Sprache noch vorhanden, im Alltag aber eher verwischt. Eigentlich klingt sogar in dem Werbeslogan „Geiz ist geil" etwas Veredelndes durch, auch wenn das nur noch eine Ahnung ist. Denn Geilheit bei Geiz ist ein sich Erfreuen an demjenigen, was man hat und was man nicht weggibt. Bei Sparsamkeit ist dieser Aspekt nicht vorhanden. Der Sparsame hat nur einen Aufbewahrungsimpuls gegenüber seinen Sachen, während der Geizige auch einen Veredelungsimpuls besitzt.

W.W.: Geiz bezieht sich meist auf materielle Güter. Aber man kann ja ganz genauso mit Gefühlen und mit Wissen geizen. Ist das eine andere Qualität?

Geiz: Man sagt ja sogar oftmals: Geize nicht so mit deinem Wissen. Wenn man mit Gefühlen geizt, ist man oft der Meinung, daß man sich bloßstellt, wenn man etwas von seinen Gefühlen offenbart. Das ist in anderen Kulturzusammenhängen allerdings nicht so wie im mitteleuropäischen Bereich. Ihr mitteleuropäischen Menschen geht eigentlich mit euren Gefühlen ziemlich geizig um. Daraus ist ein Erziehungsmodell entstanden, welches europaweit gilt.

Geizhals

W.W.: Kannst Du einmal die Seele bzw. den Astralleib, vielleicht auch den Ätherleib eines sogenannten Geizhalses darstellen?

Geiz: Warum heißt es eigentlich Geizhals und nicht Geizbauch oder Geizbein? Was geht durch den Hals? Die Luft. Essen und Trinken. Die Worte. Durch den Hals gehen also Dinge, die den physischen Leib erhalten, genauso den Ätherleib, aber auch den Astralleib, also geäußerte Gefühlsbereiche. Insofern ist die Bezeichnung des Halses schon ganz richtig. Zweitens wird der Hals vom Kopf gesteuert. Geiz ist eine denkerische Entscheidung. Der Kopf macht also den Hals zu. Er züchtigt den Leib vom Kopf aus. Menschen, die mit Gefühlen geizen, haben eine wenig leuchtende Aura. Menschen, die mit Geld geizen, unterliegen stark der Gefahr, daß sie habgierig werden, daß sie aus dem Geiz in andere Formen wegrutschen. Auffällig ist allgemein, daß die Farbgebung der Aura deutlich zurücktritt, wenn Geiz in irgendeiner Form auftritt. Zumindest verschiebt sich die Farbgebung von außen nach innen, denn das aus Geiz Zurückgehaltene wird innerlich sehr farbig erlebt, aber es darf nicht mehr zu den anderen Menschen bzw. zur Welt hin leuchten. Geiz ist also etwas, was deutlich mit den Gefühlen zu tun hat.

W.W.: Hast Du eher eine luziferische oder eine ahrimanische Komponente?

Geiz: Ich habe eine neutrale Komponente. Ist ein Mensch luziferisch geizig, ist der Anteil für das Zurückgehaltene größer; das ist ein Mensch, der sich ständig an dem begeistert, was er nicht weggibt. Ein Mensch, der mehr zur Habgier tendiert, sich an dem begeistert, was er anhäuft im materiellen Sinne, der ist ahrimanisch geizig.

Das Schöne nicht mit der Welt teilen

W.W.: Auf der einen Seite bist Du als astrales Wesen vorhanden, auf der anderen Seite entwickeln Menschen Geiz. Auf welche Weise verbindest Du Dich mit Menschen, die geizig sind?

Geiz: Man entwickelt eigentlich nicht in einem ganz bestimmten Moment Geiz, denn Geiz ist etwas Grundlegendes, länger Andauerndes. Es ist kein momentanes Gefühl. Man kann zwar in einem bestimmten Moment aus einem bestimmten Impuls heraus habgierig werden, aber nicht geizig. Geiz ist eine Charaktereigenschaft, die manchmal auch aus einer realen oder eingebildeten Not heraus entsteht. Es gibt erworbenen und angeborenen Geiz. Es gibt Kinder, bei denen man schon sehr früh feststellen kann, daß sie mit ihren Spielsachen geizig sind. Sie stellen sie meist in die Ecke, benutzen sie selbst kaum, damit sie sich nicht abnutzen, damit sie schön bleiben. Das ist auch eine Form von Geiz. Das aber ist eine mehr mitgebrachte Form. Das kann im späteren Leben dazu führen, daß man vieles sammelt, z.B. Bilder, und daraus sein eigenes kleines Museum gestaltet. Dieses Sammeln ist auch eine Form von Geiz. Man teilt die Schönheit nicht mit der Welt. Nur man selbst darf das Schöne anschauen. Das ist eine typisch geizige Geste. Möglicherweise ist das eine Charaktereigenschaft, die eine zu große Freizügigkeit oder Verschwendungssucht aus einem letzten Leben ausgleicht. Genausogut kann es aber auch eine Vorbereitung für eine entsprechende Freizügigkeit im nächsten Leben sein. Insofern ist alles das, was mit dem Geiz zusammenhängt, eher ein langanhaltender Prozeß in der menschlichen Seele.

W.W.: Und Du als Geiz hast zu diesen Menschen so etwas wie eine dauernde Verbindung?

Geiz: Ja.

W.W.: Bist Du im Ätherleib verankert?

Geiz: Nein, im Astralleib. Wegen der Dauerhaftigkeit werden allerdings geistige Strukturen in den Ätherleib eingelebt. Der Antrieb zum Geiz befindet sich aber auf der astralen Ebene, das Durchführen des Geizes als Gewohnheit findet dann auf der ätherischen Ebene statt. Bis in diese ätherische Ebene muß man auch hinabsteigen, wenn man den Geiz überwinden will. Geizige Strukturen, die man z.B. aus einer Not heraus aufgebaut hat, kann man nur nach und nach auflösen. Wenn genug vorhanden ist und man auch weggeben kann und wenn man dies bewußt macht, dann wäre dies eine Arbeit am Gewohnheitsleib, dem Ätherleib. Aber der bewahrende Impuls des Geizes kommt aus dem Gefühlsleib. Damit hängt auch zusammen, daß der Geiz den Impuls hat, ein Werterlebnis zu ermöglichen. Habgierig kann man dagegen auch in bezug auf völlig wertlose Sachen sein. Geizig eigentlich nicht.

W.W.: Bist Du als Geiz eigentlich froh, wenn sehr viele Menschen auf vielerlei Weise geizig sind, bzw. bist Du bestrebt, Menschen geizig zu machen?

Geiz: Du wirst es nicht glauben, aber das ist mir ziemlich gleichgültig. Ich sehe mich als Grundwesen eher als derjenige, der der Bewahrer des Schönen ist, nicht als derjenige, der die Perlen vor die Säue wirft. Ich bewahre die Perlen. Ich bin ein altes Wesen, aber ihr braucht mich noch.

In einem positiven Sinne kommt Geiz auch vor, wenn eine Menschengruppe nach einem schrecklichen Ereignis, z.B. nach einem Krieg, ihr Kulturgut zu wahren versucht und es nicht in die ganze Welt verschleudert. Das ist auch Geiz. Das ist eine Geste, die aus den höheren Kreisen der Engel stammt. Auch bei den sieben Führungserzengeln gibt es diese geizige Geste, wenn z.B. mit einer Gabe an die Menschen gegeizt wird, wenn sie nicht verschleudert wird, wenn sie erst einmal bewahrt wird. Denn wenn Menschen etwas noch nicht würdigen können, würde man Perlen vor die Säue werfen. Andere Engelkräfte wollen schneller alles darbieten, aber dann gibt es in der geistigen Welt diese geizige Geste, die weiß, daß etwas, was zu früh kommt, auch zerstörend wirken kann.

Man kann es auch als Geiz betrachten, wenn in einer sehr reichen Familie Kinder aufwachsen und man ihnen nicht alles Geld der Eltern gibt. Dies ist eine geizige Geste, aber sie ist erzieherisch wichtig.

Immer wieder entsteht hier aber der Moment, in dem man die Geste bewerten muß; denn an sich ist die geizige Geste neutral. Diese Geste kann auch eine Art Schutzgeste sein. Wenn dieser Geiz allerdings übertrieben wird, bekommt er eine negative Färbung.

Geiz und Freigiebigkeit

W.W.: Der Geiz hat also eine ziemliche Bandbreite. Auf der einen Seite hat er etwas Bewahrendes, Schützendes, auf der anderen Seite wäre aber Freigiebigkeit möglich. Wenn hier aber der Geiz stark ausgeprägt ist, bekommt dieser Geiz etwas sehr Enges. Sehe ich das richtig?

Geiz: Völlig richtig. Geiz hat niemals etwas Überschäumendes.

W.W.: Welche Beziehungen hast Du denn zur Freigiebigkeit und zur Verschwendungssucht?

Geiz: Zur Freigiebigkeit habe ich eigentlich eine gute Beziehung; wir sind ähnlich neutral, während sich die Habgier und die Verschwendungssucht eher fremd zu mir stellen. Sie sind über eine bestimmte Grenze hinausgegangen. Freigiebigkeit und Geiz halten sich dagegen in der Mitte auf; mehr, als ihr vermutet. Denn ein geiziger Mensch kann, wenn er von etwas überzeugt ist, wirklich auch freigiebig werden. Dann gibt er etwas, was er hat; und zwar deswegen, weil er etwas wichtig findet. Ein verschwendungssüchtiger Mensch hat dagegen gar nichts mehr, was er geben kann.

W.W.: Ich habe jetzt in unserem Gespräch den Eindruck, daß sich ein geiziger Mensch eher wandeln kann als ein verschwendungssüchtiger. Stimmt das?

Geiz: Der Verschwendungssüchtige muß seinen Charakterzug viel stärker bearbeiten, um ihn in den Griff zu bekommen. Andererseits ist bei einem Geizigen auch die Gefahr sehr stark, daß er immer mehr verhärtet und dann nichts mehr geben kann, so daß sein Geiz in die Habgier umschlägt. Die Schotten sind ja als geizig verschrien; das ist aus meiner Begrifflichkeit heraus allerdings falsch. Die Schotten sind sparsam, aber nicht geizig, und sie sind sparsam, weil sie in einer Gegend leben, die nicht sehr üppig ist, die sehr karg ist; weil sie gelernt haben, mit dem Wenigen auch auskommen zu müssen. Auf der anderen Seite sind die Schotten sehr spendenfreudig, also sind sie gleichzeitig auch freigiebig.

W.W.: Wenn ein Mensch den negativen Geiz extrem verkörpert, wie kann er diesen negativen Charakterzug allmählich überwinden?

Geiz: Ein Grundtip gilt fast immer: beten. In dem Moment, in dem ein Mensch mit der Christuswesenheit eine Verbindung eingeht, erlebt er, wenn er z.B. die Evangelien studiert, daß Christus immer auf dem Grad zwischen der Freigiebigkeit und dem Geiz gewandelt ist. Christus hat nicht sinnlos verschwendet. Er hat nicht jeden, der auf ihn zukam, mit guten Gaben überschüttet, sondern er hat genau geschaut, ob dieser Mensch es auch ertragen kann. Diesen Wesenszug nachzuerleben ist eine Möglichkeit, dafür Sorge zu tragen, daß der Geiz nicht in die Verhärtung gerät. Gut ist es auch, wenn ein zur Verhärtung neigender Mensch sich mit einem Menschen verbindet, der eher die gegenteiligen Eigenschaften besitzt und dadurch die Freuden des Lebens in ihren positiven Momenten annehmen kann. Er kann sich schulen, nicht über die Strenge zu schlagen, aber zu genießen, bewußt zu genießen, geführt zu genießen. Das ist ein gutes Gegenmittel gegen übermäßigen Geiz. Man kann sich eine Tafel Schokolade kaufen, das Geld für die Tafel Schokolade bewußt ausgeben, nicht geizig sein – denn die Tafel Schokolade ist etwas, was man nicht unbedingt braucht –, und dann kann man sich hinsetzen und die Schokolade bewußt essen oder auch nur zwei Stücke pro Tag. Dazu kann man eine Tasse Kaffee trinken; beide harmonieren sehr gut.

W.W.: Vielen Dank. Möchtest Du den Menschen noch etwas sagen?

Geiz: Versucht, mit dem Begriff Geiz so umzugehen, daß er nicht immer in die schwarze Ecke gerät. Geiz ist eine neutrale Gefühlsregung. Geiz kann – richtig angewendet – Gutes tun. Das wäre mir sehr wichtig.

W.W.: Steiner führt den Geiz immer als eine ahrimanische Eigenschaft an, polar dazu die luziferische Verschwendungssucht, in der Mitte die Freigiebigkeit. Warum drängt Steiner den Geiz in die ahrimanische Ecke, während Du aussagst, daß der Geiz eher neutral ist?

Geiz: Weil Steiner den Geiz mit der Habgier verwechselt. Weil das Publikum, zu dem er sprach, auf den Begriff Geiz sensitiv war. Das ist aber etwas, was sich bis heute gewandelt hat. Das Verständnis für die Sprache war zur Zeit des Hochmaterialismus, in die Rudolf Steiner seine Anschauung hineingestellt hat, ein sehr einseitiges; es war ein rein materialistisches Verständnis. Im rein materialistischen Sinne ist der Geiz in der Tat eine ahrimanische Eigenschaft. Wie wir aber dargestellt haben, gibt es auch ganz andere Eigenschaften des Geizes. Das humanistische Bildungsbürgertum, zu dem Steiner damals sprach, war bemüht, auf keinen Fall geizig zu wirken, weil ihm das einen absolut schlechten Ruf verpaßt hätte. Heute würde man auf Neudeutsch sagen: Geiz hat ein „Gschmäckle", bzw. Geiz ist geil. Deshalb muß man die Aussage Steiners auch in seine Zeit stellen bzw. aus ihr heraus verstehen. Habgier wäre der richtigere Begriff gewesen. Der Begriff Habgier war aber von seinem Publikum dermaßen weit weg, daß er diesen Begriff nicht benutzt hat.

W.W.: Vielen Dank.

Geiz: Bitte. Weniger kann mehr sein! Geizt doch einmal mit Worten!

Verschwendungssucht

Luzasia, die Verschwendungssucht: Komm her, schnell, frage …

Wolfgang Weirauch: Was bist Du denn für ein Wesen?

Luzasia: Ein tolles.

W.W.: Erzähl mal was über Dich!

Luzasia: Ich gebe Dir alles, was Du möchtest …Gib alles von Dir, gib Dein Geld von Dir, gib Deinen Pullover von Dir, gib Deine Liebe von Dir, gib Dein Lachen von Dir, gib Deine Wut von Dir, verschwende Dich … gib Dich in die Welt …

W.W.: Du gibst Dich also ganz weg; folglich hast Du nichts?

Luzasia: Du kannst nur glücklich sein, wenn Du gar nichts mehr hast.

Gib den Moment weg!

W.W.: Welches Verhältnis hast Du zu Gegenständen, die einen gewissen Wert haben und die z.B. mit großem Fleiß hergestellt worden sind?

Luzasia: Gib sie fort!

W.W.: Du lebst also im Moment?

Luzasia: Ich lebe im Geben, im Weggeben; gib den Moment weg!

W.W.: Denkst Du überhaupt an morgen?

Luzasia: Morgen gebe ich Dir das Nächste.

W.W.: Und wenn Du morgen nichts mehr hast, was dann?

Luzasia: Dann gebe ich Dir mein Lachen.

W.W.: Und wenn Du dieses auch nicht mehr hast?

Luzasia: Dann bin ich weg.

W.W.: Erzähl mal was über Deine Wesenheit!

Luzasia: Meine Wesenheit – die gibt es gar nicht. Sie ist immer weg. Sie gibt sich hin.

W.W.: Aber Du mußt irgendeine astrale Form haben. Eine seelische Grundform muß ja vorhanden sein, auch wenn Du verschwinden kannst, auch wenn Du Dich entleeren kannst, auch wenn Du Dich weggeben kannst.

Luzasia: Es gibt eine Grundform von mir, sie ist wie eine sprudelnde Quelle. Sie sprudelt nach oben, sie sprudelt nach unten. Wenn Du Dir eine vierdimensionale Quelle vorstellst, hast Du meine Wesensform. Aber ich bin immer wieder weg. Es ist von allem genug da. Es ist genug Lachen da, es ist genug Geld da. Es gibt so viel Geld auf der Welt, daß Du es immer ausgeben kannst – eure Politiker machen es doch gerade vor. Es ist auch genug Essen da, ihr dürft es nur nicht horten. Verteil es, dann haben alle genug zu essen.

W.W.: Das Verschwenden hat aber nicht nur den Zug zu geben, sich zu verschenken, sondern das Verschwenden hat auch den Zug, etwas, was einen Wert hat, was noch länger gebraucht werden könnte, aufzugeben, wegzuwerfen, zu verschwenden.

Luzasia: Ja. Aber dann kommt wieder etwas Neues.

W.W.: Du mißachtest also den Wert von Gegenständen?

Luzasia: Wert, was ist Wert?! Wert ist unnütz.

W.W.: Ein Mensch stellt etwas her, er baut ein Haus, er schreibt ein Buch, er baut eine Maschine – alle diese Dinge haben für den Menschen einen gewissen Wert. Und Du bist also die Kraft, die diese Werte weghauen will, verschwenden will?

Luzasia: Ich will sie nicht weghauen, ich will sie weggeben. Wirf alle Gegenstände weg, was belastest Du Dich noch mit ihnen? Was belastest Du Dich mit Werten? Werte machen Dich schwer! Gib sie weg! Nur wenn Du nichts hast, kannst Du wirklich glücklich sein!

Der Verschwendungssüchtige ist auf dem richtigen Weg angekommen

W.W.: Bist Du ein Wesen, das den Menschen tendenziell impulsiert, sich von der Erde zu lösen?

Luzasia: Ja, gib die Erde weg!

W.W.: Kannst Du einmal sagen, warum *ein* Mensch verschwendungssüchtig ist, ein anderer nicht?

Luzasia: Weil der Verschwendungssüchtige endlich auf dem richtigen Weg angekommen ist, während der andere noch in irgendwelchen schweren Gewichten drinnenhängt und es noch nicht gelernt hat, sie abzuwerfen.

W.W.: Bist Du eine luziferische Kraft?

Luzasia: Luzifer steht mir nahe, ja. Aber nicht nur. Im Gefühlsbereich kann es durchaus auch der andere sein, der anregt, immer wieder etwas von sich zu geben. Geben ist allerdings nicht richtig, Geben ist das Luziferische; das Erleben des Rausches im Weggeben – das ist Ahriman.

W.W.: Bei den Menschen gilt ein verschwendungssüchtiger Mensch ...

Luzasia: ... ihr Menschen habt ein Wertesystem, gib es weg!

W.W.: Ich komme ja gar nicht zu Wort! – Was hast Du für eine Beziehung zu verschwendungssüchtigen Menschen?

Luzasia: Ich liebe sie. Ich verschwende mich an sie, ich gebe ihnen alles, was ich habe.

W.W.: Du gibst Dich also an die Menschen hin?

Luzasia: Ja, völlig. Ich verschwende mich.

W.W.: Verschwenden und Opfern bzw. Schenken ist ja etwas völlig anderes ...

Luzasia: Opfern tut weh. Schmerzen wollen wir gar nicht haben.

W.W.: Es gibt ja das freiwillige Hingeben, das Schenken bzw. Opfern, und es gibt das verschwendende Weggeben. Was ist der Unterschied?

Luzasia: Dabei denkst Du doch noch immer. Du sollst auch Deine Gedanken verschwenden! Du sollst nicht denken, einfach hingeben. Sei nicht so kompliziert. Gib alles weg!

W.W.: Du freust Dich also, wenn es möglichst viele verschwendungssüchtige Menschen gibt?

Luzasia: Um so reicher wird es um sie herum. Wer nichts mehr hat, dessen Umgebung ist reich.

Die Schuldenspirale

W.W.: Springen wir einmal in unsere Gegenwart. Ein Zug der Zeit ist es, Geld und Gegenstände und ähnliches zu verschwenden, weil man nicht mehr ihren Wert achtet. Schon die Jugendlichen überziehen ihr Konto, immer mehr Menschen verschulden sich, kaufen sich Häuser, obwohl sie sie nicht bezahlen können; Länder legen Konjunkturprogramme und Anleihen auf, verschulden sich derart, daß diese Schulden nie wieder zurückgezahlt werden können. Und weil alle so viel ausgeben, kommen sie alle bald in eine große finanzielle Katastrophe.

Luzasia: Dann sollen sie diese Schuld auch weggeben.

W.W.: Das geht nicht.

Luzasia: Dann ist bei euch etwas nicht in Ordnung.

W.W.: Ist es wirklich in Deinem Sinn, daß immer mehr Menschen Gegenstände und Geld verschwenden, immer mehr Gegenstände anhäufen und sie wieder weggeben, so daß eine immer mehr steigende Verschuldung entsteht, aus der sie nicht wieder herauskommen?

Luzasia: Nicht wirklich, denn dann klebt wieder etwas Schweres an ihnen. Das allerdings ist nicht in meinem Sinne. Diese Schwere, diese Schuld müßten sie auch weggeben dürfen.

W.W.: Das geht aber nicht.

Luzasia: Das ist nicht fair.

W.W.: Durch das Extrem Deiner Kräfte kommen die Menschen also in eine Bahn, die zu dem Gegenteil von Dir führt. Dann sind sie an die Erde, an das Geld, an Ahriman gefesselt. Du treibst die Menschen also in Dein Gegenteil. Verstehst Du, was ich meine?

Luzasia: Das ist schwierig. Dann muß ich denken. Das ist unangenehm. – Ja, es stimmt, was Du sagst, und das finde ich nicht in Ordnung. Denn das zeigt, daß bei euch Kräfte wirken, die nicht begreifen, was Verschwendung wirklich ist. Das ist nicht in Ordnung, denn das ist ein Fehler im System. Das System ist nicht verschwendungsfreundlich.

W.W.: Warum sind die Menschen heute so verschwendungssüchtig im Materiellen?

Luzasia: Im Materiellen ist Verschwendung immer problematisch, weil materielle Dinge nicht unendlich vorhanden sind. Verschwendung ist aber unendlich schön, fröhlich, frei, wenn man Dinge weggeben kann, die unendlich vorhanden sind. In dem Moment, in dem die Dinge nur in endlicher Anzahl vorhanden sind – und Materie ist nur in endlicher Anzahl vorhanden –, bekommt die Verschwendungssucht einen Pferdefuß. Dann wird sie teuflisch.

Perlen vor die Säue werfen

W.W.: Aber ist es im Seelischen nicht genauso? Ein Mensch kann ja seine seelischen Kräfte verschwenden, oder nicht?

Luzasia: Deine Seele ist unendlich.

W.W.: Na ja, das sehe ich leicht anders. Man kann seine Gefühle verschwenden, man kann seine Liebe verschwenden, indem man einfach zuviel davon hergibt. Auch das ist „Perlen vor die Säue werfen".

Luzasia: Ja, aber das ist doch gut! Dann haben die Säue etwas Schönes.

W.W.: Ich verstehe Dich schon, aber kannst Du Dich nicht einmal ein wenig aus Deiner Einseitigkeit herausdenken, Dich quasi von außen betrachten?

Luzasia: Du versuchst mir doch nur ein schlechtes Gewissen einzureden. Und das ist völlig daneben. Denn ein schlechtes Gewissen müßte ich ja auch wieder verschwenden, und das ist nicht in Deinem Sinne. Oder?

W.W.: Nein.

Luzasia: Also ist das etwas, was ich in mir behalten muß, aber das ist kontraproduktiv. Versuchst Du, mich zu zentrieren, mir ein schlechtes Gewissen einzureden, dann wird es schwierig. Aber wir können einmal versuchen, daß ich mich ein wenig zentriere. Ich bekomme dafür gerade ein wenig Hilfe. Jetzt spreche ich nicht mehr ganz allein, es spricht noch jemand durch mich durch.

W.W.: Wer denn?

Luzasia: Derjenige, der das hier alles führt. Der große Nasse.

Ungeführte Menschen

W.W.: Kommen wir noch einmal zu denjenigen Menschen zurück, die zuviel verschwenden und sich dadurch verschulden. Nehmen wir alle diejenigen Menschen mit hinzu, und das sind eigentlich alle, die sich an der Welt verschulden, weil sie die Ressourcen der Welt verbrauchen, die Welt zu stark verschmutzen usw. Die Menschen nehmen auch die Elementarwesen nicht mehr wahr, die geistige Welt nicht mehr wahr, und das ist auch eine Verschwendung potentieller geistiger Wahrnehmung. Dadurch kommt die Menschheit heute in eine vielfältige Verschuldung. Was sind das für Menschen heute, die ihre Verschwendung gar nicht mehr richtig wahrnehmen, nur anfänglich begreifen und dadurch in eine persönliche Verschuldung kommen, gleichzeitig in eine Verschuldung gegenüber anderen Menschen, der Welt und der geistigen Welt?

Luzasia: Das sind Menschen, die meinen Vorgänger im Gespräch nicht an sich heranlassen. Das sind Menschen, die völlig aus ihrer Mitte herausgerückt sind. Es sind ungeführte Menschen. Warum sind sie ungeführt? Jetzt werde ich mal meine Ernsthaftigkeit verschwenden: Weil an sie keine Führung verschwendet wurde. Wenn man Menschen alleine läßt, sie nicht die Gewichte, die ihr Werte nennt, bilden läßt, dann wissen sie nicht über den Wert der Dinge Bescheid. Das kommt daher, daß sie nicht genügend mit realen Dingen konfrontiert worden sind in bestimmten Phasen ihrer Inkarnation. Du kannst die Schwere, also den Wert der Dinge, nur dann feststellen, wenn Du den Wert erlebst. Wenn Du in einem multivisuellen Raum, in einem Cyberraum aufwächst, erlebst Du keine Schwere. Elektronische Signale sind nicht schwerebehaftet. Das bedeutet, daß Du bei nicht schwerefreien elektronischen Signalen keine Wertegewichte bilden kannst; folglich weißt Du nicht, was Gewicht ist. Und dann gibst Du alles weg. Wert und Gewicht – beides gibst Du weg.

Ich bin wie ein Wind, der alles wegpustet. Das Zu-leicht-Sein findet aber in eurem Inneren statt, es ist nicht das äußere Gewicht der Dinge. Wenn dann mein Wind kommt, fliegt alles weg, was kein inneres Gewicht bekommen hat.

Schuld ist die Mutter der Tiefe

W.W.: Bei den Menschen entsteht dann das, was man Schuld nennt. Es entsteht materielle Schuld, genauso aber auch Schuld an der Erde und an allem Übersinnlichen. Was ist dieses Wesen der Schuld?

Luzasia: Schuld ist die Mutter der Tiefe. Es ist ein unangenehmes Thema! Ich bin im Umkreis. Du versuchst den Umkreis zu zentrieren. Verschwendung ist immer ganz außen. Du versuchst, den Umkreis zu zentrieren, in die Schuld zu kommen, und ich muß mich sozusagen umstülpen. Nur wenn ich mich als Verschwendung umstülpe, werde ich nicht automatisch zur Schuld; denn Schuld ist eine andere Ecke des Daseins. Wenn ich mich von der Verschwendung umstülpe, gehe ich in die Einsamkeit, gehe ich in die Selbstgenügsamkeit, in die Enthaltsamkeit. Schuld steht nur dabei und versucht, den Richter zu spielen.

W.W.: Aber Du mußt doch merken, daß Du dann, wenn Du Menschen tingierst oder sogar impulsierst, verschwendungssüchtig zu sein, der Schuld zuarbeitest.

Luzasia: Nein, nein, nein! Das ist nicht wahr! Ich bin ich. Schuld erlebt ihr Menschen. Ich bin kein schuldhaftes Wesen. Die Wertung von euch Menschen mißt die Schuld zu.

W.W.: Du verbindest Dich z.B. mit den Menschen ...

Luzasia: ... ich verbinde mich mit den Menschen, ich verbinde mich mit den Engeln, ich verbinde mich mit allen ...

W.W.: Bleiben wir bei den Menschen, mit denen Du Dich verbindest. Du impulsierst sie, verschwendungssüchtig zu sein; sie werden verschwendungssüchtig, und weil sie verschwendungssüchtig werden und die Gegenstände verschwenden, geraten sie in eine persönliche Schuld.

Luzasia: Ist das mein Fehler, oder ist das ihr Fehler?

W.W.: Ihr Fehler.

Luzasia: Gut. Wieso habe ich dann ein Problem mit der Schuld? Du sagtest, daß ich mich zurückhalten müßte, damit der Mensch nicht in die schuldhafte Verstrickung kommt.

Lachen ist unendlich vorhanden

W.W.: Nicht unbedingt. Ich meinte es ganz sachlich. Wenn ein Mensch Dich übermäßig verwendet, gerät er automatisch in eine Schuld.

Luzasia: Ja, aber nur, wenn er meine Wenigkeit bzw. meine Vielheit auf materielle Dinge anwendet. Lachen kannst Du unendlich lange. Lachen kannst Du immerfort, Du kannst es immer weiter verschwenden, und Du kommst dabei nie in eine Schuld hinein. Lachen ist unendlich vorhanden. Liebe hat eine so große Quelle, daß ihr deren Ende nicht sehen könnt. Bei Geld ist es allerdings nicht so. Obwohl auch das nicht ganz stimmt: Denn sein Geist hat auch eine unendlich große Quelle, aber dort, wo ihr den Geist in die Physis zwingt, entsteht Schuld. Deswegen habt ihr Schuld, wenn ihr Geld verschwendet. Das liegt daran, daß ihr ein reines Wesen dinghaft macht. Das gleiche gilt für die geldwerten Gegenstände. In dem Moment, in dem ihr unendliche Güter in endliche Güter projiziert und verwandelt, kommt einer mit hinzu, der sich Schuld nennt und der Dich fragt: Was tust Du hier eigentlich? Wer gibt Dir das Recht dazu?

W.W.: Dann unterscheidest Du also gravierend zwischen der Verschwendung von materiellen und nichtmateriellen Dingen?

Luzasia: Ich ja, ihr aber nicht.

W.W.: Ist es Dir dann unangenehm, wenn Deine Wesenheit Verschwendungssucht in den materiellen Bereich hineinrutscht, so daß die Menschen dadurch in eine Schuld geraten?

Luzasia: Wenn Du an mein besseres Sein appellierst, dann ist das so, ja. Wenn mich ein höheres Wesen wie der Nasse festhält, dann werde ich an meine göttliche Quelle erinnert und muß dies so sehen.

W.W.: Welche Beziehung hast Du zum Geiz?

Luzasia: Differenziert problematisch.

W.W.: Kannst Du das noch ein wenig ausführen?

Luzasia: Der Geiz mäßigt mich. Der Geiz ist für mich wie ein ordentlicher autoritärer Vater.

W.W.: Du wirkst also sehr jugendlich, mit Menschenmaß gemessen?

Luzasia: Ja, aber nur mit Menschenmaß gesagt. Aber der Geiz und ich – wir sind uns nicht spinnefeind. Aber er geht mir auf den Geist.

W.W.: Und welche Beziehung hast Du zur Freigiebigkeit?

Luzasia: Die kommt ja nicht richtig in Schwung! Aber sonst ist sie ganz sympathisch. Sie ist ein wenig wie meine große Schwester. Sie denkt so viel!

W.W.: Du bist also mehr spontan?

Luzasia: Ja, ja, ja.

W.W.: Gibst einfach alles her!

Luzasia: Ja!

W.W.: Aber das ist ein rein luziferischer Zug.

Luzasia: Ja, es ist ein luziferischer Zug. Aber ich mag ihn; es ist so schön!

W.W.: Vielen Dank. Möchtest Du den Menschen noch etwas sagen?

Luzasia: Ja, ich möchte ihnen sagen, daß sie ab und zu einmal alles von sich geben sollten. Dann sind sie nämlich viel glücklicher. Seid verschwenderisch! Seid glücklich!

reigiebigkeit

Wolfgang Weirauch: Hast Du einen Namen?

Johanna Maria Helena Cecilia, die Freigiebigkeit: Johanna Maria Helena Cecilia.

W.W.: Oh Gott! Warum so viele Namen?

Johanna Maria Helena Cecilia: Wenn Du möchtest, kann ich Dir noch mehr Namen nennen. Ich bin ganz freigiebig mit Namen.

W.W.: Aber diese Namen hast Du ja. Dann solltest Du sie nicht hergeben.

Johanna Maria Helena Cecilia: Stimmt. Ich habe so viele Namen, daß in jeden Mysterienstrom ein Blick geworfen werden kann.

W.W.: Das verstehe ich nicht.

Johanna Maria Helena Cecilia: Jeder Mysterienstrom hat die Freigiebigkeit der himmlischen Mächte. Die himmlischen Mächte haben zwölf freigiebige Mysterienströme über die Erde ausgebreitet. Manche waren bereits, manche sind im Jetzt, manche sind im Werden. Deswegen habe ich eigentlich einen mystischen Namen aus allen diesen Strömungen.

W.W.: Dann müßtest Du also einen zwölfteiligen Namen haben.

Johanna Maria Helena Cecilia: Jawohl.

Wie ein großer breiter ruhiger Fluß

W.W.: Erzähl mal was über Dein Wesen.

Johanna Maria Helena Cecilia: Mein Wesen ist wie ein großer breiter ruhiger Fluß. Eigentlich kennt ihr mich alle. Aber ich werde mich bemühen, mich ein wenig zu beschreiben: Ich gebe, aber mit Bedacht, mit einer ruhigen Bedacht. Ich bin nicht wie ein Spritzendes, sondern wie ein ruhig Fließendes. Der andere muß mich auch nehmen können. Ich werde nicht übergestülpt. Ich bin frei-gebend.

W.W.: Du bist sozusagen ichgeführt?

Johanna Maria Helena Cecilia: Genau.

W.W.: Du gibst in Freiheit?

Johanna Maria Helena Cecilia: Ich gebe in Freiheit, und ich möchte auch in Freiheit genommen werden.

W.W.: Wer aus Freiheit vieles geben kann, muß auch eine ganze Menge haben: Was hast Du denn so alles?

Johanna Maria Helena Cecilia: Die Menge der himmlischen Herrlichkeit. Die kann sich mal in Korn ausdrücken, mal in guten Worten, mal in Geld – aber es ist immer die Menge der himmlischen Herrlichkeit dahinter.

W.W.: Sind Großzügigkeit und Generosität Geschwister von Dir?

Johanna Maria Helena Cecilia: Ja, sie stehen wie Geschwister zu mir. Großzügigkeit bezieht sich mehr auf immaterielle Dinge, mehr auf moralische Eigenschaften, während Generosität ein wenig aus der Mode gekommen ist; das ist ein wenig ein überheblicher Wesenszug. Ich als Freigiebigkeit beziehe mich weitgehend neutral auf immaterielle wie auf materielle Dinge. In mir ist der Begriff Frei genauso wie der Begriff Geben enthalten.

W.W.: Muß man reich im materiellen oder im immateriellen Sein sein, wenn man freigiebig ist?

Johanna Maria Helena Cecilia: Wenn Du einen Schatz in den geistigen Welten angelegt hast, kannst Du viel leichter freigiebig sein, als wenn Du ihn nicht hast.

W.W.: Arm an Geist kann man also nicht sein, wenn man freigiebig sein möchte?

Johanna Maria Helena Cecilia: Nein. Arm an Geist kannst Du dann nicht sein, arm an Dingen aber sehr wohl. Du kannst arm an materiellen Dingen und gleichzeitig freigiebig sein, aber Du kannst nicht arm an geistigen Dingen sein, wenn Du freigiebig sein willst. Willst Du freigiebig sein, mußt Du zumindest einen Bereich ausreichend abdecken, Guthaben im geistigen Sinne.

Opferbereitschaft geht weiter

W.W.: Wie ist Deine Beziehung zur Opferbereitschaft? Ist das dieselbe Eigenschaft wie Du?

Johanna Maria Helena Cecilia: Freigiebigkeit und Opferbereitschaft stehen sich nah, die Opferbereitschaft geht aber weiter. Sie überschreitet eine bestimmte Grenze. Ein Opfer hat immer zugleich ein Schmerzmoment, sonst ist es kein Opfer. Diesen Schmerz enthält die Freigiebigkeit nicht zwingend. Wenn das Hingeben einen bestimmten Wert überschreitet, wird dieses Hingeben zu einem Opfer; wenn es eine bestimmte Grenze überschreitet, kann es weh tun. Wenn man freigiebig ist, ist immer genug da, was hingegeben werden kann.

W.W.: Wie ist Dein Verhältnis zum Geiz und zur Verschwendungssucht? Wo liegt die Grenze zwischen Dir und dem Geiz und die Grenze zwischen Dir und der Verschwendungssucht?

Johanna Maria Helena Cecilia: Das ist ganz einfach. Der Geiz ist derjenige, der viel mehr darauf achtet, das Bewahrende zu erhalten, zu haben, indem er sich mehr mit dem Wert der Dinge auseinandersetzt, während die Verschwendungssucht überhaupt kein Verhältnis zum Wert der Dinge hat. Es ist ihr hervorstechendstes Merkmal, daß sie den Wert nicht erleben kann. Ihr fehlt die Fähigkeit, Wert zu schätzen. Ich aber kann das. Der Geiz übertreibt hier manchmal. Er stellt die Wertschätzung zu sehr in den Vordergrund.

W.W.: Ist man noch freigiebig, wenn man alles hingibt?

Johanna Maria Helena Cecilia: Nein, dann ist man blöd. Nur am Rande: Meine Vorgängerin, die Verschwendungssucht, ist im menschlichen Sinne nicht gerade ein hochintelligentes Wesen.

W.W.: Ist es auch freigiebig, wenn man einem anderen Menschen geistig etwas Gutes tut, obwohl man weiß, daß dieser niemals davon erfahren wird?

Johanna Maria Helena Cecilia: Ja, das ist sogar ein ganz wichtiger Aspekt. Allerdings beinhaltet die Freigiebigkeit nicht die Selbstaufgabe. Freigiebigkeit beinhaltet den Wertmaßstab des Maßvollen. Freigiebigkeit unterscheidet hier aber sehr deutlich zwischen materiellen und immateriellen Dingen. Im materiellen Bereich kann man nicht unendlich hergeben, wobei im immateriellen Bereich die Freigiebigkeit auch hin und wieder mit ihrer Schwester, der Verschwendungssucht, liebäugelt.

Freigiebigkeit macht den Menschen heller und christusnäher

W.W.: Besteht nicht die Gefahr, daß andere Wesen, besonders die Menschen, Dich ausnutzen, sei es im materiellen wie im immateriellen Bereich? Ist es nicht gut möglich, daß freigiebige Menschen von egoistischen Menschen gerne ausgenutzt werden?

Johanna Maria Helena Cecilia: Ja, da liegt eine Gefahr. Dann aber entsteht Unfreiheit. Freigiebigkeit hört immer dann auf zu existieren, wo die Freiheit verschwindet. Wenn man mich ausnutzt, verschwindet die Freiheit.

W.W.: Freigiebigkeit ist also nur durch ichgeführte Wesen möglich?

Johanna Maria Helena Cecilia: Jawohl, der Freigiebigste war Christus. Er war aber nicht verschwenderisch. Er war auch nicht geizig.

W.W.: Kannst Du einmal einen Blick in die menschliche Seele werfen: Wenn ein Mensch eine ichgeführte freigiebige Tat vollzieht, was geschieht dann in seiner Seele?

Johanna Maria Helena Cecilia: Sie wird heller. Sie nähert sich der Seele des Christus an. Die himmlische Herrlichkeit der Christuswesenheit färbt ein wenig auf diesen Menschen ab, zumindest in dem Moment der freigiebigen Tat. Die Möglichkeit, seinen zukünftigen Auferstehungsleib dem Auferstehungsleib des Christus ähnlicher zu gestalten, wächst durch jeden freigiebigen Moment, den Du lebst, weil Du in diesem Moment zumindest einen kurzen Eindruck der Seele des Christus hast. Das erhöht Deine Fähigkeit, Deinen Auferstehungsleib ihm gemäß frei zu bilden; allerdings nicht ihm gleich.

W.W.: Kannst Du diese Beschreibung, daß die menschliche Seele heller wird, noch ein wenig differenzieren nach dem Ich, dem Astralleib, dem Ätherleib und dem Phantomleib?

Johanna Maria Helena Cecilia: Dies muß man auf jeden Fall immer differenzieren. In allen Wesensgliedern geschieht etwas, wenn ein Mensch freigiebig ist. Freigiebigkeit wirkt durch alle vier Wesensglieder des Menschen, vom Ich bis hinunter in den Phantomleib, sie wirkt in jedem Wesensglied läuternd. Sie wirkt auch läuternd im Ätherischen, weil dies gerade die Bereiche sind, die umgestaltet werden. Freigiebigkeit wirkt sogar bis hinein in die Organisation Deiner Zellen. Wenn Du ein freigiebiger Mensch bist, wirst Du sogar physisch etwas gesünder, was aber nicht unbedingt heißt, daß Du weniger Krankheiten hast. Aber Du hast die Möglichkeit, die Krankheiten bzw. die Kräfte, die hinter den Krankheiten liegen, nutzbringender, zielgerichteter zu verwenden.

W.W.: Beim Geiz hatten wir eine eher ahrimanische Tendenz, aber nicht nur; bei der Verschwendungssucht hatten wir eher eine luziferische Tendenz, aber auch nicht nur. Wie ist es bei Dir? Bist Du ein christliches Wesen?

Johanna Maria Helena Cecilia: Ich bin ein Abdruck des Christlichen, ich bin ein Abdruck des Christus. Ich bin das, was sich im Schaffen, im Handeln manifestiert – und dort der gebende Anteil. Natürlich gab es mich auch schon vor der Inkarnation des Christus; damals aber als zukunftsweisendes Wesen, was nicht heißt, daß ich nun nur zurückblickend bin. Die Inkarnation des Christus ist zwar physisch-materiell abgeschlossen, ätherisch und physisch-nichtmateriell aber noch nicht abgeschlossen, immer noch im Prozeß. Immer, wenn Du den Worten frei, Freiheit oder Freigiebigkeit begegnest, hast Du ein kleines Christuserlebnis; nur einmal so als kleiner Tip am Rande.

Tore der himmlischen Herrlichkeit

W.W.: Was können Menschen machen, um selbst mehr Freigiebigkeit zu entwickeln? Hast Du hier eine Übung?

Johanna Maria Helena Cecilia: Ja, sie sollten eine Vorstellung dessen, was man mit himmlischer Herrlichkeit umschreibt, entwickeln und sich vorstellen, daß sie eines der Tore sind, durch die die himmlische Herrlichkeit auf die Erde fließen kann. Wer dies gut und regelmäßig macht, entwickelt Freigiebigkeit.

W.W.: Danke.

Johanna Maria Helena Cecilia: Bitte.

W.W.: Möchtest Du zum Schluß noch etwas sagen?

Johanna Maria Helena Cecilia: Versucht, immer dann, wenn ihr gebt, in Freiheit zu geben! Und ohne Hintergedanken!

nteresse

Interesse und Wißbegier

Calytta, das Interesse: Was ist der Unterschied zwischen Interesse und Wißbegier?

W.W.: Wißbegier hat immer eine egoistische Note. Das Interesse widmet sich einer Sache meist ganz selbstlos.

Calytta: Nett gesagt. Kann es nicht sein, daß dies nur verschiedene Zustände eines Entwicklungszeitraumes eines Menschen sind?

W.W.: Unter Umständen kann dies so sein; somit hätten wir einen Entwicklungsweg von der Wißbegier zum Interesse.

Calytta: Das kann auch umgekehrt sein. Es ist sogar auch dann ein positiver Weg, wenn Du vom allgemeinen Interesse zur persönlichen Wißbegier kommst, denn dann stellst Du Dich selbst in Deine Wegfindung hinein. Bei dem anderen Weg bist Du nur von dem allgemeinen Interesse getragen. Insofern ist Wißbegier individueller.

W.W.: Das sehe ich nicht so; das ist mir nun zu schwammig. Was soll schon das allgemeine Interesse sein? Aus der Sicht des Menschen gibt es eigentlich kein allgemeines Interesse, das ist ein hohler Begriff, denn jeder hat ein persönliches und spezielles Interesse, so er denn überhaupt ein interessierter Mensch ist. Ein allgemeines Interesse gibt es nur als leeren Begriff.

Calytta: Sei nicht so nordisch! Interesse ist ein römischer Begriff, kommt aus dem Lateinischen, Inter-esse – etwas, was dazwischen stattfindet. Zwischen was?

W.W.: Zwischen dem Subjekt Mensch und dem Objekt, dem das Subjekt die Aufmerksamkeit und das Interesse schenkt.

Calytta: Also ist dies etwas weniger persönlich, weil es zwischen Subjekt und Objekt stattfindet, zwischen den Menschen und dem wie auch immer gearteten Objekt.

W.W.: Auf der einen Seite steht der wahrnehmende oder denkende Mensch, auf der anderen Seite ist das Objekt in der Außenwelt, sei dies nun ein irdisches oder ein geistiges. Dazwischen ist ein Graben, und diesen überwindet der Mensch entweder mit Interesse oder Wißbegier oder schlicht durch Wahrnehmung. Bei der Wißbegier rafft der Mensch aber das Objekt in sich hinein, ist egoistisch; mit reinem Interesse kann man sich dem Objekt in der Außenwelt so widmen, wie dies ist. Dafür braucht er Dich, Interesse; zumindest habe ich Dich so verstanden.

Calytta: Ich finde, daß die Wißbegier und das Interesse zwei verschiedene Entwicklungsstufen des Menschen sind. Und wenn Du das mit dem Graben schilderst, so ist diese Wißbegier bei dem Subjekt. Das Objekt wird dadurch persönlich. Aber das ist doch nicht unbedingt negativ!?

W.W.: Ich finde, daß dies eine egoistische Note hat, weil darin die Begierde liegt. Man muß den Begriff Wißbegier genau mit Inhalt füllen, um zu verstehen, wovon man spricht. Ich kann den Begriff Wißbegier auch so denken, das er ein starkes subjektives Interesse ist.

Interesse für die Welt

Calytta: Ist es nicht so, daß Du in dem Moment, in dem Du mehr Individuum wirst, immer weiter von dem dazwischenstehenden Interesse wegkommst und immer mehr zu dem nach Wissen gieren-den Wesen wirst? Ich meine das in einem ganz positiven Sinne. Ein Individuum ist doch für Dich ein positiv belegter Begriff. Und dieses Individuum entwickelt aus sich selbst heraus eine Begierde, an der Welt teilzunehmen.

W.W.: Aber das muß ja keine Begierde sein. Das Interesse an der Welt – und das lasse ich mir nicht nehmen – ist nicht unbedingt mit einer Begierde verknüpft. Man kann sich für die Welt interessieren, und zwar exakt so, wie die Welt ist, weil die Welt schon fertig ist, interessant ist, schön ist, häßlich ist; man interessiert sich für die Sachen, die geschaffen sind, die da sind; und wenn der Mensch ohne egoistische Tendenz dieses Interesse aufbringt, hat er keine Begierde. Er interessiert sich für das andere. Wenn dies zu einer Begierde wird, macht er vielleicht dieselbe Bewegung nach außen, aber er will auch immer etwas für sich selbst durch die Begierde, die Wißbegierde. Und letzteres hat für mich eine egoistische Komponente.

Calytta: Und wenn der Nutzen dafür da ist, besser zu werden?

W.W.: Dafür braucht der Mensch keine Begierde.

Calytta: Ich finde als Interesse, daß der Begriff Interesse aus der römisch-griechischen Kulturepoche kommt und der Begriff Wißbegier aus der mitteleuropäischen Kulturepoche. Daher empfinde ich es so, daß von der Kulturentwicklung her das Interesse der eher rückständigere Bereich ist.

W.W.: Das kann ich überhaupt nicht nachvollziehen.

Calytta: Ich habe auch kein Problem damit, Deine Wißbegier Interesse zu nennen.

W.W.: Mir geht es ohnehin nur um die Sache, nicht um eine Begriffsdefinition. Mir geht es darum, wer Du als Wesen bist. Wenn wir falsche Begriffe benutzen sollten, ändert das überhaupt nichts an der Sache.

Calytta: Genau, es ändert nur etwas an der Begriffsbildung, in die Du Dich hineinstellst. Mir ist alles recht, ich bin sehr interessiert daran, mit Dir zu sprechen.

W.W.: Wenn der Mensch in einem physischen Leib ist, so ist für ihn die Welt zweigeteilt – zum einen in sein Denken, in die Begriffe, zum anderen in die Wahrnehmung der sinnlichen Bereiche. Diese Außenwelt kann natürlich auch die seelische oder geistige Außenwelt sein. Dazwischen liegt der schon beschriebene Graben, und wenn der Mensch diesen Graben überwinden will, braucht er – nicht nur, aber auch – Interesse. Wenn der Mensch aufgrund seiner Subjektivität die Welt so färbt, wie er meint, daß sie sei, wie sie aber nicht ist, dann kann er die Welt nicht objektiv wahrnehmen. Wenn er aber die Kraft des Interesses nimmt, als eine selbstlose Komponente, sich in einer selbstlosen Weise den Dingen der Außenwelt widmet, sie anschaut, sie sich aussprechen läßt, nur um sie interessemäßig wahrzunehmen, dann überwindet er diesen Graben mit Interesse. Dafür braucht er Dich, Interesse. Wißbegier dagegen saugt die Außenwelt ein. Man kann auch so wißbegierig sein, daß man alles einsaugt, nur um es für sich selbst zu haben; im Extremfall alles Wissen der Welt. Dann will man aber nichts mehr an die Welt abgeben.

Calytta: Lassen wir das einmal dahingestellt. Mir als Interesse ist es relativ egal, solange Du interessiert bist, ob Du mich nun Wißbegier oder Interesse nennst. Ich sehe die negative Belegung dieses Begriffes Wißbegier wegen der Begierde nicht.

Ich bin immer dazwischen

W.W.: Dann schildere Dich ein wenig als Wesen.

Calytta: Ich bin immer dazwischen, zwischen dem Subjekt und dem Objekt. Ich bin ein Wesen, welches den Menschen anregen will, aus seinem Selbst herauszugucken.

W.W.: Bist Du nicht insofern mehr oder weniger das Gegenteil vom Egoismus?

Calytta: Vielleicht nicht das Gegenteil des Egoismus, aber ich bin ein Wesen, welches dem Egoismus schadet. Das Gegenteil vom Egoismus ist die Hingabe. Interesse ist noch keine Hingabe. Beim Interesse gibt es eine gewisse Reflektion dessen, was Dir das Objekt bietet.

W.W.: Als Mensch kann man kurzfristig interessiert sein – das Interesse flackert nur für einen Moment auf und verschwindet dann wieder. Und man kann aber auch langfristig interessiert sein, nachhaltig.

Calytta: Wenn Du langfristig interessiert bist, bist Du eher wißbegierig. Das Interesse steht vielleicht in der Mitte, während das kurzfristige Interesse eher die Neugier ist. Die Neugier erschöpft sich, wenn das Neue weg ist. Interesse müßte man dann eher Altgier nennen.

W.W.: Mir paßt der Zusatz Gier nicht, denn alles, was mit Interesse zu tun hat, ist für mich eher objektiver, selbstloser Tendenz.

Calytta: Das passiert aber eher in Dir, weil Du die Gier als stark negativ ansiehst. Man kann die Gier auch als eine impulsgebende Grundtendenz des Menschen sehen, die nur in der Überhöhung ins Negative abrutscht. Aber es ist schon richtig, daß die Gier immer einen schlechten Geschmack hat. In bezug auf die Wißbegier muß man noch zwischen Begier und Gier unterscheiden. Das „Be" hat eine dämpfende Geste, das „Be" begrenzt die Gier auf ein normales Maß.

W.W.: Bist Du ein astrales Wesen?

Calytta: Selbstverständlich. Es ist sogar ein starker Zug in das Geistig-Astrale hinein, denn Interesse ist immer an der Grenze zwischen Gefühl und Denken. Es ist kein reines Gefühl mehr, aber auch noch nicht rein geistiges Denken, es ist der gefühlsmäßige Hinweg zum Geistigen.

W.W.: Nun sagst Du in etwa das gleiche wie ich vorhin. Denn die Wißbegier hat für mich mehr einen gefühlsmäßigen Charakter, während das reine Interesse mehr gedanklichen Charakter hat.

Calytta: Aber wir haben ja nun festgestellt, daß das Be die Gier mildert, und im „Wiß" steckt doch ziemlich deutlich etwas Geistiges. Auch die Wißbegierde beschreibt ein Dazwischen, nämlich zwischen der Begierde und dem Wissen; Wißbegierde bildet die Brücke dazwischen. Es überbrückt genauso den Zwischenraum wie das Interesse. Von daher sind es eigentlich Synonyme.

W.W.: Gibt es Dich nur einmal als ein Wesen auf der ganzen Welt?

Calytta: Ja und nein. Im Prinzip bin ich nur ein Wesen, aber jeder Mensch sucht sich einen bestimmten Teil von mir, der ihm persönlich am sympathischsten ist. Du interessierst Dich z.B. nicht für Fußball, hast kein Interesse an Fußball. Aber es gibt ein Interesse an Fußball. Diesen Teil von mir kannst Du schlecht wahrnehmen bzw. aktivieren. Insofern suchst auch Du Dir schon den Teil des gesamten Interesses heraus, der Dir persönlich sympathisch ist.

Ätherisch-astrale Brücken

W.W.: Was geschieht genau zwischen Mensch und Objekt und dem Interessensvorgang des Menschen und Dir, wenn ein Mensch Interesse entwickelt? Ein Mensch öffnet sich z.B. einer Pflanze, interessiert sich für die Pflanze, und dadurch öffnet er sich für Dich. Was geschieht in diesem Moment?

Calytta: Ich baue eine ätherisch-astrale Brücke, die dem Menschen ermöglicht, den Zwischenraum zwischen ihm und dem Objekt zu überwinden, zu überbrücken. Das ist wie ein Kanal, der entsteht. Dadurch kann z.B. das Wesen der Pflanze auf den Menschen einwirken. Das ist eine Art Röhrenbildung. Es prägt sich eine ätherische Röhre aus, durch die sich die Beziehung zwischen den Menschen und der Pflanze ausbildet. Durch diese Röhre kann das Pflanzenwesen zu Dir durchkommen und Du zu ihm. Durch diese Röhre könnt ihr euch die Hand reichen, um es einmal bildhaft auszudrücken. Wenn Du einfach nur so durch die Welt läufst, kommt dieses Pflanzenwesen nicht zu Dir hin. Das Wesenhafte einer Pflanze braucht diese Röhre, die Röhre des Interesses, der Wißbegierde. Ich kanalisiere also etwas. Ich baue eine Röhre. Wenn Du Dich für die Pflanzen interessierst, machst Du eine Art Abschnürung von dem großen Interesse hin zu dem Interesse für die Pflanzen; dann machst Du wiederum eine Abschnürung von dem Pflanzeninteresse, z.B. für die Lilie, und aus diesem Interesse für die Lilie machst Du ein gerichtetes rohrartiges Gebilde zu der einzelnen Lilie, für die Du Dich gerade im Moment interessierst. Das ist eine Formung von Gedankenkräften, durch die dann die Gefühlskräfte hindurchfließen können. Gefühl hat eher etwas Fließendes. Und damit es sich nicht verplätschert, benötigt es wie das Wasser in der Wasserleitung eine Röhre.

W.W.: Und dieses Rohr entsteht nicht, wenn der Mensch nur blöd glotzend die Natur betrachtet?

Calytta: Nein, es gehört eine innere Aktivität dazu, dieses Rohr zu schaffen. Es gehört auch eine innere Aktivität dazu, ein Rohr, was von einem anderen Wesen geschaffen wird, entgegenzunehmen. Es kann ja sein, daß jemand ein Interesse an Dir entwickelt. Er versucht dann, Dich mit diesem Rohr anzupieksen. Wenn Du dieses Interesse nicht willst, schiebst Du dieses Rohr wieder weg. Das kann auf andere Menschen verletzend wirken.

W.W.: Es könnte aber auch etwas Saugendes haben.

Calytta: Stimmt, denn es fließt Subjektives durch das Rohr hindurch.

W.W.: Ich habe mir Deine Wesenheit eigentlich etwas anders vorgestellt ...

Calytta: ... etwas abgehobener, objektiver, nicht wahr? Ich bin genau das, was die Abgehobenheit eigentlich durchbricht; denn in dem Moment, in dem Du Interesse entwickelst, richtest Du einen subjektiven Strahl nach draußen.

W.W.: Aber in dem Moment, in dem man sich für etwas anderes interessiert, sollte man doch versuchen, sich möglichst von subjektiven Interessen freizumachen, um sich ganz einem anderen

Gegenstand oder einem anderen Wesen zu widmen. Ich dachte, daß in dem Moment, in dem man dieses schafft, Du auf einer höheren Ebene, in reinster Form erscheinst, und zwar als eine Art Vermittler zwischen Subjekt und Objekt bzw. als diese Röhre. Natürlich gibt es auch egoistische Interessen.

Calytta: Wenn Du es schaffst, dieses Rohr zu bauen, kannst Du aus diesem Rohr Deine Subjektivität herausnehmen, Du kannst das Rohr offenhalten. Dann bin ich nur das Rohr, und was zwischen Subjekt und Objekt fließt, ist nichts Subjektives, zumindest nur ganz wenig Subjektives. Es gibt mich ganz einfach auf sehr vielen verschiedenen Ebenen. Aber eigentlich bilde ich den Kanal, durch den das Subjekt sich ausfließen lassen kann, um das Objekt wahrzunehmen. Ohne subjektive Anspannung kannst Du das Objekt nicht wahrnehmen.

W.W.: Wie ist es für Dich, wenn ein Mensch Interesse entfacht, gleich auf welcher Ebene? Wie ist es für Dich, wenn Du dadurch in eine Aktivität bzw. in eine Verbindung zu den Menschen gelangst? Ist das für Dich etwas Schönes?

Calytta: Das ist interessant!

Rundum interessiertes Interesse

W.W.: Stell Dir einmal vor, niemand von den Menschen würde sich noch für irgend etwas interessieren, was ja in der heutigen Zeit bei einigen Menschen eine stärker werdende Tendenz ist. Es gibt ja immer mehr Menschen, die immer weniger Interesse für vieles haben. Ist das nicht entsetzlich für Dich?

Calytta: Ja, sicherlich, aber nur für den großen hohen Teil von mir. Denn diese Menschen haben ein Interesse an sich selber. Sie haben bloß kein nach außen gerichtetes Interesse. Damit sind wir wieder bei den verschiedenen Interessenssphären.

W.W.: Wäre es Dir egal, wenn sich alle Menschen nur noch für Fußball interessieren würden? Dann wäre das Interesse durchaus auch aktiviert, aber nur für eine gewisse untere Einseitigkeit. Wie ist das für Dich, wenn dem so wäre? Oder ist es Dir eventuell nicht egal, wenn sich immer mehr Menschen für eine differenziertere Welt interessieren würden?

Calytta: Das ist eine Gewissensfrage!

W.W.: Was bedeutet das?

Calytta: Das bedeutet, daß ich mich jetzt in Deinen Augen bekennen soll, ob ich geistig strebend bin oder ob es mir reicht, einfach nur existent zu sein.

W.W.: Stimmt. Bekenne Dich!

Calytta: Es ist interessant. Es ist nebenbei aber auch interessant zu schauen, wie sich das Selbstinteresse entwickelt. Auch das ist ein interessantes Forschungsgebiet. Je kleiner das Objekt ist, welches Interesse erregt, desto qualitativ minderwertiger finde ich das Interesse, welches entsteht. Ein rundum interessiertes Interesse ist sehr viel vielfältiger und interessanter als ein Interesse, welches sich nur auf einen einzigen Gegenstand richtet. Das differenziertere Interesse macht mich vielfältiger. Du als Mensch mußt das werten, ihr Menschen seid diejenigen, die die Gewichte darankleben. Was ist höherwertiger, was wiegt schwerer?

W.W.: Ich stelle mir Dich als ein riesiges Gebilde vor, und für alles, was es auf der Welt gibt – für jedes sinnliche, ätherische, astralische und geistige Detail –, gibt es bei Dir irgendwo eine Ecke, weil man sich eben für alles interessieren könnte. Fußball ist hier nur ein kleiner Punkt. Wenn sich aber alle nur für Fußball interessieren würden, so würde zwar ein Punkt von Dir aktiviert, aber nur ein winziger Teil von Dir. Wäre es nicht in Deinem Sinne, wenn sich möglichst viele Menschen für möglichst viel interessieren würden, damit möglichst viel von Dir aktiviert wird?

Calytta: Ganz genauso ist es, und natürlich würde es mir besser gefallen, wenn ich vielfältiger genutzt würde. Das Interesse müßte aber ein wirkliches sein, nicht nur ein allgemeines dahinplätscherndes. Denn dieses allgemeine Dahinplätschern ist meist sehr flach. Man muß sich fragen, ob ein Mensch, der an allem ein wenig interessiert ist, ein wahrhaft interessierterer Mensch ist als jemand, der sich nur für eine einzige Sache umfassend und detailliert interessiert. Das bedeutet, daß es günstig wäre, wenn das Interesse einerseits sehr vielfältig wäre, andererseits aber auch sehr tiefschürfend.

W.W.: Verstehe ich es richtig: Man muß also unterscheiden in bezug auf die Sache, für die man Interesse entfacht, andererseits in bezug auf den Tiefgang des Interesses des einzelnen Menschen? Man könnte sich also aktiv für etwas Unwichtiges interessieren, genauso aber auch aktiv für etwas Wichtiges?

Calytta: Das ist Deine Wertung; andere Menschen würden das sicherlich anders sehen. Das interessiert Dich nun wiederum nicht, aber es ist trotzdem interessant. Vielleicht kann man es anders formulieren: In dem Moment, in dem sich das Interesse auf Wesen richtet, die selbst Interesse entwickeln können – und dazu gehören Pflanzen –, geschieht mehr. Der Fußball aber kann kein Interesse zurück zu Dir entwickeln. Auch die Edelsteinkunde entwickelt kein Interesse zurück zu Dir. Aber Interesse für Wesen, bei denen Dein Interesse wiederum Interesse auslöst, schafft Entwicklung. Und trotzdem hat jeder Mensch in bezug auf die Interessen, auf das, auf das sich Interesse richten sollte, eine andere Wertung.

Kein Interesse ist wertlos

W.W.: Aber es gibt ja sicherlich auch eine gewisse Objektivität; denn wenn sich die Welt im Fußballinteresse ergießen würde und nichts wichtiger wäre, so würde diese Welt nicht weitergehen.

Calytta: Es ist schwierig, dies objektiv zu werten; subjektiv kann man es natürlich immer werten.

W.W.: Eigentlich bist Du ja ein Wesen, was verhältnismäßig wertneutral wirkt und welches sich in sämtliche Interessenssphären gießt.

Calytta: Genau. Ich habe allerdings verschiedene Ecken, und ich habe auch Interesse daran, daß ich möglichst interessant bin. Das ist systemimmanent. Man sollte allerdings nicht zu schnell sagen, daß dies oder jenes ein wertloses Interesse sei. Für mich als Interesse ist kein einziges Interesse ganz wertlos.

Interesse als eine der Federn der Schöpfung

W.W.: Bevor es die Menschen gab, bevor also irgendein Mensch überhaupt irgendein Interesse aufbringen konnte – gab es Dich da schon?

Calytta: Natürlich.

W.W.: In welcher Weise?

Calytta: In dem Moment, in dem ein göttliches Wesen nicht nur daran interessiert war, es selber zu sein, kam das Interesse zustande, entstand das Interesse. Wenn man von einem monokausalen Weltbild ausgeht, dann war im Urbeginne nicht das Wort, sondern Gott. Solange Gott nur an sich und in sich selbst interessiert war, hat er kein Interesse aus sich herausgesetzt, es entstand kein Zwischenraum. Der erste Schritt, daß das Wort gesprochen werden konnte, war Interesse; dadurch, daß andere Wesen geschaffen wurden, entstand ein Zwischenraum und damit Interesse. Interesse ist also eine der Federn der Schöpfung und der Entwicklung. Andere Wesen wurden geschaffen, weil das Ursprungswesen nicht mehr alleine sein wollte und Interesse am anderen hatte.

W.W.: Wenn das erste Wesen ein zweites schaffte – geschah dies aus Interesse? Oder entstand Interesse erst, nachdem das andere Wesen geschaffen war, also ein Objekt für das erste Wesen vorhanden war?

Calytta: Das ist das Problem vom Huhn und dem Ei. Ich bin auf jeden Fall eine der Grundlagen der Gesamtexistenz. Wenn die Gesamtexistenz, die Urschöpfungsmacht kein Interesse in sich selber gehabt hätte, hätte sie nichts aus sich selbst heraussetzen können.

W.W.: Zurück zu den Menschen: Das bedeutet also, daß Du durch die Aktivierung von vielen Menschen, die ein möglichst breites und tiefes Interesse entfachen, vervollkommnet wirst. Dadurch wirst Du vielseitiger, farbiger, weiträumiger. Insofern müßtest Du doch als Interesse ein Interesse daran haben, daß Du interessanter wirst dadurch, daß sich möglichst viele Menschen differenziert und tief für möglichst vieles interessieren. Also müßtest Du doch Qualitätsmerkmale haben oder Motivationen, daß Du denjenigen Menschen, die Dich durch ihr Interesse reicher machen, positiver oder sympathischer gegenüberstehst als Menschen, die sich für nichts oder nur für eine einzige Sache interessieren.

Calytta: Ja und nein. In dem Moment, in dem sich ein Interesse zentriert, sich also nur auf eine einzige Sache richtet, arbeitet es die Feinheiten besser aus. Auch das ist eine Bereicherung für mich – natürlich nur in der einen Ecke. Aber diese Ecke wird dann interessanter.

Wenn ihr euer Ich ändert, ändert ihr die Welt

W.W.: Was geschieht mit Wesen – z.B. mit Pflanzenwesen, Tierwesen oder anderen Wesen –, wenn ihnen ein Mensch gegenübersteht und sich nicht für diese interessiert?

Calytta: Sie werden uninteressanter; wenn man es bildhaft ausdrücken möchte, so werden diese immer grauer. Das wird jetzt eine längere Ausführung: Das Wichtigste an eurem Weltenglobus ist das Interesse der Wesen, die auf eurer Erde zum ersten Mal mit ihrem Ich richtig umgehen. Damit sind wir beim Menschenwesen angekommen. Interessanterweise ist die Erde, diese Welt so erschaffen worden, damit euer Ich richtig werden kann. Beides bedingt sich. In dem Moment, in dem ihr euer Ich ändert, ändert ihr die Welt. In dem Moment, in dem sich die Welt ändert, ändert ihr euer Ich. Das ist eine Interaktion, die sich nicht trennen läßt. Auf dem alten Mond war das anders. Damals ging es um die Iche der Engel. Damals sind die Menschen mitgeschwommen und haben sich an den Engeln mitentwickelt. Die physisch-materielle Erde existiert im Prinzip nur deswegen, weil ihr ein Ich und weil ihr Interesse habt. Wenn ihr Menschen andere Teile der Welt nicht mehr interessant findet, verschwinden die anderen Wesen nach und nach, sie fallen dann allmählich aus ihrem Sinn heraus, sie fallen aus ihrem Ursinn heraus, denn sie sind für das Wesen, welches diese Welt aufrechterhält, das Ichwesen Mensch, nicht mehr interessant.

W.W.: Können andere Wesen dann wirklich verschwinden?

Calytta: Je nachdem, wie wichtig sie sind. Wenn ihr euch nicht mehr für Engel interessiert, verschwinden die Engel nicht. Die Engel ziehen sich dann zurück. Wenn es aber um Angelegenheiten und Wesen geht, die nur euch betreffen, dann verschwinden diese.

W.W.: Also kann nur ein Ich-Wesen ein wahres und nachhaltiges Interesse aufbringen?

Calytta: Auf dieser physischen Erde ja. In der geistigen Welt ist dies ein wenig anders. Geistige Wesen haben andere Interessen.

Erkenntnis und Interesse

W.W.: Bist Du etwas Ähnliches wie die Erkenntnis?

Calytta: Nein, ich bin nicht die Erkenntnis, aber ich ermögliche Erkenntnis.

W.W.: Aber Erkenntnis ist ungefähr der gleiche Vorgang; man verbindet Begriff und sinnliche Wahrnehmung, man überwindet den Graben.

Calytta: Ja, Interesse ist aber eher der Vorgang, Erkenntnis ist das Ergebnis. Das Interesse ist seelischer, die Erkenntnis ist geistiger Natur. Die Erkenntnis *sollte* zumindest rein geistig sein.

W.W.: Wenn sich Wesen immer mehr zurückziehen, sofern sich Menschen nicht für diese interessieren, so müßte dies ja eigentlich auch bei den Menschen der Fall sein. Eigentlich wäre ja das hohe Ziel der Menschheit, sich für möglichst viel zu interessieren. Zum einen gibt es sehr viele Menschen, die sich für immer mehr Belange auf der Erde und der Menschheit interessieren, zum anderen gibt es auch immer mehr Menschen, die sich immer weniger für andere interessieren. Ist es so, daß auch die Menschen mehr und mehr eingehen, wenn sich kein anderer Mensch für sie interessiert?

Calytta: Das ist ganz genau so. Ein uninteressanter Mensch wird selbst immer ärmer, denn ohne Interesse an ihm entsteht keine Liebe; noch ärmer wird ein Mensch, der selbst kein Interesse aufbringen kann, und er entwickelt erst recht keine Liebe. Natürlich verschwinden die Menschen nicht, für die man sich nicht interessiert.

Interesse und Liebe und Desinteresse

W.W.: Nehmen wir zwei Fälle: Zum ersten nehmen wir einen Menschen, der eigentlich interessant ist, für den sich aber trotzdem kaum einer interessiert. Geht dieser Mensch auch langsam ein?

Calytta: Ja. Er müßte aus dieser Spirale des Nicht-interessant-Seins herausfinden. Wenn es aber ein Kind ist, hat es wenig Chancen, denn jedes Kind ist an sich interessant. Es gibt aber Eltern, die sich nicht für ihr Kind interessieren. So etwas gab es in Rumänien, weil der Staat damals das Interesse hatte, daß Kinder geboren wurden, die von Müttern abgegeben wurden und in Heimen aufwuchsen. Für die Leute, die in den Heimen arbeiteten, waren diese Kinder aber uninteressant. Diese Kinder wurden immer dümmer und verwahrlosten.

Ihnen hat nämlich das Interesse der Welt bzw. der Menschen gefehlt, genauso die Liebe. Diese Kinder hatten wenig Chancen, sich zu wehren. Einige wenige Kinder hat man aus den Heimen herausgeholt, sich sehr um sie bemüht, und diese Kinder kamen sehr schnell auf das intellektuelle Niveau der anderen Kinder außerhalb der Heime. Hieran kann man sehen, wie befruchtend Interesse ist. Interesse ist dafür wichtig, daß sich ein Mensch überhaupt entwickeln kann. Und wenn sich ein erwachsener Mensch immer uninteressanter macht, dann wird auch das Interesse an ihm abnehmen, und er selbst wird immer mehr verarmen.

W.W.: Das wäre der zweite Fall. Die Menschen sind unterschiedlich, nicht jeder ist gleich interessant, und es gibt – auch wenn das jetzt etwas anrüchig klingt – durchaus langweilige Menschen. Liegt in dem Interesse für einen Menschen auch eine gewisse objektive Komponente? Kann man es so sagen, daß ein Mensch weniger interessant ist als ein anderer? Wird ein Mensch dadurch uninteressant, daß er sich selbst nicht für anderes interessiert? Stimmt dies, oder ist das eine Abwertung der Menschen?

Calytta: Das ist eine Abwertung der Menschen; trotzdem gibt es Züge des Menschen, die ein solcher Mensch ausstrahlt, die die Langeweile fördern. Manche Menschen haben vor der Welt Angst, und diese Angst vor der Welt führt dazu, daß sie sich selbst uninteressant machen. Dadurch wird aber die Welt auch an ihnen selbst uninteressiert. Weil die Welt an ihnen uninteressiert ist, mindert dies ihre Angst, aber dadurch werden diese Menschen langweilig. Sind sie nun objektiv wirklich langweilig, oder müssen sie durch eine Phase hindurch – im Zusammenhang ihrer wiederholten Erdenleben zu betrachten –, in der diese Langeweile eher notwendig ist? Das wäre zumindest eine Möglichkeit, denn an einer solchen Inkarnation könnten diese Menschen auch etwas lernen.

Das andere ist, daß sich Menschen unterschiedlich schnell entwikkeln, weil die Menschen verschieden sind. Menschen sind einfach verschieden, und deshalb haben sie unterschiedliche Geschwindigkeiten. Vielleicht bist Du einfach zu schnell, um das Interessante an diesen eher langweiligen Menschen zu sehen. Vielleicht muß man dazu wesentlich langsamer werden.

W.W.: Man könnte sich auch für die Fußnägel von langweiligen Menschen interessieren, es stellt sich aber die Frage, ob dies besonders sinnvoll ist. Ich denke da eher an die Gesamtwesenheit des Menschen. Ich betrachte diese eine Inkarnation, nicht die anderen, und ich erwarte eigentlich heute von einem Menschen, daß er sich in einem gewissen Maße für die Welt interessiert und dadurch auch selber interessant wird. Interesse ist für mich ein Willensakt, auch ein Liebesakt. Der Willensakt des Interesses geht aus von dem Ich-Wesen Mensch. Wenn sich ein Mensch nun für nichts interessiert oder nur für sehr wenige eingeschränkte Bereiche bzw. für sich selbst, dann ist er doch dadurch, daß er keinen Willen und kein Interesse für anderes aufbringt, langweilig, oder nicht?

Calytta: Im Prinzip ist es so. Wenn Du aber nur eine Inkarnation betrachtest, ist es dann wirklich der ganze Mensch, den Du betrachtest? Ist es nicht vielmehr ein Ausschnitt von ihm?

W.W.: Ja, so ist es, aber das ist mir ziemlich gleich, denn wir leben alle heute, und man kann dieses eine Leben ja nicht verniedlichen, indem man auf andere verweist.

Calytta: Dann muß dieser Mensch für Dich uninteressant sein, weil er willensschwach ist. Ist es aber nur der Wille eines Menschen, der Interesse von anderen entstehen läßt?

W.W.: Es hindert doch einen Menschen nichts, sich für anderes zu interessieren!

Calytta: Möglicherweise braucht er diese willensschwache Inkarnation, um in der nächsten Inkarnation viel interessanter zu sein. Wie willst du das jetzt bewerten? Ein Mensch *muß* nicht uninteressant sein, er *darf* uninteressant sein.

W.W.: Ich bin nicht mit Dir einverstanden. Nehmen wir ein plakatives und einfaches Beispiel. Zwei Menschen stehen am Ufer eines Sees, ein Kind schwimmt im See und schreit um Hilfe, weil es zu ertrinken droht. Der eine springt rein, um dem Kind zu helfen, und fordert den anderen vorher noch auf, ihn zu begleiten; aber dieser zuckt mit den Schultern, weil ihm das Kind egal ist. Dieser zweite Mensch interessiert sich nicht für das ertrinkende Kind. Dies ist doch etwas, was er nicht machen muß, denn er könnte ja das Interesse für das ertrinkende Kind aufbringen. Man kann sein Verhalten nicht damit begründen, daß er in einer besonderen Inkarnation ist und in einer nächsten interessanter wird. Ich zweifle auch an, daß das bei diesem Menschen so ist.

Calytta: Das klingt einleuchtend. Man könnte das Ganze aber auch so umdrehen, daß man sagt, daß Du das Interesse dieses anderen Menschen an dem ertrinkenden Kind anregen müßtest.

W.W.: Meinetwegen, das hat aber damit gar nichts zu tun, denn einen Großteil am Aufbringen des Interesses muß der Mensch selber machen. – Sind Wille und Liebe nicht die Auslöser von Interesse?

Calytta: Liebe ist natürlich die Grundlage und auch ein Ergebnis von Interesse. Nur dann, wenn Du Dich für einen anderen interessierst, kannst Du ihn lieben. Man kann ein anderes Wesen nicht ohne Interesse lieben. Das stimmt. Andererseits können wir jetzt auf den größten Liebenden aller Zeiten, auf Christus, blicken: Er hat sich auch für die uninteressanten Menschen interessiert und diese geliebt. Insofern ist es auch immer eine Frage, wieweit ein Mensch bereit ist, den eigenen Willen anzustrengen, andere Menschen zu lieben, um bei diesen Menschen Interesse zu impulsieren. Du kannst Dich auch für andere Wesen als für Menschen interessieren, z.B. für ein Tier. Ein Tier hat kein im Physischen präsentes Ich-Wesen. Trotzdem kannst Du bemerken, daß sich ein Tier – vielleicht nicht ein Regenwurm, aber eine Katze – für Dich interessiert, wenn Du Dich ihm widmest. Das merkt man. Ein Problem bei einem uninteressanten Menschen ist, daß man ihn nicht wahrnimmt, weil er in einer gewissen Weise nicht vorhanden ist, nicht ichpräsent ist.

Etwas anderes ist es, wenn ein Mensch in eine Verweigerungshaltung geht – wie bei Deinem Beispiel des Menschen, der nicht in das Wasser springt. Das ist ein negativer Willensakt. Da ist Wille vorhanden. Viel schlimmer ist ein Mensch, der an dem ertrinkenden Kind vorbeigeht, der es sieht, aber einfach weitergeht. Bei ihm ist kein Wille vorhanden. Diesen Menschen meintest Du eigentlich. Wille und Interesse gehören also zusammen, aber nicht nur. Zum Interesse gehört auch Fühlen, weil man ein anderes Subjekt erst dann wahrnehmen kann, wenn man selbst eine Geste macht. Zum Interesse gehören Denken, Fühlen und Wollen, Interesse ist also etwas ganz Grundlegendes, womit wir wieder beim Anfang sind; denn Interesse ist eine der Urkräfte dieser ganzen Erde. Wenn dieses Interesse beim Menschen fehlt, ist er entweder krank oder aus irgendwelchen Gründen aus einer Entwicklung herausgefallen.

Interesse als Kraft des Heilenden Geistes

W.W.: Bist Du nicht auch eine heilende Kraft, vielleicht ein Teil des Heiligen Geistes? Interesse überwindet ja jeden Graben und heilt das Auseinandergefallene.

Calytta: Ja. Nun müßten wir die gesamte Trinität durchnehmen. Das ist sehr interessant.

W.W.: Man kommt bei Dir vom Hundertsten ins Tausendste.

Calytta: Das ist ganz im Sinne des Interesses. – Wenn der Heilende Geist das ist, was durch den Christus wirkt, ist er der dritte Schritt nach dem monokausalen Grund und dem voranschreitenden Sohn. Ein Wesen setzt ein anderes heraus und interessiert sich für dieses andere Wesen, das Interesse ist diese Brücke. Wo kommt nun das Dritte her? Das Dritte ist ein Ergebnis dieser Brücke, dessen, was da fließen will. Man will nämlich, daß das Fließende gesund ist. Dies ist das Heilende. Von daher ist das Interesse selbstverständlich eine heilende Kraft, dem Heilenden Geist zuzuordnen.

Beim Interessierten entdeckt man immer wieder etwas Neues

W.W.: Was ist im Wesensgliedergefüge des Menschen – besonders in seinem Astralleib – los, wenn er sich für vieles interessiert, und was ist bei einem anderen zu sehen, wenn er sich für weniges interessiert?

Calytta: Bei dem uninteressierten Menschen fehlt innere Bewegung. Das ist so, als würdest Du auf eine einfarbige oder wenigfarbige Skulptur schauen, die zwar monumental wirken kann, aber schnell zu überblicken ist. Bei interessanten Menschen ist es so wie bei einer Skulptur, bei der Du jedesmal, wenn Du hinschaust, etwas Neues siehst. Die andere Skulptur sieht jedesmal, wenn Du hinschaust, genauso aus wie vorher. Der langweilige, uninteressierte Mensch hat seelisch eine langweilige gleichförmige Landschaft, während man bei dem Interessierten immer wieder etwas Neues entdeckt. Der interessierte Mensch ist in Bewegung, er wandelt sich fortwährend.

Dies kann auch Angst machen, während der eher Gleichgültige etwas Beruhigendes hat. Auch diesen Aspekt sollte man nicht vergessen.

Facettenreiche Mitteleuropäer

W.W.: Immer vorausgesetzt, daß kein Mensch wie der andere ist und man die Menschen nicht in Gruppen einteilen sollte, interessiert es mich doch, wie die Mitteleuropäer heute ungefähr gestaltet sind – sind sie eher langweilig und uninteressiert, oder sind sie eher interessiert an der Welt? Vergleiche dies vielleicht mit einem Mitteleuropäer vor etwa tausend Jahren.

Calytta: Vor tausend Jahren begann der Mitteleuropäer erst in seinen groben Formen zu entstehen. Jetzt ist der Mitteleuropäer ungefähr in der Phase, in der er am facettenreichsten ist. Das beginnt aber wieder, sich abzubauen. Der durchschnittliche momentane Mitteleuropäer ist unglaublich farbenreich, formenreich, facettenreich. Vor tausend Jahren war dies noch viel weniger ausgeformt. Nun beginnen die Mitteleuropäer aber wieder, deutlich langweiliger und uniformer zu werden.

W.W.: Wie kommt das?

Calytta: Weil sich das Zeitalter dem Ende nähert; es ist aber noch lange nicht zu Ende.

W.W.: Ist das nicht ein innerer Qualitätsabbau dieser Menschen?

Calytta: Ja, aber die Qualität geht woandershin. Der Mitteleuropäer wird immer uninteressanter. Der Mitteleuropäer bringt die Welt mit seiner Haltung nicht mehr weiter. Wo ist das Problem? Andere Menschen werden interessanter werden, vor allem im Osten. Das Gesamtinteresse wird sich verlagern.

Angst vor dem Geistigen

W.W.: Ich habe auch den Eindruck, daß sich immer mehr Menschen immer weniger für Geistiges interessieren. Kannst Du einmal darstellen, warum das so ist?

Calytta: Viele haben vor dem Geistigen Angst. Zweitens ist das Interesse für Geistiges etwas, was man lernen muß. Interesse aufzubringen ist zwar eine Grundgestalt der Seele, des Vorhandenseins dieser Welt, aber auch dieses mußt Du ergreifen und lernen. Wenn Du in einem bestimmten Alter nicht dazu angeregt wirst, Interesse zu entwickeln, ist es genauso, wie wenn Du keine Liebesfähigkeit entwickeln kannst bzw. wenn diese nicht angeregt wird. Ohne diese Anregung kannst Du auch kein Interesse entfachen. Interesse kannst Du nur an wirklich vorhandenen Sachen entwickeln; geistige Sachen sind aber auch wirklich vorhanden. Elektronische Welten dagegen sind nicht wirklich vorhanden. Wenn Du den größten Teil Deines Tages in elektronischen Welten verbringst, kannst Du kein Interesse entwickeln, weil nichts wirklich vorhanden ist. An einer Fiktion kann man kein wirkliches Interesse entwickeln.

Interesse und Vererbung

W.W.: Wird Interesse auch durch die Eltern vererbt, zumindest in gewisser Weise auf seelischer Ebene?

Calytta: Ja, besonders in den ersten sieben Jahren bekommt man im Ätherischen und Astralischen eine gewisse Prägung durch die Eltern, besonders durch die Mutter. Wenn die Mutter ein interessierter Mensch ist, wird das Kind wahrscheinlich auch ein interessierter Mensch werden. Wenn der Astralleib mit der Pubertät mehr und mehr zu einem eigenen Astralleib wird, geht das Interesse des bzw. der Jugendlichen meist in eine andere Richtung als das Interesse der Eltern. Denn man findet es langweilig, was man mitbekommen hat.

W.W.: Wird dieses Interesse auch durch den Vater gefördert?

Calytta: Er hat keine leibliche Verbindung zum Kind, deswegen wird das Interesse durch das Vorleben gefördert.

Ödes Leben nach dem Tod

W.W.: Der eine Mensch interessiert sich während eines Lebens sehr wenig für seine Umgebung, ein anderer interessiert sich besonders tiefgehend und viel für seine Umgebung. Wie wirkt sich beides auf das nachtodliche Leben aus?

Calytta: Der Langweilige hat ein ödes Lebenspanorama. Und in der Zeit danach begegnest Du kaum jemandem, weil Du auch während des Lebens kaum jemandem bewußt begegnet bist. Das

Kamaloka ist ja u.a. das Durchleben der Begegnungen des letzten Lebens und die Bewertung dieser Begegnungen. Wenn Du während des Lebens kaum Begegnungen hattest, wird es auch im Kamaloka ziemlich öde.

W.W.: Wird man auch blinder und nicht mehr so wahrnehmungsfähig in der geistigen Welt?

Calytta: Einerseits wird man blinder, aber es ist nicht unbedingt so, daß man schlafend zur Weltenmitternachtsstunde und zurück geht, denn aufgrund der Defizite des letzten Lebens bereiten diese Seelen oft einen sehr detaillierten Abstieg zum nächsten Leben vor, entsprechend legen sie sich auch ihr nächstes Erdenleben zurecht, damit ihnen das nicht wieder passiert.

W.W.: Kann es auch passieren, daß man dann, wenn man während eines Erdenlebens vollständig uninteressiert ist, nachtodlich nicht mehr in der Lage sein kann, sich auf ein erfülltes nächstes Leben vorzubereiten?

Calytta: Es kann sein, ist aber glücklicherweise nur sehr selten so.

W.W.: Ist es aber nicht so, daß man im nächsten Leben irgendwie dumm wird, wenn man im Leben davor überhaupt kein Interesse, keinen Willen, keine Liebe für seine Mitmenschen und seine Umwelt aufbringen konnte?

Calytta: Natürlich, warum sollte das nicht so sein! Die Dummheit kann natürlich vorhanden sein; das schließt aber nicht aus, daß ein solcher Mensch mit ungeheuer viel Schwung ins Leben startet. Dann ist wieder alles möglich. Man kann in die Spirale nach unten geraten, aber man kann diese auch wieder als Impulsierung für Neues aktivieren.

Die Fähigkeit, Fragen zu stellen

W.W.: Wir leben ja im Zeitalter der Bewußtseinsseele, alle Gruppenseelenhaftigkeit verschwindet nach und nach, der Mensch gerät immer mehr in die Absonderung und muß sich mit dem Bösen auseinandersetzen. Muß man hier nicht wirkliches Interesse aufbringen, um die Gemeinschaft voranzubringen?

Calytta: Auf jeden Fall. Aber ob die Menschen dies tun, ist ihre eigene Entscheidung. Dies ist nicht meine Entscheidung als Interesse. Ich bin da, ich stelle mich zur Verfügung, und ihr Menschen macht etwas daraus. Das nehme ich euch nicht ab.

W.W.: Ich bemerke, daß immer weniger Menschen fragen können. Ist es so, daß ein Mensch, der kaum fragen kann, wenig Interesse hat?

Calytta: Nicht unbedingt, aber ein solcher Mensch hat ein wichtiges Medium verloren. Fragen zu können ist ein Medium, was auch mir ermöglicht, diese Röhre über den Abgrund herstellen zu können. Ohne Fragen ist dies viel schwieriger. Das heißt aber nicht zwangsläufig, daß ich bei einem solchen Menschen nicht vorhanden bin. Aber wer nicht zu fragen lernt, kann eben keine Fragen stellen. Es ist heute nicht mehr selbstverständlich, daß sich inkarnierende Menschen von vornherein instinktiv fragen können, denn sie wissen nicht mehr instinktiv, was sie lernen und fragen müssen. Die Bewußtseinsseele drückt den Instinkt in den Hintergrund; das muß interessanterweise so sein, denn sonst wäre das ein Widerspruch. Instinkt ist etwas ohne Bewußtseinsseele. Wenn ihr jetzt Menschen erzieht, müßt ihr ihnen andere Techniken beibringen als instinktbegabten Menschen. Ihr müßt sie also in der Fähigkeit unterrichten, Fragen zu stellen. Dafür müßt ihr aber erst einmal ein Bewußtsein haben.

W.W.: Entstehen Fragen nicht mehr von selbst?

Calytta: Fragen entstehen zwar von selbst, aber nicht die Fähigkeit, Fragen stellen zu können. Ein Mensch kann also Fragen haben, aber nicht die Fähigkeit, diese Fragen stellen zu können.

W.W.: Ich bemerke aufgrund meines Berufes, weil ich mich immer wieder mit neuen Themen beschäftigen muß, daß eigentlich alles, für das man sich am Anfang nicht interessiert, was vielleicht langweilig scheint, interessant werden kann, und zwar in dem Moment, in dem man sich näher damit beschäftigt.

Calytta: Prima, dann hast Du ein wesentliches Stück von mir wahrgenommen. Dadurch lernst Du Teile von mir zu sehen, die Du vorher nicht wahrgenommen hast. Das liegt z.B. daran, daß Dir die Begriffe dafür fehlten.

Schaltet die virtuellen Welten ab

W.W.: Hast Du einen Tip für diejenigen Menschen, die sich kaum für Geistiges interessieren – was könnten diese Menschen machen, damit hier ein stärkeres Interesse entfacht werden könnte?

Calytta: Schaltet die virtuellen Welten ab, denn die sind völlig uninteressant.

W.W.: Aber vordergründig wirken sie doch sehr interessant.

Calytta: Ja, aber es handelt sich nur um eine Scheinwirklichkeit, folglich ist die Beschäftigung damit auch ein Scheininteresse. Wenn ein Mensch virtuell dargestellt wird, so mag dies interessant sein; aber das wirkliche Interesse sollte an dem wirklichen Menschen stattfinden, nicht an seinem virtuellen Abbild. Diese Scheinwirklichkeit ist eines eurer größten Probleme. Ihr seid Ahriman sehr gut gefolgt, ihr habt in seiner Gefolgschaft die Imagination, die Inspiration und die Intuition weitgehend zerstört und nutzt diese zerstörenden Prozesse gewaltig. Die drei übersinnlichen Fähigkeiten Imagination, Inspiration und Intuition sind auch dafür da, Interesse für Geistiges zu entfachen.

W.W.: Nun wird man aber die virtuellen Welten wohl kaum abschaffen können. Dies wird nicht möglich sein. Welchen Weg kann man trotzdem gehen, um zugleich Interesse für Wirkliches zu entfachen?

Calytta: Niemand hat euch gezwungen, die virtuellen Welten aufzubauen. Dann müßt ihr auch die Konsequenzen tragen. Das ist wie bei der Erziehung. Es sind Regeln festgelegt. Wenn diejenigen, die erzogen werden sollen, diese Regeln überschreiten, weil sie in ein gewisses Alter kommen, dann müssen sie auch die Konsequenzen tragen, die daraus entspringen. Man kann natürlich mit den virtuellen Welten maßvoll umgehen, aber viele werden es nicht schaffen und kein Interesse mehr für die wirkliche Welt und die geistige Welt aufgreifen können. So wie es Alkoholkranke, Drogensüchtige gibt, so wird es auch immer mehr Onlinesüchtige geben. Hier muß ein totaler Verzicht geleistet werden, entsprechend einem Alkoholkranken, der auch nicht maßvoll mit Alkohol umgehen kann. Er kann entweder saufen oder trocken sein. Es gibt kein Dazwischen. Kein Interesse. So ist es auch mit den virtuellen Welten. Es muß das Interesse für diese Welten ganz verschwinden. Entweder schafft man es, Interesse für etwas anderes aufzubringen, oder die virtuelle Welt frißt einen auf. Das liegt daran, daß hinter der virtuellen Welt kein Objekt bzw. Subjekt steht.

W.W.: Aber die virtuellen Welten haben ja auch geistige Wesen hinter sich, die ebenfalls ein Interesse haben, z.B. das Interesse, daß die Menschen in diese Welten hineingesogen werden. Wie ist denn das für Dich? Denn auch dies ist ja Interesse!

Calytta: Auch ich habe dunkle Teile, genauso wie Du Doppelgängeranteile hast. Auch in mir gibt es das Interesse, einen Menschen umzubringen, besondere Tötungstechniken zu verfeinern, das Interesse, die Foltermethoden zu verfeinern.

W.W.: Du bist also völlig wertneutral?

Calytta: Ich bin ein Wert an sich. Der Wert, der diese Welt in Bewegung hält.

W.W.: Vielen Dank. Das war ein interessantes Gespräch.

Calytta: Das hoffe ich.

W.W.: Möchtest Du den Menschen noch etwas sagen?

Calytta: Sei interessiert! Was sollte ich sonst sagen.

Langeweile

Wolfgang Weirauch: Ich möchte ein Gespräch mit der Langeweile führen, ist dies möglich?

Langeweile, die Langeweile: Nur wenn Du mich langweilst.

W.W.: Ich versuche das Gegenteil. Kann es sein, daß Du ein wenig dumm bist?

Langeweile: Nein. Ich habe nur Langeweile.

W.W.: Entsteht Langeweile beim Menschen nicht aus Dummheit und völliger Interesselosigkeit und Egoismus?

Langeweile: Du irrst! Langweilen tun sich eher die Intelligenten. Dumme Menschen sind zu dumm, um sich langweilen zu können.

W.W.: Bist Du da ganz sicher?

Langeweile: Ganz sicher!

W.W.: Warum langweilen sich denn intelligente Menschen?

Langeweile: Weil sie in Situationen kommen, in denen sie ihre Intelligenz nicht anwenden können, weil sie z.B. aus Konventionen gezwungen sind, in die Ruhe zu kommen.

W.W.: Das kann ich bestätigen. Nichts ist so langweilig wie eine Gruppe von Menschen, in der man sich aus Konvention aufhalten muß, mit denen aber kaum ein Gespräch über Vernünftiges zu gestalten ist. Aber langweilt sich nicht auch ein stumpfer und öder Mensch, der kein Interesse für anderes aufbringen mag?

Langeweile: Er langweilt sich nicht, aber er langweilt Dich.

W.W.: Bist Du hier wieder ganz sicher?

Langeweile: Wer sollte es besser wissen als ich? Um Langeweile zu empfinden, mußt Du etwas empfinden. Wenn dies nicht bis zum bewußten Empfinden kommt, kannst Du auch keine Langeweile empfinden.

W.W.: Stumpfes Vor-sich-Hinöden ist also nichtmal Langeweile?

Langeweile: Nein. Es ist Öde, aber keine Langeweile. Langeweile ist außerdem gar nichts so Negatives. Lang und Weile bedeuten, daß man den Dingen manchmal ihre Zeit gibt.

W.W.: Was ist denn Kurzweile? Ist das Interesse?

Langeweile: Ein ganz bißchen von dem Interesse.

Ich habe Zeit

W.W.: Kannst Du Dich als Wesen einmal ein wenig charakterisieren?

Langeweile: Langweilig! Ganz langweilig!

W.W.: Geht es etwas differenzierter?

Langeweile: Ich habe Zeit. Und irgendwann kommt jeder bei mir an. Ich kenne kein Menschenleben, das völlig an mir vorbeigegangen wäre. Ich bin da, wenn Du mich möchtest. Ich komme freiwillig zu Dir. Du mußt mich nicht zwingen. Ich bin überall dort, wo Zeit ungenutzt verfließt.

W.W.: Aber Du bist ein Wesen? Landläufig behauptet man unter den Menschen ja hin und wieder, daß Frieden die Abwesenheit von Krieg sei. Aber der Frieden selbst ist natürlich auch ein Wesen. Ist es genauso mit Dir? Bist Du ein reales Wesen, oder bist Du die Abwesenheit von Interesse?

Langeweile: Ich bin ein reales und aktives Wesen, zumindest in einem gewissen Sinne aktiv. Ich bin ein Zeitwesen. Die anderen Wesen, mit denen Du bisher gesprochen hast, sind eher astrale Wesen; ich dagegen bin eher ein Raumwesen. Raum und Zeit sind eng miteinander verknüpft. Ein Raumwesen spannt etwas auf, während dagegen ein Gefühlswesen ein Wesen ist, in dem etwas vor sich geht. Ich bin das, was den Rahmen spannt – Zeit, Lebenszeit von Dir.

Das Nichts

W.W.: Welche Beziehung hast Du zu dem Nichts?

Langeweile: Eine ganz schlechte. Das Nichts ist nämlich nicht langweilig. Das Nichts ist überhaupt nicht langweilig. Wir behindern uns gegenseitig. Wenn Nichts da ist, ist die Langeweile weg.

W.W.: Was ist denn das Nichts?

Langeweile: Die Nichtexistenz, die Raumlosigkeit. Aber das Nichts ist auch ein Wesen, wenn auch ein ganz schwieriges Wesen. Es ist ein Wesen ohne Raum. Es ist für euch schwer denkbar, weil Du eigentlich nicht Nichts denken kannst. Du kannst nicht nur nicht – nicht denken, sondern auch nicht nichts denken. Ein Gedanke beansprucht auch immer einen gewissen Raum. Und da, wo Nichts ist, ist auch kein Raum; und da ich selbst ein Raumwesen bin, bin ich in einer gewissen Weise ein Gegenteil vom Nichts.

Aktiv langweilen

W.W.: Du bist langweilig; interessierst Du Dich selbst für nichts?

Langeweile: Ich gebe den Dingen die Möglichkeit, sich selber auszubreiten. So gesehen interessiere ich mich für alles, aber langsam.

W.W.: Ist es für Dich schön, wenn sich möglichst viele Menschen langweilen, weil Du dann in möglichst viele Menschen hineinschlüpfen kannst?

Langeweile: Ich möchte, daß sich möglichst viele Menschen aktiv langweilen, allerdings nicht passiv langweilen. Wenn sich die Menschen passiv langweilen, beginne ich zu stinken; das ist ungut.

W.W.: Ist das aktive Langweilen nicht etwas anderes als die Langeweile selbst? Nennt man so etwas nicht Müßiggang?

Langeweile: Auch der Müßiggang ist Langeweile. Ich habe wie das Wesen Interesse verschiedene Schichten. Ich habe auch meine Doppelgängerbereiche. Ich bin auch omnipräsent. Deshalb möchte ich, daß sich möglichst viele Menschen aktiv langweilen, weil sie dadurch die Langeweile aktiv gestalten. Wer sich passiv langweilt, der gestaltet die Langeweile nicht.

W.W.: Wenn es nur passive Langeweile gäbe, würde also in der Welt nichts geschehen?

Langeweile: So ähnlich ist es, ja. Es gäbe dann einen unendlichen Stau.

W.W.: Dann aber würdest Du zu einem riesigen Strom werden.

Langeweile: In gewisser Hinsicht; ich würde allumfassend werden, aber nicht riesig. Die aktive Langeweile ist eher riesig. Das ist ein Unterschied. Ein Riese hat sehr viel Kraft. Die passive Langeweile ist schwächlich.

Hektik an jeder Ecke

W.W.: Wie wäre eine Welt ohne Langeweile?

Langeweile: Streß pur! Hektik an jeder Ecke. Vielleicht gäbe es keine Wartezimmer mehr; das wäre wahrscheinlich ein Vorteil. Dort nämlich entsteht passive Langeweile.

Aus Langeweile erwächst Interesse

W.W.: Was geschieht in einem Menschen und zwischen Dir als Wesen Langeweile und dem Wesen Interesse, wenn ein Mensch sich zuerst langweilt und sich plötzlich für etwas interessiert? Wirst Du dann vom Interesse gepiekst oder ausgetrieben?

Langeweile: Das muß so nicht sein, denn häufig bin ich der Grund dafür, daß ein Mensch anfängt, sich für etwas zu interessieren. Stell Dir die Situation vor, daß Du beim Zahnarzt im Wartezimmer sitzt und Dich langweilst, passiv. Aus Langeweile nimmst Du eine Zeitung auf, die Dich überhaupt nicht interessiert, weil Du denkst, daß sie viel zu blöd für Dich ist; aber bevor Du völlig verblöden willst vor lauter Langeweile, blätterst Du die Zeitung durch. Und dann liest Du in einer blöden Frauenzeitung, die Dich niemals sonst interessiert hätte, etwas über ganz interessante Tiere, z.B. das Faultier. Und daraus entsteht dann durch Dich eine Buchreihe, die mit viel Interesse verfolgt wird.

W.W.: Stimmt, so lief es. Also impulsierst Du das Interesse.

Langeweile: Ja. Ich mache den Raum auf.

W.W.: Du wirst mitunter so unerträglich für den Menschen, daß er sich von Dir löst und sein Interesse für etwas anderes entfacht.

Langeweile: Genau. So gesehen arbeite ich mit dem Interesse Hand in Hand. Häufig – nicht immer – öffne ich den Raum für das Interesse, durch den das Interesse dann seine Röhre stecken kann.

W.W.: Und bei der Verbindung zu einem sich langweilenden Menschen, der sich plötzlich interessiert – wirst Du dann ausgetrieben?

Langeweile: Ich ziehe mich in den Hintergrund zurück. Ich überlasse den Raum, ich mache den Raum frei, ich bin aber nicht wirklich weg. Zeit ist nie wirklich weg.

Ungenutzte seelische Räume

W.W.: Was ist mit einem Menschen los, der sich fast nur passiv langweilt, keine Aktivitäten, kein Interesse, auch kein aktives Langweilen aufbringen kann?

Langeweile: Ich kenne keinen einzigen Menschen, der sich nur langweilt. Ich kenne aber Menschen, die sich häufig langweilen. Diese Menschen haben sehr viel ungenutzten Raum in ihrer Seele, und dann spanne ich Räume auf, die sie niemals füllen.

W.W.: Hast Du auch eine schwesterliche Beziehung zum Verdruß? Hast Du auch eine entsprechende Beziehung zur Sinnlosigkeit?

Langeweile: Die Sinnlosigkeit ist leider auch *ein* Ausgang aus meinem Raum, denn Langeweile kann auch zu einem Gefühl der Sinnlosigkeit werden. Insofern gibt es diese Beziehung, aber ich mag diese Verbindung nicht. Verdruß ist häufig das Ergebnis, wenn sich jemand langweilt. Wenn der Verdruß zur Langeweile hinzukommt, wird der Impuls stärker, die Langeweile zu überwinden.

W.W.: Und bei der Sinnlosigkeit ist es umgekehrt? Wenn ein Mensch die Welt als sinnlos empfindet, beginnt er sich dann zu langweilen?

Langeweile: Ja, er wird vor allem immer passiver.

W.W.: Welche Beziehung hast Du zur Freude?

Langeweile: Man kann sich freudig langweilen. Man kann im freudevollen Genuß sein, viel Zeit zu haben, und dann kann man sich aktiv langweilen.

W.W.: Kann man sich in der Freude wirklich langweilen?

Langeweile: Und wie! Das schließt sich nicht aus.

W.W.: Das erklär mir bitte genauer.

Langeweile: Zufriedenheit hat auch etwas mit Langeweile zu tun. Bei der aktiven Freude ist die Langeweile weniger, aber wenn der Zustand in die Zufriedenheit übergeht, kann die aktive Langeweile hinzukommen. In der aktiven Freudephase ist die Langeweile eher nicht vorhanden. Das stimmt.

W.W.: Wie kommt es, daß Kinder oft das Gefühl der Langeweile haben?

Langeweile: Weil sie ihr Interesse oft nicht so lange aufrechterhalten können, wie die Erwachsenen das erwarten. Dann tut sich ein

Raum auf, den die Kinder nicht füllen können, und ein aufgespannter leerer Raum entspricht der Langeweile.

W.W.: Wenn Langeweile chronisch wird, beim Erwachsenen, wird sie dann zur Lustlosigkeit?

Langeweile: Je nachdem. Wenn die Langeweile chronisch wird, wird sie oft zur Sinnlosigkeit, zum Verdruß. Wenn Langeweile chronisch wird, so wird auch der Wille nicht mehr gebraucht. Verdruß, Sinnlosigkeitsgefühl, passive Langeweile hängen eng mit Willensschwäche zusammen, die aktive Langeweile nicht.

W.W.: Was geschieht mit dem Ich eines Menschen, der sich oft passiv langweilt? Wird dies schwächer?

Langeweile: Es sucht sich andere Räume, in die sich das Ich begeben kann. Ein solches Ich ist möglicherweise nicht so sehr an der aktuellen Inkarnation interessiert. Das Ich kann auch schwächer werden.

W.W.: Vielen Dank. Möchtest Du den Menschen noch etwas mitteilen?

Langeweile: Versucht, aktiv langweilig zu sein, dann habt ihr mehr vom Leben! War ich langweilig genug?

W.W.: Es war gerade noch erträglich. – Die Kunst des Müßiggangs ist also das, was Dich erfreuen würde?

Langeweile: Genau, das ist ein aktiv leer aufgespannter Raum. Befreie Deinen Geist von allen Fragen! Aber nicht umdrehen! Nicht: Befreie Deine Fragen von allem Geist.

W.W.: Danke.

Langeweile: Bitte, langweile Dich weiter!

eugier

Wolfgang Weirauch: Hallo Lilly, was für eine Wesenheit bist Du?

Lilly, die Neugier: Ich bin eine astrale Wesenheit. Mich interessiert immer das, was hinter der nächsten Ecke ist. Ich bin ein lebhaftes Wesen, aber nicht wirklich kindlich.

W.W.: Du lebst doch im Allwissen. Wie ist es da möglich, daß Du noch auf etwas neugierig bist, da Du doch eigentlich alles wissen müßtest?

Lilly: Ganz so ist es nicht. Zwar weiß ich vieles, aber die Zukunft steckt nur bedingt im Allwissen. Außerdem nehmt ihr Menschen nicht am Allwissen teil, und deswegen seid ihr so wenig berechenbar. Deswegen gestaltet ihr dauernd Dinge, die nicht vorhersehbar sind. Wir sind neugierig auf das, was die Menschen aus Freiheit bewerkstelligen. Deshalb kommt dauernd etwas Neues in die Welt – ein neues Baby, eine neue Idee oder auch nur eine alte Idee in einem neuen Kleid.

Immer auf dem Weg

W.W.: Kannst Du einmal den Charakter eines neugierigen Menschen beschreiben?

Lilly: Er ist geistig frisch, er ist interessiert an seiner Umwelt, kann aber auch sehr in die Extreme gehen, indem er alles, wofür er sich kurzfristig interessiert hat, schnell wieder liegenläßt und vergißt, weil er immer dort, wo er ist, nicht glücklich ist, da er meint, daß er immer da sein müßte, wo er gerade nicht ist. Er ist immer auf dem Weg in eine nicht ganz definierte Zukunft. Oft geht es nicht darum, eine Spur gründlich zu verfolgen, sondern nur zu schauen, was es Neues gibt.

W.W.: Warum ist der eine Mensch neugierig bzw. immer auf der Suche nach Neuem, der andere überhaupt nicht?

Lilly: Die Grundtendenz hängt mit der großen oder weniger großen Jugendlichkeit zusammen. Dies hängt nicht mit dem Lebensalter der Menschen zusammen, denn interessanterweise werden alte Leute oft wieder neugierig. Oft hängt es damit zusammen, daß die Not und der Streß des Alltags etwas nachlassen und sie mehr in die Freiheit kommen. Der nichtneugierige Mensch ist aus meinen Augen der unfreiere Mensch, der sich mehr oder weniger völlig in äußere Notwendigkeiten einbinden läßt und in diesen immer weiterschreitet, während der neugierige Mensch der freiere Mensch ist, der sich nicht einbinden läßt und fortwährend auf der Suche nach Neuem ist.

W.W.: Ist ein nichtneugieriger Mensch auch ängstlich?

Lilly: Ja, es gibt aber auch die Kombination von Neugier und Angst. Manche Menschen lieben ihre Angst, sind gierig auf dieses Gefühl und gehen deswegen oft zu Neuem, weil dies wieder eine gewisse prickelnde Note hat.

Ich habe viele Seiten

W.W.: In der Neugier gibt es nach meiner Wahrnehmung zwei Komponenten: Zum einen die positive zukunftsgewandte Komponente, die nach Neuem sucht, die sehr interessiert ist; zum anderen die negative, gierige, die die Grenzen anderer nicht toleriert. Kannst Du das bestätigen?

Lilly: Ja, es gibt die Neugier, die auf alles gerichtet ist, und die Neugier, die sich gezielt auf etwas Bestimmtes richtet. Es gibt die Neugier, die nur auf der Suche nach Horrormeldungen ist, im großen wie im kleinen – ob dies nun Leichen in der Welt sind oder Leichen im persönlichen Küchenschrank. Auch diese Neugier ist Neugier und somit ein Teil von mir. Auch ich habe viele Seiten, und diese eben angesprochene Seite ist nicht meine schönste Seite. Aber es gibt auch die spielerische Neugier, die sich aus einem freien jugendlichen Verhalten heraus ergibt, gerichtet auf alles, was sich neu ergibt.

Es gibt aber auch Menschen, die von vornherein alles Neue ablehnen, wegen allem Neuen die Hände vors Gesicht schlagen; unter diesen Menschen leide ich sehr. – Dann gibt es die Seite des Oberflächlichen, also der Menschen, die gar nicht mehr leben können, ohne daß sie wieder etwas anderes und Neues aufgreifen oder sehen. Das erlebe ich bei vielen eher jüngeren Menschen in den westlichen Ländern, die gar nicht mehr ankommen können, von Eindruck zu Eindruck huschen, die ständig ruhelos umherziehen.

W.W.: Ist das Neugier? Ist das nicht eher Getriebensein?

Lilly: Beides mischt sich. Neugier kann die Rastlosigkeit massiv verstärken. Der Nichtneugierige wird lange nicht so schnell rastlos.

Es gibt also die kindliche, unbedarfte Neugier, die mit großen Augen in die Welt schaut, die in das Staunen übergehen kann. Das Staunen ist allerdings eine tiefere Seelenregung. Die Neugier ist eine Seelenregung auf der Oberfläche der Seele. Dort befinde ich mich. Das Staunen wurzelt tiefer. Die Neugier ist mehr in den Fingerspitzen, nicht so sehr im Herzen. Neugier hat mehr mit den feinen Willenserlebnissen zu tun, wenn sich der Wille mit dem Nervlich-Sinnlichen verbindet.

Es gibt auch Menschen, die breitbandig neugierig sind, die sich nicht nur für eine Sache interessieren, und es gibt Menschen, die schmalbandig neugierig sind. Aber ein Mensch, der überhaupt keine Neugier besitzt, ist mir noch nicht begegnet. Allerdings gibt es viele Menschen, die sehr satt sind.

W.W.: Gibt es auch Menschen, die in einer gewissen Lebensphase ungeheuer neugierig waren, sehr viel Neues kennengelernt haben, dann aber satt sind und ganz zumachen?

Lilly: Ja, die gibt es häufig. Wenn bei diesen die Neugier ganz verschwindet, habe ich bei ihnen keine Überlebensmöglichkeit.

Der eher gierige Teil von mir ist nicht mein bevorzugter; ich bin nicht so gerne in der Gier drinnen.

Gier und Lust

W.W.: Ist der Begriff Gier im Begriff Neugier so sehr passend? Wenn man Begriffe wie Sexgier, Mordgier, Geldgier und ähnliches ansieht, so haben diese eine negativere Komponente, mehr Bewegung. Stimmt es, daß der Teilbegriff Gier bei der Neugier nicht so ganz passend ist?

Lilly: Du siehst den Begriff Gier sehr negativ; das muß nicht unbedingt sein. Die Gier hat auch andere Seiten. Verwechsle nicht die

Gier mit der Lust. Es gibt auch die Lust auf Neues; das ist dann keine Neugier mehr.

W.W.: Was ist denn der Unterschied zwischen Lust auf Neues und Gier auf Neues?

Lilly: Der Unterschied ist das Erleben; die Gier geht nicht so tief in die Seele hinein wie die Lust, die Gier führt nicht zu so deutlichen Lusterlebnissen wie die Lust, die von vornherein auf eine Lusterzeugung und Lustbefriedigung abzielt. Derjenige, der Lust auf Neues hat, braucht die Befriedigung, arbeitet mit dem Unterleib, während der rein Neugierige mehr mit dem Kopf arbeitet. Ein Voyeur ist also neugierig, während ein Mensch, der z.B. ständig neue Sexualpraktiken ausprobiert, „neulüstig" ist.

W.W.: Ist Gier nicht vielmehr eine triebgesteuerte Eigenschaft?

Lilly: Bei der Gier ist immer der Kopf eingeschaltet.

Durchs Schlüsselloch schauen

W.W.: Schauen wir doch noch einmal auf den Menschen, der gerne durch die Schlüssellöcher schaut; welcher Charakterzug ist bei ihm vorhanden?

Lilly: Er benutzt eine Fähigkeit, die eigentlich in die Zukunft führen soll, um einen negativen Charakter, um die eigenen Schlechtigkeiten zu befriedigen. Diese Menschen sind ungeführt. Sie sind sogar unmoralisch.

W.W.: Spielt dabei auch eine Art Machtkitzel mit?

Lilly: Das kann auf jeden Fall auch mit beigemischt sein, das muß aber nicht sein; denn es gibt auch Typen, die an Schlüssellöchern lauschen, die das aber nur für sich selbst tun. Sie tun es einfach nur deswegen, weil sie etwas wissen wollen. Es bereitet ihnen Freude, nur zu lauschen. Sie befriedigen sich daran, etwas mitzubekommen, was für ihre eigenen Augen und Ohren nicht bestimmt ist. Es muß keine Erpressung hinterher folgen. Solche Menschen gibt es mehr, als Du denkst. Macht dagegen ist eine der größten Kräfte, die momentan negativ auf der Erde wirken, aber Macht hat mit mir selbst nichts zu tun. Macht hat auch viel mit dem Kopf zu tun, aber noch mehr mit dem Unterleib. Es gibt auch eine Machtgier; und das ist mehr eine kopfige Macht. Über die Verknüpfung von Lust und Macht könnte man sehr viel reden.

Neugier in die Zukunft

W.W.: Und die mehr positive Neugier, Deine mehr positive Seite ist also die Neugier auf Neues in der Welt, journalistisches Interesse, forscherisches Interesse?

Lilly: Genau, diese Kraft bringt oft die Welt weiter, sie führt den Menschen um die nächste Ecke und läßt ihn vielleicht etwas Schöneres sehen. Diese Kraft führt auch in die Zukunft. Das ist meine ganz positive Seite. Man macht dann weiter, weil es spannend ist, weil etwas Neues kommen wird.

W.W.: Man kann eigentlich gar nicht weiterkommen, wenn man nicht neugierig ist, oder?

Lilly: Nein. Jeder Mensch, der weiterkommen will, ist irgendwo neugierig.

W.W.: Und ein Kind, welches den ersten Schritt macht ...

Lilly: ... macht ihn aus Neugier. Jetzt kommen hier noch sehr viele Kollegen, die mir gerade sagen, daß es noch ganz viele andere Gründe für den ersten Schritt gibt, aber die Neugier gehört auf jeden Fall mit dazu.

Oberflächlichkeit

W.W.: Ist die Neugier eine Kraft, die einen daran hindert, hellseherische, übersinnliche Erfahrungen zu machen?

Lilly: Das spielt eine entscheidende Rolle. Wenn die Neugier in die Oberflächlichkeit übergeht, dröhnt man sich mit so vielen unendlich vielen Sinneserlebnissen zu, daß die tieferen und höheren Sinne nicht mehr angesprochen werden können. Die mittleren Sinne sind dann völlig überbeschäftigt. Die mittleren Sinne sind diejenigen, die gemeinhin als die üblichen Sinne angesprochen werden, also Schmekken, Riechen, Hören und Sehen. Zu den unteren Sinnen gehört z.B. der Tastsinn, der Gleichgewichtssinn usw., während die oberen Sinne die mehr geistigen Sinne sind, wie z.B. der Wahrheitssinn und der Ichsinn. Wenn man die mittleren Sinne aus lauter Neugier überbeschäftigt, kommt man weder an seine unteren noch an seine oberen Sinne heran. In diese Situation kann die Neugier führen.

Die Neugier kann auch zur Rastlosigkeit werden. Das kann dazu führen, daß ein solcher Mensch nicht mehr zum tieferen Verarbeiten seiner zahlreichen Sinneseindrücke fähig ist. Das ist eine Gefährdung, wenn Du Dich sehr stark mit mir durchdringst. Dann kommst Du in eine völlige Oberflächlichkeit hinein. Es kommt dann oftmals nichtmal mehr zu einem Erleben des Neuen.

W.W.: Was sollte ein solcher Mensch machen, der in dieser Weise oberflächlich neugierig ist?

Lilly: Entschleunigen!

W.W.: Das müßte Dir doch eigentlich nicht so sonderlich gut schmecken, wenn sich ein Mensch entschleunigt.

Lilly: Nicht unbedingt, denn ich bin nicht gerne in einer kranken Weise in den Menschen. Neugier hat eigentlich etwas Urgesundes, da sie zu den Urtriebkräften gehört. Ich finde es schön, wenn ich in den Menschen in einem normalen Maße vorhanden bin, nicht aber, wenn ich mißbraucht werde. Ich will nicht krank sein! Ich will ein belebendes Moment bei den Menschen sein, ich will die Menschen voranbringen, Lust auf Neues machen. Wenn man dagegen völlig erschlagen ist, seelisch erschöpft ist aus lauter Neugier, so ist dies eigentlich eine falsche Neugier.

W.W.: Möchtest Du den Menschen noch etwas mitteilen?

Lilly: Seid neugierig, aber nicht übertrieben neugierig!

W.W.: Danke.

Lilly: Bitte.

Gier

Wolfgang Weirauch: Hallo, hast Du einen Namen?

Generosa, die Gier: Ich heiße Generosa.

W.W.: So hätte ich mir Deinen Namen nicht vorgestellt!

Generosa: Wieso? Ich bin die Gier ohne jedes Vorzeichen. Die Gier ist eine ganz generelle Grundeigenschaft des Menschen. Ich bin sogar großzügig, Du verkennst mich. Du bist kein Freund von mir; warum willst Du dann mit mir reden? Warum bist Du gierig darauf, mit mir zu sprechen?

W.W.: Ich bin nur neugierig und möchte mit allen reden!

Generosa: Ohne mich säßest Du nicht hier, denn Du bist gierig darauf, mit allen zu reden.

W.W.: Beschreib Dich mal ein bißchen, damit wir nicht aneinander vorbeireden. Was ist Gier?

Generosa: Gier gibt es in vielen Facetten, wie schon angesprochen, aber auch in der Freßgier und der Lebensgier. Gier ist die Überreizung eines Grundtriebs, aber eine zum Teil notwendige Überreizung. Wäre der Mensch nicht überlebensgierig, könnte er nicht überleben. Wenn Du nicht eine gewisse Freßgier hättest, würdest Du nicht essen. Gier ist eine Grundeigenschaft, die den Menschen dazu führt, daß ihm etwas bewußt wird und dadurch in eine Verfeinerung hineinkommen kann. Die Bewußtwerdung von Grundbedürfnissen – das ist Gier.

W.W.: Nehmen wir einmal ein Beispiel von zwei Menschen: Sie sitzen vor einem Mahl; der eine verschlingt das Essen mit Freßgier, der andere genießt es mit einer gewissen Essenslust. Der zweite genießt das Mahl mit einer gewissen Souveränität, während der erste mehr oder weniger unbeherrscht über das Essen herfällt.

Generosa: Das gilt bis zu einem bestimmten Punkt, denn wenn der Freßgierige diesen Punkt erreicht hat, ist er zufrieden.

W.W.: Aber nicht durch eine Bewußtmachung. Der mit Lust ißt, hat sich im Griff. Deswegen bin ich der Meinung, daß die Gier eine Kraft ist, die den Menschen überfällt, und daß dabei wenig Bewußtsein ist. Diese Kraft ist oft stärker als das Ich des Menschen. Ein gieriger Mensch kann sich kaum kontrollieren.

Gier ist die kopfgesteuerte Befriedigung eines leiblichen Bedürfnisses

Generosa: Bei einem gierigen Menschen ist die Lust in den Kopf verschoben, denn die Gierigkeit geht über die körperlichen Bedürfnisse hinaus. Die Gier ist eine Kraft, die den Menschen dazu führt, daß die mittleren Sinne zu stark beansprucht werden und daß sie übermäßig befriedigt werden wollen. Dann ist man in der Gier; die Gier hat etwas mit dem Kopf zu tun. Die Gier ist kein leibliches Bedürfnis, denn das leibliche Bedürfnis verrutscht in den Kopf.

W.W.: Du meinst jetzt ein seelisches Bedürfnis?

Generosa: Nein, das leibliche Bedürfnis rutscht in den Kopf und wird dadurch ein gieriges Bedürfnis, die Lust dagegen wird zu einem seelischen Bedürfnis. Bei der Gier ist das Seelische ziemlich herausgehalten, bei der Lust dagegen lebt man rein im Seelischen. Die Gier ist die kopfgesteuerte Befriedigung eines leiblichen Bedürfnisses. Freßgier bedeutet, daß Du Dir den Magen so vollschlägst, daß er so voll ist, daß er Dir dann hinterher wehtut. Der Kopf hat das Fressen erlebt, der Magen ebenfalls, aber dann erlebt er das Völligkeitsgefühl. Wo ist dabei die Seele?

W.W.: Das ist irgendwie schwer nachzuvollziehen. Ist dies nicht eher ein Trieb?

Generosa: Ja, aber kopfgesteuert.

W.W.: Ist es nicht so, daß ein gieriger Mensch gar nicht mit dem Kopf steuern kann, sondern von der Gier überwältigt wird?

Generosa: Mit kopfgesteuert meine ich jetzt nicht, daß ein Mensch sich souverän im Griff hat – denn das kann ein gieriger Mensch gerade nicht –, aber seine Gier geschieht nicht in seiner Seele, sondern eher im Nerven-Sinnesbereich. Deswegen wird dies eigentlich aus der Kopforganisation heraus gesteuert. Die Gier wird nicht aus dem mittleren Menschen heraus gesteuert, denn sie wird nicht von einem Lusterlebnis begleitet, es gibt dabei kein warmes seelisches Gefühl.

Die Seele wird dabei ein wenig ausgespart. Es führt nur zu einer leiblichen Befriedigung.

W.W.: Geht dies in die Richtung der Sucht, indem man immer *mehr* will?

Generosa: Es muß keinen suchtartigen Charakter bekommen, kann es aber. Eine Gier führt leicht in eine Sucht hinein. Lust führt aber auch zur Sucht. Hier muß man generell aufpassen. Wenn die Lust einen bestimmten seelischen Punkt überschreitet, wird sie auch zur Sucht. Aber die Gier hat nichts mit der Seele zu tun, sondern vorwiegend mit dem Leib, vor allem dem Nerven-Sinnessystem. Sie ist nicht denkerisch gesteuert, aber trotzdem aus der Kopforganisation heraus gesteuert.

Wer die Geldsäcke liebt

W.W.: Nehmen wir einmal ein Beispiel, nämlich die Geldgier.

Generosa: Mit der Geldgier ist es am schwierigsten: Sie richtet sich nicht unbedingt auf den Leib, denn Geld ist eine Art Ersatzleib. Das ist der physisch-leiblich gewordene Geldsack, der dasein muß. Geldgierige sind diejenigen, die eigentlich die Geldsäcke lieben. Heute ist diese Ersatzbefriedigung aber die Wahrnehmung der Zahlen auf dem Konto. Deswegen müssen diese Zahlen immer höher werden, damit sie überhaupt noch im Leib ankommen. Früher tauchte der Geldgierige – etwas überspitzt gesehen – seinen Kopf in seine Geldstücke hinein, so wie Donald Duck.

W.W.: In der griechischen Mythologie gibt es den König Midas, der einst Dionysos bat, daß sich alles, was er berühre, in Gold verwandeln möge. Dionysos gewährte ihm diesen Wunsch; doch als Midas eines Tages am Verhungern war, verwandelte sich auch seine Nahrung in Gold. Was drückt sich in dieser Geschichte aus?

Generosa: Ähnliche Märchen gibt es auch im mitteleuropäischen Raum, z.B. „Der Salzprinz". Ein König fragt seine drei Töchter, wie stark diese ihn liebhaben. Die eine sagt: wie Diamanten; die andere: wie Rosen bzw. wie ein See, und die dritte sagt: Ich hab dich so lieb wie Salz. Durch die dritte fühlt sich der König ganz beleidigt und verbannt diese Tochter. Der König wollte wie Gold geliebt werden, nicht wie Salz. Dann erscheint der Salzprinz auf seinem Hof und sagt, daß fortan alles, was der König berühre, zu Gold werden solle. Plötzlich wird alles Salz im Land zu Gold, alles Salz, was die Grenze dieses Landes überschritt, wurde zu Gold. Nach und nach laufen alle Menschen weg, und der König steht ganz alleine. Er hat dann zwar viel Gold, und dann sagt seine jüngste Tochter, daß sie nun den Salzprinz suchen werde, um ihn zu erlösen, was dann auch geschieht. Salz drückt die Ich-Kräfte aus.

Wo sich das Leben seiner Existenz bewußt wird

W.W.: Hat die Gier auch eine saugende, anderes verschlingende oder vernichtende Kraft, oder ist sie eine Kraft, die nur anderes sammeln oder anreichern will? Was ist die Grundgeste der Gier?

Generosa: Eine vernichtende Kraft habe ich nicht. In dem Moment, in dem Du etwas vernichtest, ist es ja weg, aber Du brauchst es, um Deine leiblichen Bedürfnisse zu befriedigen. Ich raffe, vor allem will ich's spüren, aber physisch spüren! Ich will körperlich fühlen. Das kann auch saugend sein. Es kann ein Bedürfnis sein, so daß ohne die Befriedigung dieses Gefühls das Leben unerträglich wird.

W.W.: Wo wird dieses Gefühl erlebt? Wo wird diese Gier, z.B. bei den Freßgierigen, erlebt?

Generosa: In einer unteren Schicht als die Lust, bei einem völligen Völlegefühl erlebt derjenige eigentlich überhaupt keine Lust mehr. Die Gier kann man nicht rein aus dem Seelischen heraus verstehen. Auch eine Pflanze hat eine Gier, wenn auch nicht seelisch erlebbar. Sie hat die Gier zu wachsen, zu blühen usw., und hierfür braucht sie nicht unbedingt einen Astralleib. Die Existenzerhaltung ist auch eine Gier.

W.W.: Aber die Gier muß ja irgendwie im Astralleib zu spüren sein!

Generosa: Wenn Du das so siehst, sitzt die Gier an der Grenze zwischen Ätherleib und Astralleib, vielleicht im Bereich der Empfindungsseele. Die Gier sitzt dort, wo sich das Leben seiner Existenz bewußt wird.

W.W.: Die Gier sitzt also mehr im Ätherischen, aber das Spüren der Gier reicht bis ins Astralische hinauf. Sehe ich das richtig?

Generosa: Ja, die Gier sitzt sehr tief unten, genauso aber auch ganz oben, denn die Auslösung der Gier kommt aus dem Kopf. Die Mitte, das Seelische, fehlt bei der Gier. Oben sitzt der Auslöser, unten sitzt die Befriedigung. Die Mitte, die Herzenskräfte, sind dabei nicht angesprochen.

W.W.: Was liegt bei einem Menschen vor, der starke Gier hat? Hat er irgendwo einen Mangel?

Generosa: Ja, er hat einen Mangel an Herzenskräften. Aber das ist toll. Ich liebe gierige Menschen.

W.W.: Ist es Dir gleichgültig, in welcher Form Du im Menschen ausgelebt wirst?

Generosa: Du willst wohl, daß ich mich läutere! Ich bin nicht so wie die Neugier, die immer in Harmonie leben will.

W.W.: Die Neugier war insofern differenziert, als sie gewisse Ebenen von sich nicht so schön fand. Wie ist das bei Dir?

Generosa: Die Mordgier sagt mir nicht unbedingt zu. Denn die Mordgier hinterläßt wieder ein gieriges Wesen weniger. Die Geldgier dagegen ist prima, denn dabei geht nicht der Körper kaputt. Bei einem Freßgierigen leidet auch der physische Leib.

Heute ist meine Zeit!

W.W.: Du bist ja in der heutigen Zeit eine ziemlich gierige Kraft, denn nach meiner Wahrnehmung sind die Menschen heutzutage ziemlich gierig.

Generosa: Ja, das ist meine Zeit! Ich diene auch den beiden Herren, sie schützen mich beide. Zum einen nehme ich mir etwas von der euphorisierenden Genußseite, auf der anderen Seite habe ich das Erleben der körperlichen Seite.

Gier und Sucht

W.W.: Wie stehst Du zur Sucht?

Generosa: Das ist eine Schwester von mir. Bei der Sucht geht das weg, was mir eigentlich ganz wichtig ist, nämlich das Bewußtsein davon. Ein Süchtiger hat etwas Unbewußtes.

W.W.: Aber ein Gieriger ist ja auch nicht sonderlich bewußt!

Generosa: Er ist ziemlich zielgerichtet, wird durch bestimmte Kräfte sehr geführt. So gesehen ist er sogar sehr bewußt! Das ist eine Form von Bewußtsein, die Dir vielleicht nicht liegt, auch wenn jeder Mensch seine gierigen Ecken hat. Es gibt keinen Menschen ohne diese. Fühle Dich als Mensch, weil Du gierig bist. – Sucht hat einen Kontrollverlust, Gier hat diesen Kontrollverlust nicht.

W.W.: Du sagtest doch aber, daß die Gier in den Kopf geht und den Kopf abschaltet.

Generosa: Ja, aber nicht in dieser Totalität und Vehemenz, wie dies die Sucht bewirkt. Ein gieriger Mensch hat seine Überlebenssysteme noch im Griff, ein Süchtiger nicht. Ein gieriger Mensch kann u.U. zurückrudern, ein Süchtiger nur äußerst schwer. Diese Kontrolle ist ihm verlorengegangen. Die Gier kann auch einmal abwarten und sagen: Jetzt nicht! Die Sucht kann das nicht.

W.W.: Nach meinem Verständnis ist die Sucht eine Kraft, die immer vom Menschen Besitz hat, während die Gier eine Kraft ist, die nur zu bestimmten Momenten über den Menschen kommt.

Generosa: Ja, genau. Hinzu kommt bei der Gier noch, daß recht hohe Teile beteiligt sind, nämlich die unteren egoistischen Teile Deines Ichs. In diesen Bereichen hängt die Gier mit drinnen. Die Freßgier oder die Sexgier entstehen in dem Moment, in dem ein Objekt vorhanden ist; aber bei einem Süchtigen ist dies noch stark übertrieben, denn der Süchtige kann diesen Bereich nicht mehr steuern, er hat den ichhaften Teil der Gier herausgesetzt. Dieser ist ihm weggerutscht.

W.W.: Ist die Gier immer zielgerichtet auf etwas Materielles gerichtet?

Generosa: Eigentlich ja, weil die Grundlage der Gier die Befriedigung eines körperlichen Bedürfnisses ist. Die Grundlage der Habgier, der Geldgier ist eigentlich das Berühren eines Goldstückes. Sie kann sich aber transformieren in eine körperliche Befriedigung auf einen nichtphysischen Bereich, auf nichtmaterielle Leiber. Sie kann das Materielle verlassen, nicht aber das Physische verlassen. So kann sie zu einer immateriellen Gier werden. Dies geht aber nur bei Ich-Wesen. Tiere können keine immaterielle Gier empfinden. Wenn Gier bei Tieren auftritt, bleibt sie immer an eine Substanz gebunden. Bei Menschen, die ein Ich haben, kann die Substanz verlorengehen.

Ohne eine materielle Welt wären natürlich auch die immateriellen Gierbereiche nicht möglich, aber sie sind trotzdem ziemlich verdünnt. Die Gier benötigt die Physis, aber nicht zwingend die Materie.

W.W.: Eine Gier auf rein geistiger Ebene kann ich mir nicht vorstellen.

Generosa: Nein, die gibt es auch nicht. Da fehlt die leibliche Komponente.

Ich habe Zeit

W.W.: Im Epheserbrief, 5,5, steht: *„Ihr könnt sicher sein, daß kein unzüchtiger, unreiner oder habgieriger Mensch je das Reich Christi und Gottes miterben wird."* Ist es so, daß die Gier nach Materiellem den Menschen daran hindert, sich mit spirituellen Gedanken zu durchdringen?

Generosa: Ja, das ist meine Aufgabe.

W.W.: Im Kamaloka baut der Mensch nachtodlich langsam seine Gier ab, alles das, was ihn noch gierig an die Erde fesselte. Insofern wirst Du langsam entsorgt; wie ist das für Dich?

Generosa: Dieser Mensch kommt wieder!

W.W.: Aber wie ist es für Dich, wenn Du langsam verdünnt wirst; zumindest bei diesem einen Menschen in der Zeit nach seinem Tod?

Generosa: Du lebst, weil Du gierig bist. Aber im Kamaloka verzieht ihr euch in die Seelenwelt; das mag ich natürlich nicht. Aber sonderlich interessant ist es auch nicht für mich, auch wenn er sich immer weniger mit mir beschäftigt – er kommt im nächsten Leben wieder! Ich habe Zeit!

W.W.: Wo wohnst Du eigentlich?

Generosa: Auf der Erde.

W.W.: Im erdnahen Astralbereich, oder wo?

Generosa: Da gibt es eine Sphäre, die hat eine Nummer vorne. Ihr nennt diese Sphäre die achte Sphäre.

Gier als Diener beider Herren

W.W.: Als Luzifer in die menschliche Wesenheit eingriff, so daß der Mensch auf die Erde fiel und in einen materiellen Leib einzog, kam er auch mit Dir in Berührung. Gleichzeitig kam er mit den ahrimanischen Kräften auf der Erde in Berührung. Inwiefern ist die Gier luziferisch, inwiefern ahrimanisch?

Generosa: Ich gehöre zu beiden. Luziferisch ist der Bereich der Gier, der im Nerven-Sinnesbereich angesiedelt ist; ahrimanisch ist der Gierbereich im Leiblichen. Als die Menschen das Reich der materiellen Welt betraten, betraten sie auch zugleich das Reich beider Herren, wobei der eine aus dem Himmel kam, während der andere schon da war. Zwangsläufig, um auf der materiellen Welt überleben zu können, mußten die Menschen die Gier in sich aufnehmen. Sonst hätten sie nicht überleben können.

Tiere haben nur die eine Form von Gier. Aber durch die Möglichkeit, mit einem so komplexen Wesen wie dem Menschen zu arbeiten, bin ich innerlich gewachsen.

W.W.: Das muß aus Deiner Sicht ja sehr interessant gewesen sein, denn plötzlich kommt der Mensch auf die Erde und benutzt Dich in vielerlei Gestalt – Freßgier, Neugier, Mordgier usw. –, was ja zu einer ungeheuren Bereicherung Deines Wesens geführt haben muß. Vorher konntest Du Dich ja allerhöchstens bei Tieren ausleben.

Generosa: Genauso war es, und dieser Prozeß wird immer weitergehen. Heute sind die Menschen internetgierig.

W.W.: So gesehen warst Du eine Art schlafender Riese, der dann zu einer ungeheuer differenzierten Wesenheit geworden ist?

Generosa: So war es. Ich bin das Ergebnis der Zusammenarbeit zweier sehr hoher geistiger Wesen, bin durch die verschiedenen Menschen immer weiter gewachsen, bin sehr vielfältig geworden, vor allem durch die Wesen, die gierig sind.

Es gibt aber einen heiklen Moment. Momentan arbeiten Luzifer und Ahriman in mir zusammen, mit dem Ziel, die Mitte auszuschalten. Was aber geschieht, wenn die Mitte herausgedrückt wird? Werde ich dann zerrissen?

W.W.: Das ist eine gute Frage. Kannst Du überhaupt zerrissen werden? Du bist ja kein physisch-materielles Wesen und nicht in Raum und Zeit! Gibt es im Seelischen überhaupt einen Reißvorgang?

Generosa: Den gibt es, man kann Teile aus der Seele herausreißen. Man kann Teile abschnüren.

W.W.: Vielleicht verdoppelst Du Dich dann ja!

Generosa: Diese Zukunft interessiert mich sehr; aber sie ist noch fern.

Gier und Harmonie

W.W.: Wie steht es mit dem nüchternen Urteilen? Ist diese Kraft eine Art Gegenteil von Dir?

Generosa: Sie behindert mich massiv, aber ein richtiger Gegenpart von mir ist diese Kraft nicht. Mein Gegenpart ist mehr die seelische Ausgeglichenheit, die Harmonie. Die Harmonie ist schrecklich!

W.W.: Redest Du mit einem solchen Wesen?

Generosa: Wir müssen manchmal miteinander reden.

W.W.: Wie geht das vor sich?

Generosa: Ab und zu macht der große Herr da oben eine Art Weltenrat; dann müssen alle Wesen anwesend sein und auch miteinander reden. Dagegen kann man sich nicht wehren. Das ist aber jetzt ein sehr einfaches Bild für eine Art geistige Kommunikation.

W.W.: Wie stark ist die Willenskomponente in Dir?

Generosa: Die ist ziemlich stark; allerdings ist dies ein unbewußter Wille. Dieser unbewußte Wille führt Dich dorthin, wo Du Deine Grundbedürfnisse befriedigen kannst. Wenn ihr euch mit diesem schrecklichen Wesen Harmonie verbindet, beginnt ihr mit gewissen Kräften auf mich einzuwirken. Und diese Kräfte sind bewußte Kräfte. Ihr Menschen habt ohnehin keine Ahnung von dem Willen. Schlaft ruhig weiter! Wenn ihr wüßtet, was ihr könntet ...

W.W.: ... dann?

Generosa: ... werden meine Chefs arbeitslos.

Wenn der Gier die Kontrolle entzogen wird

W.W.: Wie kann man denn seinen Willen ein wenig wacher bekommen?

Generosa: Es gibt da so ein unsinniges Buch von Rudolf Steiner, das nennt sich *„Wie erlangt man Erkenntnisse der höheren Welten?"*; darin stehen solche Übungen. Das sind unsinnige Übungen, denn sie wirken in den unbewußten Willen hinein. Dieses Buch sollte man verbrennen.

W.W.: Du magst es also nicht, wenn man in Deine Welt Licht hineinträgt?

Generosa: Nein.

W.W.: Nehmen wir einmal einen Menschen, der gierig ist, der aber nun beginnt, die angesprochenen Übungen durchzuführen, mehr Bewußtsein in seinen unbewußten gierigen Willen zu schicken, so daß er tatsächlich immer weniger gierig wird, Dich also zurückdrängt. Wie empfindest Du das?

Generosa: Nervtötend! Der Prozeß ist so, daß mir die Kontrolle über bestimmte unbewußte Willensregionen entzogen wird. Das ist für mich ein starkes Verlusterlebnis. Das versuche ich natürlich durch bestimmte Schübe zu umgehen. Das sind oft Schübe, die nur am Rande eures Bewußtseins stattfinden. Ihr kennt diese Schübe alle: spontan eine Tafel Schokolade aufessen!

W.W.: Bist Du als Gesamtgier nur ein Wesen auf der ganzen Welt?

Generosa: Ja. Es gibt natürlich viele seelische Wesen, die volksspezifisch, ortsspezifisch u.ä. geartet sind, aber mich gibt es nur einmal auf der Welt. Gier befriedigt ein Grundbedürfnis. Sie ist auf den Gesamttypus Mensch ausgerichtet.

W.W.: Möchtest Du zum Schluß noch etwas sagen?

Generosa: Seid euch bewußt, daß ihr nur dann euer Leben empfindet, wenn ihr gierig seid.

W.W.: Vielen Dank.

Generosa: Bitte.

ärtlichkeit

Wolfgang Weirauch: Hallo, kannst Du einmal ein wenig über Dich erzählen?

Tamara , die Zärtlichkeit: Hallo. Als erstes kann man sagen, daß das Gefühl der Zärtlichkeit universell ist. Das bedeutet, daß es nicht nur für die Erde zutrifft. Zärtlichkeit ist nicht ichgebunden, sondern wesensgebunden. Alle Wesen, auf die der Begriff Wesen zutrifft – keineswegs nur seelische Wesen –, können zärtlich sein. Auch ein Stein kann zärtlich sein, und der ist in dem Sinne nicht unbedingt ein seelisches Wesen. Alles, was Du als Wesen erleben kannst, kann zärtlich sein. Dies geht vom Tisch, auf den Du gerade Deinen Ellbogen stützt, bis hin zu einem großen menschlichen Geist, und auch darüber hinaus zu den übersinnlichen Wesen. Wobei man bei übersinnlichen Wesen sagen muß, daß sich hier die Zärtlichkeit umdefiniert, denn dort ist die Zärtlichkeit anders. Es gibt verschiedene Formen von Zärtlichkeit.

W.W.: Hängt die Zärtlichkeit mit den Sinnen zusammen?

Tamara: Ja, Zärtlichkeit ist eine sinnliche Eigenschaft, sie benötigt Sinne. Zärtlichkeit hängt auch gerade mit den sogenannten niederen Sinnen zusammen. Die tiefsten Sinne sind der Eigenbewegungssinn und der Gleichgewichtssinn; das sind Sinne, die Deinem Willen so gut wie nicht zugänglich sind. Der Tastsinn gehört auch zu diesen niederen Sinnen, und speziell dieser ist ein Sinn, mit dem man die Zärtlichkeit aufnehmen und weitergeben kann. Man kann Zärtlichkeit über den Tastsinn geben, und man kann Zärtlichkeit über den Tastsinn annehmen. Aber die beiden anderen Sinne gehören dazu, denn Zärtlichkeit kann man nur aufnehmen, wenn man sich zum einen bemüht, wieder in ein Gleichgewicht zu kommen, da man in einer Schieflage Zärtlichkeit nicht gut annehmen kann, auch nicht gut geben kann; und man kann Zärtlichkeit nur wahrnehmen, wenn man sich selbst als von anderen Körpern abgesetzten Körper wahrnimmt.

Natürlich kann man auch Zärtlichkeit gegenüber einem selbst ausführen, aber hier seid ihr Menschen noch Tüffel. Ich meine jetzt nicht, daß ihr Menschen euch – aus welchen Gründen auch immer – streichelt. Ihr solltet noch üben, in euch selbst mit eurem Ätherleib, eurer Seele und eurem Ich zärtlich umzugehen. Hier seid ihr manchmal etwas gestört, eine Zärtlichkeit zu erleben.

Die Zärtlichkeit eines Steins

W.W.: Bei einem nichtseelischen Wesen ist es für mich etwas schwierig, mir Zärtlichkeit vorzustellen. Was wäre denn die Zärtlichkeit eines Steins?

Tamara: Wie er sich anfühlt, wenn Du ihn berührst.

W.W.: Ist Zärtlichkeit nicht eine Kraft, die von dem Wesen selbst ausgehen muß?

Tamara: Ja, natürlich, aber ein Stein kann hart auf Dich fallen, er kann sich Dir gegenüber zart verhalten in einer Berührung, oder er kann sich Dir gegenüber grob verhalten.

W.W.: Aber das macht doch nicht der Stein! Er fällt ja nicht von selbst!

Tamara: Manchmal fallen Steine auch von selbst, denk an die Steine im Death Valley, wo sich die riesigen Felsbrocken von selbst bewegen.

W.W.: Das sind Erdkräfte, die diese Steine bewegen.

Tamara: Was sind denn die Erdkräfte? Die gehören auch zum Stein. Wenn Du das Physische der Erde als Stein betrachtest, so hat auch die Erde eine Art Eigenbewegung.

W.W.: Stimmt, aber das ist nicht der einzelne Stein.

Tamara: Der einzelne Stein hat wenig Eigenbewegung außer der Tendenz, daß er zum Erdmittelpunkt gelangen will. Ihr nennt das Schwerkraft. Die Schwerkraft ist eine Eigenbewegung des Steins. Und diese Bewegung kann zärtlich sein, sie kann aber auch grob sein. Wenn die Schwerkraft und alles, was damit zusammenhängt, grob wird, so erlebt ihr das gerade vielfach – denn dann gibt es Erdbeben. Natürlich gehören auch noch andere Kräfte dazu; aber auch die Zärtlichkeit bzw. ihr Gegenteil spielen dabei eine Rolle. An der Stelle eines Erdbebens ist die Erde nicht zart. Oder würdest Du ein Erdbeben als einen zärtlichen Moment beschreiben?

W.W.: Natürlich nicht. Das betrifft aber nicht meine Frage, denn meine Frage war, inwieweit ein einzelner Stein zärtlich sein kann. Kommt es zu einer zärtlichen Begegnung zwischen Stein und Mensch, so ist es ja der Mensch, der den Stein zärtlich berührt, bzw. der Stein, der eher verhalten zärtlich, aber passiv daliegt.

Tamara: Sicher geht es meist von den Menschen aus. Ich als Zärtlichkeit erlebe aber Steine eher als zärtlich oder eher als grob, bis hinein in ihre Struktur. Dann gibt es noch die Gnomen und Zwerge, die mit den Steinen verbunden sind, und dann noch den Stein selbst. Und hier gibt es von meinem Erleben Wesen, die zarter sind als andere. Wenn ein Mensch einen Stein aus einem Fluß hebt, so empfindet der eine diesen als einen Handschmeichler und entwickelt eine Zärtlichkeit dem Stein gegenüber, und der andere schmeißt den Stein einfach nur weg, weil er sich einen Zeh daran gestoßen hat. Dieser Mensch entwickelt eine Grobheit gegenüber dem Stein. Meinst Du wirklich, das liegt ausschließlich an den Menschen? Meinst Du, es liegt nicht auch ein wenig an dem Echo, was ihm entgegenkommt?

Zwei Wesen müssen anwesend sein

W.W.: Soweit kann ich Dir entgegenkommen. – Bist Du *ein* Wesen auf der ganzen Welt?

Tamara: Ja, aber ein multiples. Stell Dir eine multiple Persönlichkeit vor; dann kannst Du Dir die Zärtlichkeit als ein multiples Wesen vorstellen. Trotzdem bin ich nur einmal auf der ganzen Welt als Wesen anwesend, aber ich trete auch in ein Muttertier ein, wenn dieses sein Lämmchen zärtlich mit der Schnauze anstupst. Ich bin auf keinen Fall menschengebunden.

W.W.: Aber zwei Wesen müssen immer anwesend sein, und dann senkst Du Dich in diese hinein, wenn sie zärtlich sind?

Tamara: Ja, auf jeden Fall ist es so, daß immer zwei Wesen anwesend sein müssen. Es muß eine Trennung zwischen den Wesen sein, und dann müssen sie etwas aneinander erleben. Auch ein Ast kann zärtlich über eine Mauer streichen. Ein anderer Ast tut dies grob und peitschend. Immer dort, wo eine zärtliche Berührung stattfindet, bin ich anwesend. So gesehen bin ich multipel auch dort, wo die Sonne zärtlich auf den Mond scheint.

W.W.: Dann gibt es doch sicherlich auch Zärtlichkeit unter seelischen Wesen. Kannst Du die einmal beschreiben?

Tamara: Es gibt auch Zärtlichkeit zwischen seelischen Wesen, die bedarf aber meist eines Auslösers, nämlich der Empathie.

W.W.: Ich meinte jetzt nicht verkörperte seelische Wesen, sondern nichtverkörperte seelische Wesen.

Tamara: Auch unter diesen gibt es Zärtlichkeit. Auch ihr Menschen seid ja auch hin und wieder nichtverkörpert. Ihr seid sogar meistens nichtverkörpert und nur manchmal verkörpert. Bei nichtverkörperten seelischen und geistigen Wesen geht die Zärtlichkeit aber über die nichtphysischen Sinne hinaus und drückt sich mehr in Schwellen aus, in etwas, was man dem anderen – geistig gesehen – umlegt. Das ist schwer in physische Worte zu bringen. Zärtlichkeit in der geistigen Welt, die ohne materielle Welt stattfindet, hat eher etwas Einhüllendes, so als wenn Du jemanden liebevoll in Watte packen würdest.

W.W.: Und das gilt auch für geistige Wesen untereinander?

Tamara: Ja, auch Engel sind untereinander mitunter zärtlich. Es gibt natürlich auch Engel, die nicht mehr der Stufe der Seele angehören. Du weißt ja, daß höhere Engel keine Seele mehr haben, weil sie darüber hinausgewachsen sind. Trotzdem können diese höheren Engel auch eine Zartheit in einer Geste gegenüber anderen Wesen haben. Diese Wesen streicheln aber nicht aus Zärtlichkeit. Nur im Physischen ist der Tastsinn für die Zärtlichkeit besonders bedeutsam. Die Zärtlichkeit hat auch etwas mit Wollen zu tun.

W.W.: Meinst Du, wenn man sich einem anderen Wesen in Liebe oder mit zärtlichem Gefühl widmet?

Tamara: Genau. Es ist eine Fähigkeit, die an sich mit dem Physischen zu tun hat, und dafür werden an sich zwei hohe Wesenheiten benötigt. Wenn es sich als Zärtlichkeit in der materiellen Welt abspielt, z.B. durch einen zärtlich liegenden Stein, dann hat das auch immer wieder etwas mit dem Urgrund allen Daseins zu tun.

W.W.: Was wäre Zärtlichkeit unter Naturwesen?

Tamara: Auch die gibt es, z.B. wenn das Windwesen zärtlich über eine Undine streicht, wenn der Wind sanft einen See kräuselt, dann kannst Du sogar als Mensch, wenn Du danebenstehst, die Zärtlichkeitsgeste wahrnehmen.

Zärtliche Worte

W.W.: Kommen wir zu den Menschen: Wie ist das Gefühl der Zärtlichkeit beim Menschen? Kannst Du das bitte noch ein wenig ausführen?

Tamara: Menschen sind komplizierte Wesen und sind u.a. an das Tasterlebnis gekoppelt. Ihr erlebt die Zärtlichkeit primär über das Tasten, aber auch durch das Hochgenommenwerden. Je älter ihr werdet, desto mehr geht die Zärtlichkeit in den ichhaften Bereich über, z.B. in ein zartes Wort statt der reinen zärtlichen Geste. Der erwachsene Mensch hat manchmal mehr Bedürfnis nach einem zärtlichen Wort als nach einem konkreten zärtlichen Berührungserlebnis. Die Zärtlichkeit verlagert sich also deutlich in den Wortbereich, also in den Willensbereichs des Ichs.

Als die Welt gedacht wurde, wurde sie zärtlich gedacht

W.W.: Inwieweit ist Zärtlichkeit Denken, inwieweit Fühlen, inwieweit Wollen?

Tamara: Zärtlichkeit drückt sich in allen Bereichen aus. Zärtlichkeit ist eine grundlegende Eigenschaft. Zärtlichkeit steigt aus dem Grund des Seins auf. Zärtlichkeit geht auch in Bereiche hinein, die ihr noch gar nicht ergriffen habt. Es gibt ja auch unterhalb des Denkens, Fühlens und Wollens Fähigkeiten, genauso darüber. Nehmen wir nur einmal das Ahnen, das ist eine eigene Fähigkeit. Man kann in aller Vorsicht sagen: Als die Welt gedacht wurde, wurde sie in allen Teilen zärtlich gedacht. Zärtlichkeit ist die Eigenschaft der allgründenden Empathie.

W.W.: Was geschieht, wenn ein Mensch einen anderen Menschen liebkost – allerdings nicht sexuell, also z.B. ein Mann eine Frau oder eine Mutter ein Kind?

Tamara: Ich quelle sozusagen aus dem Untergrund. Es muß schon ein sehr geschädigter Untergrund bei einem Menschen sein, wenn die Zärtlichkeit nicht mehr aus diesem Untergrund aufsteigen kann.

W.W.: Was meinst Du mit Untergrund?

Tamara: Den Boden, auf dem Du stehst. Es ist einfacher, mit nackten Füßen auf dem Erdboden zärtlich zu sein als im 147. Stock eines Wolkenkratzers. Denn dort oben ist man relativ weit weg von der Zärtlichkeit. Zärtlichkeit ist im Boden. Wenn also ein Mensch einen anderen liebkost, steige ich aus dem Boden auf bzw. bin schon vorher aufgestiegen, und der Mensch nimmt mich wahr und führt eine zärtliche Handlung aus. Der Schritt geht also aus dem Fühlen ins Wollen über. Die schon vorhandene Zärtlichkeit wird zu einer Geste, eine im Fühlen vorhandene Geste wird durch die Geste selbst ins Wollen gebracht. Dabei wird der Tastsinn aktiviert.

W.W.: Mir ist klar, daß alles Seelische auch das Physisch-Mineralische durchdringt; trotzdem ist mir noch nicht so ganz klar, warum ausgerechnet Du im Boden bist.

Tamara: Ich lebe nicht nur in der Erde, aber dort besonders. Das liegt daran, daß ich bis zu einem gewissen Grad eine Eigenschaft des physisch Vorhandenen bin. Es gibt natürlich auch Zärtlichkeit in der geistigen Welt, aber lagern tue ich im Physischen. Ich lebe aber besonders in anderen physischen Körpern, also auf dem Mond, dem Mars usw.

Wenn sich die Iche zärtlich berühren

W.W.: Was geschieht seelisch zwischen zwei Menschen, z.B. zwischen Mutter und Kind, wenn der eine Mensch einen anderen liebkost? Gehst Du dann seelisch in die Bewegung und den seelischen Raum dieser Menschen hinein?

Tamara: Zuerst berühren sich die Seelen beider Menschen. Auch die Iche können sich berühren, auch wenn das für euch ein schwierig vorzustellender Vorgang ist. Mittlerweile könnt ihr euch einigermaßen vorstellen, daß sich Seelen durchdringen, das Sprichwort „Ein Herz und eine Seele" deutet so etwas an. Wenn ihr aber in das Denken vorstoßt bzw. zu eurem Ich, habt ihr das Erleben, ganz allein zu sein. Ihr glaubt auch, daß jeder Gedanke von euch von anderen nicht wahrgenommen werden kann und daß alles Denken ausschließlich bei einem selbst abläuft, abgeschlossen im Vakuum von anderen Wesen. Dem ist aber nicht so. Immer, wenn ihr sterbt, erfahrt ihr das aufs neue. Und so gibt es auch Momente, in denen sich die Iche zärtlich berühren können. Auch die noch höheren Leiber können sich zärtlich berühren. Allgemein ist die zärtliche Berührung eine positive Berührung.

Bewußter Wille in den Händen

W.W.: Warum wird Zärtlichkeit – wenn es körperliche Zärtlichkeit ist – beim Menschen am ehesten mit den Händen ausgeübt?

Tamara: Weil ihr den größten Willen in euren Händen habt! In den Füßen ist der unbewußte Wille, in den Händen der bewußte Wille. Kleine Kinder mögen ihre Mutter ganz von selbst, wenn nicht vollständige Störungen vorhanden sind. Dieses Mögen drücken sie zuerst noch nicht mit den Händen aus. Kinder drücken sich mehr an die Mutter. Hier wird die Zärtlichkeit also nicht nur mit den Händen aufgenommen, sondern mit dem ganzen Leib. Wenn ihr erwachsener werdet, regt die Zärtlichkeit auch einen Bewußtseinsprozeß an, und dann geht die Zärtlichkeit über die Hände. Denn die Hände sind das Menschlichste an euch. Mit den Händen habt ihr den größten Einfluß über den Willen, der schon etwas wachgeworden ist. Deswegen ist es auch umgekehrt so, daß Antipathie, Grobheit mit Fußtritten ausgeübt wird. Grobheit kann man natürlich auch mit den Händen ausüben, aber die Haupttendenz ist, daß man bei Antipathie eher tritt, mit den Händen eher streichelt.

W.W.: Zärtlichkeit kann ja auch durch Wort- oder durch Blickkontakte ausgeübt werden – und hier geht es eher in den Bereich des Denkens –, während die zärtliche Geste eher im Bereich des Willens zu finden ist. Ist es eine andere seelische Verbindung, wenn man mit dem einen Wesen mehr willentlich, mit dem andern mehr denkerisch zärtlich in Verbindung tritt?

Tamara: Ja, das ist ganz anders. Hier sind wir wieder bei den drei schon angesprochenen Grundsinnen – Eigenbewegungssinn, Tastsinn, Gleichgewichtssinn. In dem Moment, in dem Du zärtlich mehr im Willen lebst, bist du am ehesten im Gleichgewichtssinn, Du versuchst in ein zärtliches Gleichgewicht mit Deinem Gegenüber zu kommen. Der Eigenbewegungssinn und der Tastsinn sind dabei nicht so sehr angesprochen. Der Gleichgewichtssinn bezieht sich nicht nur darauf, daß Du nicht umkippst, sondern auch auf Geistiges, nämlich auf das Harmoniebedürfnis. Jedes Harmoniebedürfnis hat etwas mit dem Gleichgewichtssinn zu tun. Das Erlebnis, daß ein Raum unordentlich ist, vollzieht man vor allem mit der Störung des Gleichgewichtssinns. Wenn Du nun mit zärtlichen Blicken jemanden betören möchtest, versuchst Du, ihn in ein Gleichgewicht zu Dir zu bringen. Das ist jetzt alles sehr vereinfacht ausgesprochen.

Fließende Übergänge

W.W.: Und wo, wie und wann geht Zärtlichkeit in Sexualität über?

Tamara: Wenn die Lust dazukommt, dann kommt ein anderes Wesen hinzu, und manchmal verdrängt mich dieses andere Wesen Sexualität. Dann kann es in gewisse extreme Formen kommen.

W.W.: Ist das eine Art seelischer Konkurrenz oder ein allmähliches Hinübergleiten von dem einen zum anderen Wesen?

Tamara: Es ist entweder ein Gemeinsames oder ein Übergleiten; es gibt das Erleben der Zärtlichkeit, es gibt das Erleben der Lust. Beides kann gemeinsam erlebt werden, und genauso kann es sich immer mehr vom Erleben der Zärtlichkeit in das Erleben der Lust verschieben. Wenn die Lust zu stark wird, fliege ich aus der Seele des Menschen hinaus. Das sind aber oft langsame Übergänge.

W.W.: Sind das Gefühl der Fürsorglichkeit und das Gefühl der Geborgenheit ein Bestandteil von Dir?

Tamara: Nicht unbedingt, aber wir sind befreundete Wesen. Aber diese Bedürfnisse beruhen auf der Grundlage der Zärtlichkeit.

W.W.: Hat Zärtlichkeit nicht auch etwas Ambivalentes – die fürsorgliche Geste einerseits, eine manipulierende Geste andererseits, weil man etwas von dem anderen will, z.B. etwas Sexuelles?

Tamara: Eine Intention kann reine Lüge sein. Aber allgemein ist es nicht so; denn wenn ein Mensch eine zärtliche Geste ausübt, befindet er sich auf einem Grundniveau von Zärtlichkeit, auf dem nicht nur Lüge sein kann. Die Intention hinter dieser Geste kann zwar eine lügenhafte sein, um z.B. über einen Menschen Macht auszuüben; trotzdem ist aber immer etwas von dieser Grundgeste vorhanden, des Sympathischen im physischen Sein. Es gibt aber einige Menschen, die so gestört sind, daß sie überhaupt nicht mehr zärtlich sein können. Sie sind überhaupt nicht mehr zu zärtlichen Gesten in der Lage – gegenüber einem anderen Wesen, gegenüber sich selbst und der Welt. Diese Menschen könnten auch niemanden zwingen, um diesen rumzukriegen. In dem Moment, in dem Du Dich aber zur Zärtlichkeit zwingst, um jemanden rumzukriegen, wird trotz alledem in Dir ein Prozeß ausgelöst, der mit der Urschöpfung zusammenhängt. Das bedeutet, daß dieser ganze Vorgang dadurch etwas besser wird, daß die zärtliche Geste in diesem eigentlich schlechten Vorgang enthalten ist. Natürlich ist es verwerflich, jemanden durch Zärtlichkeit zu überreden, bei etwas Schlechtem mitzumachen, Macht über ihn auszuüben oder dergleichen. Man kann dergleichen allerdings auch umgekehrt durch Zärtlichkeitsentzug erreichen. Auf diese Weise kann man einen Menschen ausnutzen, indem man ihm Zärtlichkeit verspricht, wenn er etwas Bestimmtes für einen tut. Das ist eigentlich der üblichere Weg, wenn man einen Menschen manipulieren will.

W.W.: Aber dann hat die Zärtlichkeit doch auch bei einer entsprechenden negativen Intention eines Menschen eine verführerische Komponente, indem ein manipulativ gearteter Mensch einen anderen zu irgend etwas verführen will und der andere darauf hereinfällt, die rosarote Brille aufsetzt und nicht die hintergründige Absicht bemerkt. Schaltet das Gefühl der Zärtlichkeit bei dem anderen Mensch eine klare Wahrnehmung und kritische Prüfung aus?

Tamara: Diese Gefahr ist in der Tat vorhanden. Wenn Du die Erde als Ganzes anschaust, ist die Erde die Grundlage dafür, daß böse Taten im Physischen, Seelischen und Geistigen geschehen können. Das aber ist nicht der Sinn der Erde. Aber da die Erde vorhanden ist, ermöglicht sie so etwas. Das ist im Prinzip das gleiche. Wenn man mit meinen Kräften etwas Negatives bezweckt, so nutzt man mich als Grundlage, aber es ist eigentlich nicht der Sinn der Zärtlichkeit.

W.W.: Was ist der Unterschied zwischen einer zärtlichen Geste ohne seelisch begleitendes Gefühl und einer zärtlichen Geste, die von einer entsprechend seelisch-zärtlichen Geste begleitet wird?

Tamara: Der Unterschied liegt im Erleben. Wenn einer ohne seelisch-zärtliche Regungen körperlich zärtlich ist, so erleben der Ausführende und der Gestreichelte etwas ganz anderes. Es ist in beiden Fällen ein mechanisches Streicheln bzw. Gestreichelt-Werden. Man könnte ein Computerprogramm für einen Roboter so programmieren, daß er eine Katze krault. Es mag sein, daß dies die Katze hin und wieder erduldet; aber wenn dies ein Mensch macht, nimmt sie das sehr viel länger entgegen. Die mechanische Geste ist rein auf die physische Berührung beschränkt. Trotzdem liegt in dieser Geste Zärtlichkeit. Sie bleibt allerdings im Tastsinn stecken, führt nicht weiter, sie kommt nicht zum Eigenbewegungssinn, auch nicht zum Gleichgewichtssinn hinauf.

W.W.: Wenn ein Mensch gegenüber einem anderen Menschen zärtlich ist, ist dies etwas anderes, als wenn der gleiche Mensch gegenüber einem Tier oder gegenüber einer Pflanze zärtlich ist?

Tamara: Gegenüber Pflanzen meistens schon, auch wenn es einige Menschen gibt, bei denen dies nicht der Fall ist. In bezug auf Tiere und Menschen ist es meistens die gleiche Zärtlichkeitsgeste, es sei denn, daß die Zärtlichkeit von vornherein eine stark sexuelle Komponente hat. In diesem Fall wird die Zärtlichkeitsgeste in bezug auf Menschen als Vorspiel bezeichnet.

Zärtlich zu geistigen Wesen

W.W.: Kann man als Mensch auch zärtlich zu geistigen Wesen und zu Naturwesen sein?

Tamara: Natürlich.

W.W.: Kannst Du einmal ein Beispiel nennen, wie man in dieser Weise zärtlich zu übersinnlichen Wesen sein kann?

Tamara: Wenn Du mit sympathischen Gefühlen an Etschewit denkst, bist Du zärtlich zu ihm.

W.W.: Aber das geht dann nur gedanklich?

Tamara: Ja. Obwohl, wenn Du jeden Mittag mit einer kurzen Pause ein Glas kühles Wasser trinken würdest, mit bewußten Gefühlen dabei an ein Wasserwesen denkst, könntest Du fast physisch zärtlich sein.

W.W.: Hat das Gefühl der Zärtlichkeit eine seelische Farbe?

Tamara: Ja, etwa wie ein pastellfarbener Sonnenuntergang oder pfirsichblütenfarben. Rosa wäre schon zu kraß.

W.W.: Hast Du auch einen Ton?

Tamara: Ja, A.

Ich gehöre zum Vatergott

W.W.: Es gibt ja luziferische und ahrimanische Gefühle; was in bezug auf Dich wohl nicht unbedingt zutrifft. Gehörst Du zu bestimmten Wesen?

Tamara: Ich gehöre zum Vatergott. Deshalb meine Verbindung mit dem Physischen. Ich bin zärtlich zu allen Wesen. Natürlich hat der Vatergott auch eine Beziehung zu Luzifer und Ahriman, denn er ist der Urgrund allen Seins, und so können natürlich auch Ahriman und Luzifer Teile von mir für ihre Belange nutzen. Bei Luzifer wird die Zärtlichkeit zu einer eher weltabgewandten, nur auf ihn selbst gerichteten Zärtlichkeit, wo etwas Zärtliches aus der physischen Grundlage in eine gewisse Harmonieebene heraufgehoben wird, und bei Ahriman bekommt die Zärtlichkeit eine Brücke zur eher gnadenlosen Lust, zur zerfetzenden Lust.

W.W.: Ahriman kann also auch zärtlich sein?

Tamara: In einer gewissen einseitigen Weise steht ihm das Erleben der Zärtlichkeit zur Verfügung, ob er das nun will oder nicht.

W.W.: Und Luzifer ist eher einseitig zu sich selbst zärtlich?

Tamara: Ja – es ist wichtig, daß ihr Menschen versucht, zu begreifen und zu erleben und zu fühlen, daß Zärtlichkeit eine der grundsätzlichsten Grundlagen eurer Denk-, Gefühls- und Handelnswelt ist. Es ist die Suche nach der Vereinigung mit dem Vatergöttlichen.

W.W.: Wann wurdest Du denn geschaffen?

Tamara: Ich bin nicht geschaffen worden!

W.W.: Warum nicht?

Tamara: Weil man die Frage nicht beantworten kann, wann der Urgrund allen Seins geschaffen wurde.

W.W.: Du warst also schon da, bevor es ein zweites Wesen gab?

Tamara: Ich entstand in dem Moment, als ein zweites Wesen entstand.

W.W.: Ist das denn kein Schaffensprozeß?

Tamara: Das ist eine gute Frage, ähnlich wie die nach der Henne und dem Ei. Entstand das zweite Wesen aus der Zärtlichkeit, oder entstand die Zärtlichkeit, weil sich das zweite Wesen aus dem ersten herausbildete? Das kann man nicht beantworten. Zumindest nicht in dieser Welt.

Zärtlichkeit ist auch eine Urgeste. In dem Moment, in dem ein Kind geboren wird oder ein Lamm geboren wird, entsteht bei den anderen Menschen die Grundgeste: Zärtlichkeit, zart sein wollen. Keiner schlägt ein Neugeborenes, es sei denn, er ist vollständig verrückt. Und entsteht die Zärtlichkeit in dem Moment, in dem das andere neue Wesen kommt, oder kommt dieses andere neue Wesen in diese Urgeste herein?

W.W.: Bei den heutigen Menschen ist es ja klar, denn es gibt ja schon die Zärtlichkeit. Und wenn dann ein neues Wesen geboren wird, taucht man in diese Zärtlichkeit ein.

Die Entstehung der Zärtlichkeit

Etschewit, der Nasse: Hallo Wolfgang, ich mische mich einmal ein. Nicht einmal ich weiß, wann die Zärtlichkeit entstanden ist. Sie war vor mir da.

W.W.: Die Zärtlichkeit könnte ja ursprünglich Teil des Vatergottes gewesen sein, oder sie könnte dann entstanden sein, als es ein erstes zweites Wesen gab.

Etschewit: Ein erstes zweites Wesen! Das hört sich gut und logisch und wirklichkeitsgemäß an. – Trotzdem, niemand – kein Mensch und kein geistiges Wesen – kann sagen, wie die Zärtlichkeit entstanden ist, weil niemand dabei war.

W.W.: Interessiert es Dich, Etschewit, nicht, wann ein solches Wesen entstand?

Etschewit: Nein.

W.W.: Warum nicht?

Etschewit: Weil ich die Zärtlichkeit als eine notwendige Urkraft einsehe.

W.W.: Das eine schließt das andere ja nicht aus.

Etschewit: Das stimmt, aber die Entstehung der Zärtlichkeit ist so übermenschlich, hat mit dieser Weltentwicklung überhaupt nichts zu tun, daß es ganz weit weg ist. Und ich habe Besseres zu tun, als mich mit der Entstehung der Zärtlichkeit zu beschäftigen. Mir reicht es, daß ich weiß, daß sie aus den Urgründen der Trinität kommt, und dort aus dem, was ihr nicht denken könnt, aus dem Beginn der Trinität in einer Einheit. Wobei man die Frage stellen kann, ob die Trinität jemals eine Einheit gewesen sein kann. Auf jeden Fall steckt darin die Zärtlichkeit. Das ist weit vor dem alten Saturn.

W.W.: War denn die Trinität jemals eine Einheit, ein einziges Wesen?

Etschewit: Das eben ist die Frage. Wenn die Trinität niemals ein einheitliches Wesen war, sondern immer eine Trinität, dann gab es auch kein erstes zweites Wesen. Aber in diese Bereiche kann nicht einmal ich hineinschauen. Damals gab es auch noch keine Zeit, es gab keine Wärme, es gab kein Licht. Der alte Saturn entstand viel später, aber er hatte schon Zärtlichkeit, sonst hätte er nicht sein können. Denn der alte Saturn war warm. Ich könnte Dir über den alten Saturn etwas erzählen, aber ihr Menschen könnt das gar nicht verstehen. Frag mich das noch einmal in Deiner übernächsten Inkarnation. Du kannst diese Dinge nicht denken, ich kann sie nicht beschreiben, weil es dafür keine Begriffe gibt. Es gibt keine Begriffe, die Du denken kannst, es gibt nicht einmal Begriffe, die Du nicht denken kannst; und es gibt in dem Sinne nicht einmal Begriffe dafür. Du kannst allerhöchstens die Frage so umformulieren, daß Du fragst, wann die Zärtlichkeit erstmals begrifflich geworden ist. Das könnte man eventuell noch formulieren.

W.W.: Welche Antwort würdest Du auf diese Frage geben?

Etschewit: Die Zärtlichkeit wurde begrifflich, als die Urform des Physischen sich herauszuformen begann, als die Trinität die Wärme freisetzte, also zu Beginn des alten Saturn. In diesem Paket war allerdings nicht nur Zärtlichkeit.

W.W.: Vielen Dank. – Möchtest Du, Tamara, noch etwas sagen?

Tamara: Seid zart zueinander, dann begebt ihr euch an eure Wurzeln.

W.W.: Danke.

Tamara: Bitte.

Trägheit des Herzens

und

Hartherzigkeit

Wolfgang Weirauch: Hallo Pader.

Pader, die Trägheit des Herzens: Guten Tag.

W.W.: Die Trägheit des Herzens, Acedia, wird zu den sieben Todsünden gerechnet. Ursprünglich bezeichnete man sie als Faulheit. Man meinte damit Faulheit gegenüber dem Geist und ähnliches. Heute versteht man unter Trägheit des Herzens u.a. die Trägheit, sich nicht zur Hilfe notleidender Wesen aufschwingen zu können. Kannst Du einmal ein wenig über Dich berichten?

Pader: Ungern. Dann muß ich mich ja echauffieren, zumindest ein bißchen. Die Trägheit des Herzens ist eigentlich eine Empfindungslosigkeit des Herzens. Mitleidlosigkeit ist dies nicht. Es ist nämlich auch Freudlosigkeit. Es ist also Losigkeit von allem, was das Herz bewegt. Insofern ist dies ein Ur-Sinnesverlust. Ihr habt ja gerade mit meiner Gegnerin geredet, der Zärtlichkeit, die auf eine Urart innerlich bewegt, die eigenbewegt in Harmonie wirkt. Das ist das Lästigste, was Du Dir überhaupt nur vorstellen kannst! Stell Dir einmal vor, Du läßt das alles – ist das nicht viel besser?

Nichts bewegt sich

W.W.: Nachvollziehen kann ich es, aber besser ist es nicht.

Pader: Doch, alles ist dann ruhig. Nichts bewegt sich, nichts bewegt Dich.

W.W.: Hast Du denn überhaupt kein Interesse an anderen Wesen, an anderen Vorgängen?

Pader: Wozu?

W.W.: Z.B. weil andere Wesen interessant und spannend sind.

Pader: Spannend? Sich aufzuregen, ist das spannend? Interesse ist immer Aufregung.

W.W.: Interessierst Du Dich nicht einmal für Dich selbst?

Pader: Nicht wirklich. Unbeweglichkeit, In-Ruhe-Sein, ohne Selbstbespiegelung – das ist mein Sein.

W.W.: Wie bist Du geschaffen worden? Oder kannst Du darüber auch nichts mitteilen?

Pader: Ich bin in dem Moment aus der Schöpfung herausgefallen, als die Bewegung entstand. Es mußte ein Wesen geben, welches das Gegenteil von Bewegung darstellt. Die Urbewegerin Zärtlichkeit war vor mir da. Deutlich vor mir.

W.W.: Bist Du erst entstanden, als die Menschen geschaffen wurden?

Pader: Ja und nein. Ich war vorhanden, bevor die Menschen physisch-materiell wurden.

W.W.: Da man aber von der Trägheit des Herzens spricht, muß es ja Wesen mit Herzen gegeben haben.

Pader: Ja, aber als die Engel in ihrer dichtesten Stufe, in einer Art ätherischem Sein waren, hatten sie auch so etwas wie eine Trägheit des Herzens; nicht umsonst gibt es Engel, die gefallen sind, die nicht weiterkommen. Auch dazu gehört eine gewisse Trägheit des Herzens. Es ist nicht das physische Pochen des Herzens gemeint, sondern der innere Antrieb.

W.W.: Bist Du ein astrales Wesen?

Pader: Ja.

W.W.: Hast Du kein Interesse, keine Bewegung für andere astrale oder sonstige Wesen? Du nimmst doch sicherlich alle Wesen um Dich herum wahr.

Pader: Ja, ich nehme sie wahr.

Das Leid anderer bewegt mich nicht

W.W.: Nun gibt es unter diesen Wesen auch Wesen, die Not leiden, Du nimmst ihre Schmerzen wahr. Was für Empfindungen hast Du ihnen gegenüber?

Pader: Ich sehe, daß solche Wesen, z.B. Menschen, leiden. Es ist schwer zu erklären: In die Menschensprache übersetzt, sehe ich diese Wesen, ich bin nicht blind. Ich sehe sogar sehr viel. Ich weiß vielfach auch, was das Leid bedeutet. Aber ich bin viel zu schwer, als daß ich deswegen in Bewegung gerate. So etwa muß es für euch Menschen im Kino sein. Ein Mensch vor dem Bildschirm zwingt Gott sei Dank sein Herz in die Trägheit hinein, er kann nicht ins Handeln kommen. Ihr produziert Herzensträgheit in Massen.

W.W.: Nehmen wir einmal einen Verstorbenen im Kamaloka, der schwer leidet, der vielleicht einsam ist. Du siehst seine Schmerzen; oder Du siehst Menschen auf Erden leiden. Und es gibt bei Dir niemals den Impuls, Mitleid mit einem solchen Wesen zu entfachen?

Pader: Ich sehe alles. Impulse gibt es auch, aber die kann man aussitzen.

W.W.: Was für Impulse hast Du denn?

Pader: Die gleichen Impulse, die andere Wesen auch haben. Ich bin ja nicht böse. Es ist nicht so, daß ich mich freue, wenn einer leidet. Das wäre unrichtig.

W.W.: Aber wenn ein Mensch hartherzig ist ...

Pader: ... Hartherzigkeit ist etwas anderes als Trägheit des Herzens. Die Trägheit kann zur Hartherzigkeit führen. Hier ist es wichtig, wie man Hartherzigkeit definiert. Hat ein Wesen Hartherzigkeit, weil es sich nicht bewegt, oder wird ein Wesen hartherzig, weil es sich verschließt? Wobei man sagen muß, daß das Verschließen auch eine Bewegung ist. Alles sind ziemlich verschiedene Gesten. Bei mir ist es so, daß ich mich schlicht nicht bewege, aber nicht, weil ich hartherzig bin, sondern weil ich träge bin.

W.W.: Ich würde gerne beide Komponenten besprechen. Beim Menschen mischen sich diese Komponenten.

Pader: Wenn Du die Hartherzigkeit haben willst, sollte Etschewit sie auch mit hinzurufen.

Mitleid ist vollständig unnütz

Kert, die Hartherzigkeit: Du wirst schon merken, wer hier redet, entweder ich oder dieser träge Schwabbelkloß.

W.W.: Bist Du dasselbe wie Mitleidslosigkeit?

Kert: Das ist ungefähr dasselbe wie ich, jawohl. Mitleidslosigkeit führt zu Hartherzigkeit. Mitleid ist vollständig unnütz.

W.W.: Warum ist Mitleid unnütz?

Kert: Weil Mitleid Dich dazu bringt, daß Du Dein Herz öffnest. Das Herz ist aber dazu da, daß man es verschließt!

W.W.: Warum?

Kert: Damit es nicht zerstört wird.

W.W.: Warum wird das Herz zerstört, wenn es mitleidet, sich öffnet?

Kert: Weil es leidet, weil es mitleidet.

W.W.: Trotzdem wird es nicht zerstört, wenn ein Herz mitleidet. Erklär das genauer!

Kert: Weil es sich anstrengt, weil es dann irgendwann einen Herzinfarkt bekommt, weil es möglicherweise sogar so etwas wie Gefühle abgibt.

W.W.: Ist es schädigend für das Herz, wenn ein Mensch Gefühle abgibt?

Kert: Was denn sonst!

W.W.: Das kann ich nicht nachvollziehen. Erklär dies bitte genauer!

Kert: Natürlich kannst Du das nicht verstehen. Würdest Du Dich aber völlig auf mich einlassen, könntest Du es auch verstehen. Aus meiner Sicht ist es unsinnig, Gefühle herauszulassen, und es ist sehr viel besser, die Gefühle intern zu behalten, schön zu ordnen und sie festzuhalten. Was ist das für eine Verschwendung, Gefühle herauszulassen!

W.W.: Nehmen wir zwei Menschen, und zwar einen Extremfall. Der eine foltert einen anderen. Der Gefolterte leidet, der Folterer hat keine Gefühle, ist mitleidslos. Ist es etwas Schönes für Dich, daß der Folterer keine Gefühle herausläßt? Ist es schön für Dich, daß er eine hartherzige Seele hat?

Kert: Ich bin nicht sadistisch, ich will nicht unbedingt, daß andere Schmerzen haben. Ich bin bestrebt, daß ich selbst keine Schmerzen erleide. Ich bin aber nicht lüstern, jemanden zu foltern, dabei mitzumachen, sondern ich bin nur interessiert daran, daß man mir nicht wehtut.

Christus versucht, mich weich zu machen

W.W.: Wenn Du jetzt einem Wesen wie Christus begegnest, welches mit allen Wesen Mitleid hat, wie ist das für dich?

Kert: Mußt Du gleich ein so großes Geschütz auffahren?

W.W.: Wenn schon, denn schon!

Kert: Das ist unfair! – Christus ist der Herr der Elemente, der Herr aller Dinge. Natürlich ehre ich den Christus.

W.W.: Er ist ja auch Dein Gott.

Kert: Ja.

W.W.: Ist es da nicht auch ein wenig angebracht, ein wenig der Wesenheit aufzunehmen, die der Gott von einem selbst ist?

Kert: Ich möchte alles haben, aber nicht ausprobieren. Ich möchte alles in mir drinnen aufheben. Ich möchte aber nicht mit der Raffgier verwechselt werden.

W.W.: Kannst Du selber auch in Not geraten?

Kert: Ja. Wenn der Christus kommt. Christus versucht meine Anwesenheit zu transformieren. Christus versucht grundsätzlich, mich weich zu machen.

W.W.: Und das ist für Dich Not?

Kert: Das ist Not, ja.

W.W.: Möchtest Du, daß Dir ein anderes Wesen außer der Christuswesenheit hilft?

Kert: Ja und nein. Das ist für mich eine Konfliktsituation. Du sprichst unangenehme Dinge an.

W.W.: Gibt es Momente, in denen Du sagst, daß es schön wäre, wenn ein anderes Wesen mit Dir Mitleid hätte?

Kert: Ja.

W.W.: Kannst Du daran nicht erkennen, daß es eigentlich ziemlich sinnvoll wäre, wenn alle Wesen füreinander Mitleid empfinden könnten?

Kert: Solange ein Wesen mit mir selbst Mitleid hat, ist dieses Mitleid sogar sehr sinnvoll.

Wie man sein Herz verschließt

W.W.: Wenn ein Mensch in einer Situation, in der er Mitleid mit einem anderen leidenden Wesen haben könnte, hartherzig ist, was passiert da zwischen Dir und diesem Menschen als Interaktion?

Kert: Ich helfe diesen Menschen. Ich erkläre ihnen, wie man sein Herz verschließen kann, wie man damit umzugehen hat, wie man sich am besten innerlich wegdreht, wie man auf diesen Augen blind wird.

W.W.: Wer ist der erste? Wirst Du vom hartherzigen Menschen nur gerufen, oder impulsierst Du die Menschen, hartherzig zu sein?

Kert: Wenn er mich gerufen hat, habe ich im folgenden die Tendenz, ihn noch hartherziger zu machen. Ich bin eine Folgeerscheinung der Inkarnationsgeschichte dieses Menschen. Ihr Menschen seid vom Grunde eurer Seele neutral, sowohl in Richtung Mitleid als auch in Richtung Hartherzigkeit. Ein noch nicht inkarnierter Mensch ist eher neutral. Dann ist es meine Aufgabe, zu versuchen, sein möglichst neutrales Herz ganz fest zu machen. Andere Wesen haben dagegen die Aufgabe, dies zu verhindern.

Bei interesselosen Menschen fühle ich mich wohl

W.W.: Wenn ein Mensch interesselos ist, hartherzig ist – fühlst Du Dich bei einem solchen Menschen wohl?

Kert: Natürlich fühle ich mich bei einem solchen Menschen wohl!

W.W.: Wirst Du dadurch größer, reicher?

Kert: Ja. Vor allem werde ich dadurch größer. Ich werde dadurch kraftvoller. Ich werde dadurch auch mächtiger.

W.W.: Und Du weißt, daß in der heutigen Zeit unzählige Menschen so sind wie Du, daß sie kaum Interesse am anderen haben, daß sie wenig Mitleid empfinden?

Kert: Ja natürlich, was meinst Du, wie gut es dadurch der Erde geht.

W.W.: Aber wenn alle Menschen interesselos wären, würden sie sich auch nicht für Dich interessieren. Wie ist das für Dich?
Ist das nicht ein Widerspruch?

Kert: Das ist ein scheinbarer Widerspruch; denn damit sie interesselos bleiben, muß ich ja weiter anwesend sein.

W.W.: Du willst also gegenüber diesen Menschen verborgen bleiben?

Kert: Dann ist es einfacher.

W.W.: Wie fühlt es sich für Dich in diesem Gespräch an, daß man an Dir Interesse zeigt?

Kert: Das ist mir unangenehm.

W.W.: Warum?

Kert: Wenn ihr mich besser kennt, seid ihr auch besser gegen mich gewappnet.

W.W.: Logisch!

Kert: Hartherzigkeit ist logisch! Mitleid dagegen ist unlogisch.

W.W.: Bist Du ein ahrimanisches Wesen?

Kert: Mein Chef nennt sich manchmal so, ja. Er hat viele Namen. Mitleid ist vollständig unnütz.

Ihm gegenüber knirschen die Dämonen!

W.W.: Was müßte ein Mensch machen, um seine Hartherzigkeit zu überwinden?

Kert: Das hast Du doch schon formuliert! Der muß sich dem anderen Herrn, dem Christus, anschließen. Ihm gegenüber knirschen die Dämonen!

W.W.: Wenn man ein Gebet spricht, treibt man Dich dann auch aus?

Kert: Das kommt darauf an. So einfach ist das nun auch wieder nicht! Ich bin kein Dämon. Ich bin sehr viel mehr.

W.W.: Würde man denn Dämonen durch ein Gebet austreiben können?

Kert: Ja.

W.W.: Schickst Du auch Dämonen? Hängen diese mit Dir zusammen?

Kert: In Absprache mit dem Fürsten, ja. Hier gibt es aber verschiedene Fürsten der Dämonen.

Härte bricht mit einem Mal

W.W.: Nehmen wir einen Menschen, der über drei Jahrzehnte hinweg sehr hartherzig ist ...

Kert: ... das ist ein guter Mensch!

W.W.: ... nun regt sich bei diesem Menschen langsam sein Gewissen ...

Kert: ... Gewissen! Muß das auch noch sein!

W.W.: ... und dieser Mensch fängt an, sich definitiv langsam zu wandeln, sein hartes Herz langsam zu erweichen. Dies wird aber sicherlich ein sehr langsamer Prozeß sein. Kannst Du diesen Prozeß einmal schildern?

Kert: Meistens ist dieser Prozeß nicht langsam. Im Regelfall bricht die Härte sofort, mit einem Male. Das Herz ist spröde. Das müßt ihr aber gar nicht wissen.

W.W.: Geschieht dieser augenblickliche Bruch durch einen Erkenntnisakt, durch eine menschliche Begegnung, durch einen Schicksalsschlag oder wodurch?

Kert: Vor allem durch Menschenbegegnungen, durch andere Wesensbegegnungen. Es kann durch die Begegnung mit diesen hellen Wesen, den Engeln, geschehen. Dann bricht das harte Herz entzwei, wie eine Fensterscheibe. Das kracht richtig. Dann ist die Hartherzigkeit zerschellt. Aber diese Fragen sind unfair! Ich bin hier nicht freiwillig. Ich appelliere an Deine Fairneß.

W.W.: Ein paar Fragen noch. Warum ist der eine Mensch eher hartherzig, der andere eher nicht?

Kert: Das liegt an euren Vorleben. Vor allem zu Beginn der Erdenleben seid ihr alle eher neutral, grau. Dann aber beginnt die Freiheit, diese komische Freiheit, und wegen dieser Freiheit neigt ihr entweder mehr mir zu oder diesem anderen schlaffen Wesen hier – oder noch zu einem anderen Wesen.

Trägheit des Herzens ist der größere Gegner

W.W.: Seid ihr beiden, Du und Pader, nicht verwandt? Geht ihr nicht irgendwie gemeinsame Wege?

Kert: In gewisser Weise, aber der andere kommt ja gar nicht in Schwung, das ist ja nur so eine Art Misthaufen. Hartherzigkeit dagegen ist eine Aktivität. Die Trägheit ist etwas Gummiartiges, man findet niemals irgendwo einen Widerstand, da ist nichts Hartes, es ist wie ein riesiger Haufen Watte. Es ist so, als würdest Du im Nebel spazieren, in einem Nebel, der ganz dicht ist. Niemals kommt eine Kontur, niemals kommt eine Ecke, niemals gibt es eine Geradlinigkeit.

W.W.: Ist ein hartherziger Mensch nicht ein ziemlich bewußter Mensch?

Kert: Ja, natürlich. Er ist dauernd bewußt. Er muß doch ständig aufpassen, daß nicht ein ihn erweichender Impuls kommt. Er muß immer abwehren, er muß immer zumachen, er muß Verstärkungen und Gerüste an schwachen Stellen einbringen. Das ist viel Arbeit! Wenn Du Dich dabei mit dem Partner Trägheit verbindest, muß man das alles ganz anders lösen; da schaufelt man einen Haufen Mist hin, aber auch dort kommt dann keiner durch. Die Trägen umzudrehen ist noch schwieriger. Deswegen ist die Trägheit des Herzens viel todsündiger als die Hartherzigkeit.

W.W.: Soweit ich orientiert bin, versteht man heute unter Trägheit des Herzens eher das, was Du bist.

Kert: Das ist aber völlig falsch. Er ist der größere Gegner; das erkenne ich neidlos an.

W.W.: Sind die Menschen heute eher hartherzig als z.B. vor etwa 100 Jahren oder eher nicht?

Kert: Es ist sehr schwierig, alle Menschen gleichzeitig zu beschreiben. Früher waren die Menschen häufiger träge. Hartherzigkeit ist ein ziemlich bewußter Prozeß, hat etwas mit dem ahrimanischen Denken zu tun. Für die Trägheit brauchst Du nicht denken zu können. Du kannst vollständig gedankenlos vor Dich hinträgen. In dem Sinne sind heute mehr Menschen bewußt hartherzig, zumindest bei euch Mitteleuropäern. Früher waren sie weniger hartherzig, aber ziemlich herzensträge. Sie waren oftmals einfach dumm, konnten nicht einmal dem Chef folgen. Man braucht ja heute nur manche von euren Politikern anzuschauen, dann bekommt man perfekte Beispiele für die Hartherzigkeit. Diese hartherzigen Menschen sind keineswegs dumm.

Jeder hat einen hartherzigen Punkt

W.W.: Auf der anderen Seite gibt es heute sehr viele Menschen, die immer bewußter werden, sich für die Belange anderer Menschen interessieren, Brüderlichkeit in irgendeiner Weise versuchen zu entwickeln, sich für die Not anderer Menschen einsetzen. Sind dies Menschen, gegenüber denen Du sehr ablehnend eingestellt bist?

Kert: Die schreckliche Bewußtseinsseele und ihr Erwachen in immer mehr Menschen macht meine ganze Arbeit zunichte. Aber in irgendeiner Ecke eines jeden Menschen kann ich mich immer halten. Jeder hat einen Punkt in sich, in dem er hartherzig ist, wo Teile in ihm sind, die er nicht mit anderen teilen will, die er festhält, die ihn hart machen. Manchmal sind diese Bereiche klein geworden; leider! Irgendwann will jeder Mensch ein letztes Stück Schokolade nicht noch einmal durchbrechen, um die letzte Hälfte einem anderen zu geben. Eigentlich müßte ein nicht hartherziger Mensch alles bis zur größten Kleinheit teilen. Das wäre Brüderlichkeit. Die finde ich aber völlig schwachsinnig.

W.W.: Ich möchte noch einmal das vorige Motiv aufgreifen: Nehmen wir an, Du kommst in irgendeine Not. Wäre es da nicht schön, wenn andere Wesen in diesem Moment Dir gegenüber nicht hartherzig wären? Kannst Du in eine solche Situation kommen?

Kert: Auf jeden Fall möchte ich keine trägen Wesen um mich haben, denn träge Wesen bekomme ich auch nicht in die Hartherzigkeit hinein. Wenn ihr doch wenigstens kalt oder heiß wäret, aber ihr seid lau! So steht es schon bei euch in der Bibel.

Ich stecke gerne den Kopf in den Sand

W.W.: Zu Dir, Pader: Gibt es irgend etwas, was Dich aus der Trägheit herausbringt?

Pader: Große Engel.

W.W.: Kommst Du dann in Bewegung?

Pader: Was bleibt mir anderes übrig? Male doch nicht den Schrecken an die Wand!

W.W.: Was ist für Dich die Stimme des Gewissens?

Pader: Die kenne ich gut. Sie ist dauernd da. Sie wühlt dauernd in mir herum. Das beste dagegen ist, einfach wegzugucken, den Kopf in den Sand zu stecken, der Gewissensstimme immer irgend etwas vorzuwerfen, worin sie wühlen kann. Ich stecke gerne den Kopf in den Sand.

W.W.: Nehmen wir an, ein Mensch tut einem anderen Menschen etwas zuleide. Und nun kämpft in diesem Menschen zum einen die Stimme des Gewissens, zum anderen Du als Trägheit des Herzens. Was geschieht da?

Pader: Ich kämpfe nicht!

W.W.: Aber was passiert in der Seele eines Menschen, in der beide Kräfte vorhanden sind?

Pader: Das nennt ihr Menschen einen Konflikt. Die Stimme des Gewissens versucht, die Watte zu durchteilen. Der Mensch strampelt in der Watte herum, meistens aber versackt er dort; manchmal aber nicht. Das ist für mich eine unangenehme Situation. Laß ihn doch strampeln, ich versuche, ihn immer strampeln zu lassen. Energie verbraucht sich. Ich dagegen verbrauche keine Energie. Ich bin völlig ökonomisch.

W.W.: Meinst Du, daß die Gewissensstimme Dich in einer gewissen Weise vertreibt? Mußt Du dann weichen?

Pader: Ich laß es ganz ruhig angehen. So schnell muß ich nicht weichen. Vielleicht muß ich mich am Anfang ein wenig mit einem gewissen Schwung entfernen, aber wenn man ein wenig Geduld hat wie ich, dann kann man sich wieder Stück für Stück vorarbeiten. Dann hat man wieder Geduld, und dann schiebt man sich wieder ein Stück vor. Man muß den anderen sich immer erst ein wenig austoben lassen. Ich verbrauche keine Energie, daher ich habe immer Energie.

W.W.: Welche Beziehung hast Du zur Faulheit?

Pader: Das ist ein nettes Wesen. Die Faulheit ist wie eine Art Schwester von mir, aber sie ist ein ziemlich aktives Wesen.

W.W.: Und die Gewissenlosigkeit – ist das dasselbe wie Du?

Pader: Nein, auf keinen Fall. Das ist auch so ein Aktivling. Werde doch einfach mal ein wenig träge, sonst verstehst Du mich nicht! Dann hörst Du auch auf zu fragen.

W.W.: Möchtest Du den Menschen noch etwas sagen?

Pader: Seid träge! Dann habt ihr immer Energie.

W.W.: Wofür willst Du denn eigentlich Energie haben, wenn Du nur träge bist? Du brauchst doch gar keine Energie.

Pader: Nein, aber ich habe sie.

Das Herz sollte immer schön ruhig und hart bleiben

W.W.: Vielen Dank. – Zu Dir, Kert, wie stehst Du zur Gewissensstimme?

Kert: Das ist ein schwieriges Kaliber. Meinst Du jetzt das schlechte oder das gute Gewissen?

W.W.: Das kommt auf die Blickrichtung an. Ist das nicht dasselbe?

Kert: Es kommt immer auf die Richtung an, aus der Du schaust. Aber Gewissen ist Gewissen. Das Gewissen bestimmt die Markierung eures Gerechtigkeitsempfindens. Wenn ein Mensch mit seinen eigenen Idealen nicht konform geht, kommt da so eine merkwürdige Gestalt herangekrochen, die nennt man Gewissen.

W.W.: Was macht dieses Gewissen mit Dir, wenn ihr aufeinandertrefft?

Kert: Wir kämpfen. Aber es kommt immer auf die Umstände an, denn Du kannst auch ein schlechtes Gewissen haben, weil Du meine Ideale verraten hast.

W.W.: Das Gewissen regt sich ja aus dem Herzen heraus.

Kert: Das genau ist das Problem dabei, denn das Herz sollte man ruhig halten. Das Herz sollte immer schön ruhig und hart bleiben, schön kristallin leuchtend, aber ruhig.

W.W.: Wenn nun das Herz hart und zerklüftet und kristallin ist, sich aber doch zwischen diesen Klüften noch ein wenig die Gewissensstimme regt, was macht sie dann mit Dir?

Kert: Das hängt davon ab, ob dieses Gewissen groß oder klein ist. Wenn das Gewissen mächtig und groß ist, gibt es ein Tauwetter, die kristallinen Klüfte brechen zusammen, und ich muß weichen. Harte Sachen sind nun einmal zerbrechlich. Wenn das Gewissen aber nur klein ist, tobt seine Stimme in den Herzensklüften herum, und wenn ihre Energie verbraucht ist, verschwindet das Gewissen wieder; das Gewissen gibt dann aus Schwäche auf.

W.W.: Danke. Möchtest Du den Menschen noch etwas sagen?

Kert: Sei hart, und lobe die Kristalle.

Kristalline Eislandschaft im Herzen

W.W.: Siehst Du Chancen, daß die Menschen auf Zukunft gesehen herzenshärter werden?

Kert: Ein Teil, ja. Da bin ich schon ganz schön weit.

W.W.: Werden die Menschenherzen härter, wenn die Menschen zunehmend nur vor virtuellen Welten sitzen?

Kert: Sehr viel härter.

W.W.: Warum?

Kert: Weil der Mensch aus der äußeren und aus der inneren Bewegung herauskommt, und dann können die kristallinen Prozesse in ihnen besser ablaufen. Außerdem ballern sehr viele Menschen in ihren Computerspielen sinnlos herum, ihre Kräfte laufen ins Leere, sie entwickeln kein Mitleid. Aber diese Menschen kommen nicht ins Handeln. Mitleid braucht aber das Handeln. Wenn der Wille immer verpufft, beginnt er sich zu schützen, beginnt er sich vor dem Mitleid zuzumachen. Aber auch das Kino reicht schon, und wenn jemand im Kino umfällt, müßte man normalerweise im wirklichen Leben hingehen, um diesen Menschen zu helfen. Aber bei einem Film kann man das nicht, weil dieser Mensch nicht physisch vorhanden ist. Im Film kann man weder zärtlich noch mitleidig sein. Deswegen baut man eine Mauer, und die Zärtlichkeit und das Mitleid bleiben im Menschen.

W.W.: Bist Du so gesehen eine Art Gegenbild der Zärtlichkeit?

Kert: Ja.

W.W.: Wird das Herz kristalliner, wenn der Mensch ständig vor dem PC sitzt und Ballerspiele durchführt?

Kert: Auf jeden Fall. Das ist doch prima. Er muß die ausfließenden Kräfte gerinnen lassen, damit sie nicht mehr fließen können.

W.W.: Es entsteht also eine kristalline Eislandschaft im Herzen?

Kert: Genau, die Bewegung wird eingefroren. Die Bewegung kann sich nicht ausleben, muß deswegen gerinnen.

W.W.: Ist ein Mensch, der ganz hartherzig geworden ist, nicht auch für Dich irgendwann verloren, weil er sich überhaupt nicht mehr bewegen kann?

Kert: Das ist eine gute Frage. Man muß eine gewisse Aktivität haben, um hartherzig zu sein. Wenn ein solcher hartherziger Mensch in die Trägheit abrutscht, ist er natürlich ziemlich verloren. Es gibt aber sehr hohe Steigerungsraten für eine vernünftige Hartherzigkeit. Die meisten Menschen kommen nicht so weit. Denn irgendwo haben sie wieder einen Menschen im Privatleben, z.B. ein Kind, welches sie doch zärtlich anschaut, und dann reagieren sie nicht hartherzig. Hier sind immer noch Arbeitsgebiete für mich.

W.W.: Aber man kann auch aktiv hartherzig handeln. Das wiederum ist eine Bewegung.

Kert: Klar. Aber die Grundlagen der Hartherzigkeit werden oft durch Unbeweglichkeit und Trägheit umklammert. Die Menschen setzen sich ja nicht vor den Fernseher, um hartherzig zu werden, sondern ihr Sitzen vor dem Fernseher bewirkt, daß sie hartherziger werden, weil ihr Wille nicht mehr fließen kann. Dann werden sie aktiv hartherziger, weil sie darin eine gewisse Stabilität erleben. Glotzt nicht soviel!

W.W.: Das sagst Du? Eigentlich müßtest Du Dich doch freuen, wenn Menschen durch das Glotzen hartherzig werden!

Kert: Jein. Ich freue mich nur halb. Eine erzwungene, nicht bewußt herbeigeführte Hartherzigkeit ist keine ganz echte Hartherzigkeit. Mir wäre es lieber, wenn die Menschen aus ihrer freien Entscheidung hartherzig würden.

W.W.: Wie kann man Dir gegenüber hartherzig sein?

Kert: So, wie Du jedem anderen Wesen gegenüber hartherzig bist.

W.W.: Ein anderes Wesen empfindet Hartherzigkeit als lästig, verletzend, kalt. Empfindest Du eine Hartherzigkeit Dir gegenüber entsprechend?

Kert: Ja, aber das ist doch positiv. Ich bewerte dieses positiv.

W.W.: Aber wenn man sich für Dich interessiert, ist man nicht hartherzig.

Kert: Das ist ja auch sehr lästig. Wenn sich keiner für mich interessiert, ist das wiederum was anderes. Aber ich wünsche vor allem, daß die Menschen mit mir arbeiten, sich aber möglichst nicht für meine Strukturen interessieren. Das ist die oberste Maxime meines Chefs.

W.W.: Vielen Dank.

Kert: Bitte.

Zorn

Wolfgang Weirauch: Guten Tag. Was ist eigentlich der Auslöser von Zorn? Ist es das Wahrnehmen einer Ungerechtigkeit in der Welt?

Zorn, der Zorn: Hallo. Das ist vielfach der Auslöser. Zorn ist auch eine grundlegende Qualität, die vor allem Männer mitbringen, weil sie unzufrieden sind mit Tatsachen, die sie vorfinden. Das muß aber nicht die reine Ungerechtigkeit sein. Es können auch einfache Umstände sein, auf die man zornig ist. Zorn und Unzufriedenheit sind ähnliche Wesen; Zorn resultiert oft aus einer Unzufriedenheit und führt dann in eine bestimmte Aktivität. Es gibt aber auch den sogenannten göttlichen Zorn. Demgegenüber gibt es aber auch den zornigen kleinen Jungen, der einen Grundzorn gegenüber der Welt herumträgt. Denn das, was ihn umgibt, die Menschen z.B., versetzen ihn in diesen Grundzorn. Genauso kann die eigene Unfähigkeit, irgendwo handeln oder eingreifen zu können, auch zu einem Zorn führen. Insofern hat Zorn oft etwas mit einem selbst zu tun, genauso aber auch mit dem Wahrnehmen von Äußerem.

W.W.: Hat Zorn beim Menschen auch eine egoistische Komponente, oder ist Zorn etwas Selbstloses?

Zorn: Zorn ist eher selbstlos. Er kann aber auch unter Umständen kleine egoistische Komponenten haben. Der Egoismus gehört aber nicht unbedingt zu meiner Wesenheit.

Kühles kräftiges Feuer

W.W.: Zorn ist ein inneres Erlebnis, welches auftritt, wenn man etwas bemerkt, was nicht sein soll. Man wird zornig über sich oder über die Ungerechtigkeit in der Welt, aber nachdem dieses Gefühl des Zorns in der Seele lebt, tritt oft eine Art Ohnmachtsgefühl auf, weil man nicht in der Lage ist, entsprechend eingreifen zu können. Ist dieses Ohnmachtsgefühl richtig beschrieben?

Zorn: Gegenfrage: Was ist der Unterschied zwischen Zorn und Wut?

W.W.: Zorn ist gedanklicher, beherrschter, selbstloser als Wut; beim Zorn ist der Mensch eher in der Lage, handelnd einzugreifen, während die Wut sehr unbeherrscht und rein gefühlsmäßig ist und zu unkontrollierten Handlungen, auch zu sehr ungerechten, führen kann. Zorn ist eher ein kühleres Feuer, wenn auch kräftiger; Wut dagegen ein loderndes unbeherrschtes Feuer.

Zorn: Wut führt zum Berserkertum. Auch nach der Wut gibt es ein Ohnmachtsgefühl. Ich will nicht ausschließen, daß der Zorn, vor allem dann, wenn man nicht eingreifen kann, eine Art Ohnmachtsgefühl hinterläßt; aber der Zorn ist eigentlich eine Kraft, die zum Handeln führen kann, sogar zu einer zielgerichteten Handlung.

W.W.: Aber das Ohnmachtsgefühl kommt auf jeden Fall dann, wenn man nicht handelnd eingreifen kann.

Zorn: Das ist zwar richtig, aber an sich soll der Zorn in die Handlung führen und nicht in die Ohnmacht.

W.W.: Ich meinte es etwas anders: Man hat ein Zorngefühl in sich, eine Minute oder vielleicht auch eine Stunde, man ist empört über etwas Ungerechtes, kann aber nicht handeln. Irgendwann verschwindet das Zorngefühl; was bleibt, ist die Ohnmacht. Es ist die Ohnmacht, weil man nicht handeln konnte.

Zorn: Das stimmt. Aber diese Situation ist nicht zwingend, es kommt auf das Umfeld an. Es kommt auf den Gegenstand des Zorns an. Entweder bleibt bei Dir die Ohnmacht, oder Du bist in der Lage, den Gegenstand Deines Zorns in irgendeiner Weise zu verändern. Denn wenn Du den Gegenstand Deines Zorns verändern kannst, wird in Dir ein positives Gefühl hinterbleiben; ist der Gegenstand Deines Zorns aber zu groß oder kannst Du ihn nicht bearbeiten, bleibt in Dir ein Ohnmachtsgefühl. Das liegt daran, daß die Aktivität Zorn verpufft.

Erzieher der Empfindungsseele

W.W.: Steiner spricht über den Zorn als eine Kraft für die Erziehung der Empfindungsseele. Nehmen wir einmal die Tomate hier auf dem Tisch; man erblickt sie, greift sie, steckt sie in den Mund und ißt sie, und in dem Moment, in dem eine erste Empfindungsantwort auf diesen Gegenstand der Außenwelt in einem selbst beginnt, hat man die Empfindung in der Empfindungsseele. Genauso ist es mit dem **Zorn:** Man sieht etwas in der Außenwelt, man ist z.B. empört und reagiert in seiner Empfindungsseele mit dem Zorn. Ist dies eine richtige Beobachtung?

Zorn: Ja, Du siehst in der Außenwelt die Abweichung von einem positiven Urbild, und das erregt Deinen Zorn. Das liegt daran, daß das Göttliche oder Wahre dahinter nicht richtig zu erkennen ist bzw. mit Füßen getreten wird. Das geistige Urbild wird korrumpiert. Diese Diskrepanz zwischen dem göttlichen Urbild und dem äußeren Erscheinungsbild wird – entsprechend dem persönlichen Wertemaßstab – als ungerecht empfunden. Ganz allgemein gilt, daß etwas Urbildhaftes korrumpiert wird, wenn z.B. eine Mutter ein Kind schlägt, denn dann korrumpiert sie auch das geistige Urbild des Kindes bzw. das Urbild einer Mutter. Denn eine Mutter hat ihr Kind zu schützen. Das geistige Urbild wird angekratzt oder zerstört – und dann entsteht Zorn bei einem anderen Wesen. Zorn ist etwas Geistiges, auch wenn er vor allem in der Empfindungsseele erlebt wird.

W.W.: Trotzdem ist Zorn ja nicht nur geistigen Inhalts, sondern ein starkes Gefühl. Ein zorniger Mensch ist nicht unbedingt souverän, denn der Zorn hat eine große Bandbreite – von der Wahrnehmung der Ungerechtigkeit in der Welt bis hin zu einer gewaltigen Gefühlsaufwallung. Ist das so?

Zorn: Nein. Wenn Du zornig bist, im Zorn lebst, ohne daß die Wut sich mit hineinmischt, bleibst Du beherrscht. Das bedeutet, daß Du eine völlige geistige Kontrolle hast. Wenn Du zornig über die das Kind schlagende Mutter bist und der Mutter eine klebst, bist Du über den Zorn hinausgegangen, bist wütend geworden.

W.W.: Soweit kann ich Dir folgen. Trotzdem ist Zorn ja irgendwie ein Gefühl. Ich meine jetzt das starke zornige Gefühl, ohne daß sich eine Wut mit hineinmischt, z.B. über die Ungerechtigkeit der schlagenden Mutter. Kann man nicht ganz genauso gedanklich, ausschließlich rein gedanklich, zornig sein, ohne daß sich dieses Gefühl mit hineinmischt? Oder hat ein richtig zorniger Mensch nicht immer noch eine leicht unbeherrschte Gefühlsqualität in sich, wenn er über etwas in der Außenwelt zornig ist?

Zorn: Es kommt auf die Ebene an, auf welcher man den Zorn zuläßt. Erlebst Du den Zorn auf geistiger Ebene, braucht es kein äußeres Geschehen. Man kann sich hinsetzen, meditieren, und wenn man dann in der Meditation feststellt, daß etwas nicht dem geistigen Urbild entspricht, wird man zornig. Da gibt es keinen äußeren Anlaß, um den Zorn zu entwickeln. Damit hast Du einen geistigen Zorn entwickelt. Genauso kannst Du im Bereich des Gefühls sehen, wie ein Mensch einen anderen Menschen ungerecht behandelt, und kommst ohne große gedankliche Reflexionen in einen zornigen Gefühlszustand, ebenfalls weil das geistige Urbild korrumpiert wurde. Es kommt immer darauf an, auf welcher Ebene man das geistige Urbild wahrnimmt, um zornig zu werden.

Ich bin ein Gott!

W.W.: Das ist die Wahrnehmungsebene. Ich meinte mehr die Erlebnisebene im Menschen. Der eine Mensch nimmt eine Ungerechtigkeit in der Welt wahr, wird gedanklich zornig, bleibt souverän, kommt vielleicht daraus in eine zielgerichtete Handlung. Der andere nimmt die Ungerechtigkeit genauso wahr, erlebt in sich aber einen ziemlich starken Zorn, kommt vielleicht genauso in die Handlung; aber ist der zweite nicht ein wenig unbeherrschter, weil er vom Zorn wallend durchdrungen ist?

Zorn: Der erste ist beherrschter, kann aber in der Tat genauso zornig werden wie der zweite. Der erste ist geistig zornig. Der andere ist eher seelisch zornig. Man kann mit der Hand auf den Tisch schlagen – die Ursache kann eine unbeherrschte Wut sein, es kann aber auch eine gedanklich geführte Tat sein, um eine bestimmte Situation zu beenden. Das ist geführter Zorn, eigentlich geistiger Zorn. Zorn reicht also bis in den Willen hinein, also haben wir im Zorn Denken, Fühlen und Wollen.

W.W.: Ist es für Dich als Zornwesen anders, in welchen Bereichen Du im Menschen erscheinst – also im Denken, Fühlen oder Wollen?

Zorn: Das liegt jeweils an dem Menschen. Es gibt Menschen, die so geistkräftig sind, daß bei ihnen der Zorn vorwiegend auf der geistigen Ebene stattfindet. Dann gibt es die Gefühlsmenschen, und bei ihnen bleibt der Zorn manchmal etwas unkontrolliert im Gefühlsleben hängen; und dann gibt es diejenigen Menschen, die nur einen kleinen Impuls von mir benötigen, um in die Handlung zu kommen. Sie gehen zielgerichtet los und vollführen eine Handlung. Was mir nun wertvoller ist? Je geführter der Zorn ist, desto wertvoller ist er mir. Ich bin ein Gott!

W.W.: Ist ein Mensch, der geistig zornig ist, wirklich noch im Zorn? Durchlebt er wirklich noch den Zorn?

Zorn: Was sonst! Zorn ist der Ärger Gottes. Genauso ist er der Schmerz Gottes.

W.W.: Was bist Du eigentlich für ein Wesen?

Zorn: Ich bin ein höherer Engel.

W.W.: Wie bist Du entstanden?

Zorn: Ich entstand, als die göttliche Welt feststellte, daß die Freiheit, die sie als irrsinnig positive Kraft herausgesetzt hat, zu Ergebnissen führte, die die geistige Welt nicht mehr wertschätzen kann. Je nachdem, auf welcher Hierarchiestufe die einzelnen Götter stehen – also die einzelnen Engel –, reagieren sie in ihrem Zorn verschieden. Dann verbinden sich die anderen Götter mit mir, werden zornig; und ich bin die Essenz dessen. Ich bin die Essenz der Überwindung der Abweichung, auch der Bewußtwerdung der Abweichung.

Ansatz zu purer Aktivität

W.W.: Kommen wir zum Menschen zurück: Ist im Zorn wirklich immer irgendwo das klare Denken enthalten? Ist es nicht so, daß ein Mensch, der so richtig gefühlsmäßig zornig wird, gedanklich vernebelt wird? Oder ist es so, daß der Zorn wirklich alle Schichten durchdringen kann und es an dem Menschen liegt, in welche Schichten des Zorns er einsteigt?

Zorn: Wenn Zorn in die Unbeherrschtheit kommt, liegt es am Menschen; es liegt immer daran, inwieweit er mich beherrscht.

Wer rot vor Wut wird, ist nicht zornig, sondern wütend. Wenn ihr beherrscht zornig werdet, kommt ihr nicht in die Unbeherrschtheit. Zorn ist ein Ansatz zu einer puren Aktivität; wenn ihr die nicht reinhalten könnt, kommt ihr in die Unbeherrschtheit, in die Wut. Das ist dann nicht mehr der Zorn selbst.

W.W.: Wenn ein Mensch gefühlsmäßig zornig ist, dann aber beginnt nachzudenken und geführt handelt, verwandelt er dadurch nicht einen Teil von Dir, z.B. einen leicht unbeherrschten Gefühlszornesanteil?

Zorn: Ich bin immer da, ich bin immer noch in diesem Menschen; ich befinde mich aber auch in einer Gegenüberstellung. Wenn der Zorn im Menschen mehr zu einer unbeherrschten Handlung führt, bin ich in ihm eher in einer gefühlsmäßigen Qualität; wenn es bei ihm zu einer eher gedanklichen Zornesbetrachtung oder Handlung führt, stehe ich ihm gegenüber. Das ist ein erkennendes Gegenüber. Wenn man gegenübersteht, kann man erkennen; wenn man irgendwo hineingeht, muß man es durchleben. Auf jeden Fall bin ich immer pure Aktivität.

Der Egoismus bremst alles

W.W.: Bist Du nicht auch irgendwie eine Art Gegenteil vom Egoismus? Denn ein sehr egoistischer Mensch wird eher weniger zornig über eine Ungerechtigkeit in der Welt.

Zorn: In gewisser Hinsicht stimmt das. Trotzdem kann ein Egoist auf sich selbst zornig werden, aber er ist über Ungerechtigkeiten in der Welt eher weniger zornig. Das stimmt. Der Egoismus bremst ohnehin so gut wie alles.

W.W.: Gleichgültigkeit, Trägheit des Herzens sind also völlig fremde Wesenheiten für Dich?

Zorn: Ja!

W.W.: Was ist denn die Trägheit des Herzens für Dich?

Zorn: Das Ende.

W.W.: Und die Hartherzigkeit?

Zorn: Die ist wenigstens aktiv, mit ihr kann ich umgehen, sie kann man zerbrechen! Ein zorniger Mensch ist nicht hartherzig.

W.W.: Wie stehst Du zur Milde und zur Sanftmut? Das sind ja nicht Deine Gegner.

Zorn: Kannst Du die Milde und den Sanftmut als meine Umstülpung erkennen? Sie entstehen aus verwandeltem Zorn.

W.W.: Ein sanftmütiger Mensch kann geistig zornig, gefühlsmäßig aber sehr sanftmütig sein.

Zorn: So kann man es ausdrücken. In der Sanftmut steckt immer noch Aktivität, denn es ist ein Mut. Und das ist eine göttliche Aktivität.

W.W.: Was ist Jähzorn?

Zorn: Ungeführter, explosiver Zorn! Wenn sich die alten Marskräfte, die Blutskräfte mit einem Menschen verbinden, wird dieser Mensch jäh wie ein Blitz.

W.W.: Was sind Grimm bzw. Ingrimm?

Zorn: Beim Grimm gewinnt die Ohnmacht die Oberhand über den Zorn. Dann kommt eine Grimmigkeit heraus. Grimm ist eigentlich ein chronisch gewordener Zorn, der sich ohnmächtig im Nichthandeln bindet. Es ist eine Stauung, die sich auch teilweise auf sich selbst richtet. Grimm macht den Körper und die Seele krank.

Von geistigen Urbildern abweichen

W.W.: Worüber werden geistige Wesen zornig?

Zorn: Sie werden über das gleiche zornig, über das auch ihr Menschen zornig werdet, denn auch ihr Menschen seid geistige Wesen. Kann ein Tier Zorn erleben?

W.W.: Nein.

Zorn: Also. Was gehört zum Zorn?

W.W.: Ein Ich.

Zorn: Genau. Wir sind also an dem Punkt, daß Zorn immer dann entsteht, wenn von der Freiheit in zu starker Weise abgewichen wird, wenn geistige Urbilder korrumpiert werden. Zorn hat immer etwas mit der Freiheit zu tun. Zorn entstand, als die Freiheit entstand, und zeigte, daß auch etwas anderes als die geistigen Urbilder gemacht werden kann. Durch die Freiheit kann etwas anderes gemacht werden, als die geistigen Urbilder es vorgeben.

W.W.: Also gab es vor dem Beginn der Freiheit, vor dem sogenannten Sündenfall, keinen Zorn?

Zorn: So könnte man es sehen. Kosmisch betrachtet haben wir es immer mit einem Abbild vom Urbild zu tun. Wie alt ist Freiheit? Luzifer hat die Freiheit losgebunden. Ihr liebt eure Freiheit, aber ihr haßt den Teufel – das ist unlogisch. Vielleicht stand Luzifer unter dem Zwang, die Freiheit losbinden zu müssen; oder hat er in Freiheit die Freiheit losgebunden?

W.W.: Ich weiß es nicht genau, aber ich vermute, er hat es in Freiheit gemacht; also war die Freiheit schon vorher da.

Nehmen wir noch einmal den Punkt des göttlichen Zorns. Ein erstes Wesen verübt in Freiheit etwas, was den Göttern mißbehagt, und nun entsteht der sogenannte göttliche Zorn. Ist in dem Moment der Zorn geschaffen worden, oder war er schon da, oder wie kann man das alles betrachten?

Zorn: Das ist das übliche Problem: Entstand der Zorn, weil er entstehen mußte, oder war er schon da und wurde in der entsprechenden ersten Situation ergriffen? Der Zorn war schon da, aber er schlummerte. Ich schlummerte. In jedem Schlafenden liegt die Tendenz aufzuwachen. Zorn ist eine Emanation der Schöpfung. Zorn ist eine notwendige Randbedingung der Schöpfung. Denn in dem Moment, in dem Du Freiheit zuläßt, muß Zorn entstehen bzw. aufwachen, denn sonst könnte man keine Abweichung vom Urbild erleben. Vielleicht kann man sagen, daß Zorn in dem Moment entstand, in dem das Böse entstand. Das Böse aber entstand weit vor dem Menschen. Andererseits war das Böse notwendig, damit die Menschheit werden konnte.

W.W.: Und wenn ein Mensch zornig wird, was geschieht dann prozessual? Tauchst Du in diesen Menschen ein?

Zorn: Ich impulsiere ihn; damit wird er zeitweilig ein Teil von mir. Wenn er sich in den geistigen Zorn verwandelt, kommt sein Ich angekrochen, rappelt sich dann ein wenig hoch, und dann folgt bei ihm das Ohnmachtserlebnis, wenn sein Impuls nicht richtbar ist.

Träge Menschen haben oft zornige Schutzengel

W.W.: In der heutigen Zeit gibt es sehr viele Menschen, die zornig über die Ungerechtigkeiten in der Welt werden könnten, aber nicht zornig werden. Wie stehst Du zu diesen Menschen?

Zorn: Zornig! Ich möchte mich in sie hineinbegeben und sie innerlich losschießen lassen.

W.W.: Was müßte denn geschehen, damit Du in sie hineinkommen kannst?

Zorn: Bei den hartherzigen Menschen ist es ganz einfach – wenn ihre Hartherzigkeit zerbricht, dringe ich ganz leicht in sie ein. Dann impulsiere ich sie. Unter Umständen kann dies ganz schnell geschehen. Bei trägen und herzensträgen Menschen ist dies viel schwieriger. Aber wenn ich in seinem Wattebausch irgend etwas finde, kann ich mitunter auch in sie eindringen.

W.W.: Hast Du bestimmte Boten, die die Hartherzigkeit oder die Trägheit in den bestimmten Menschen aufbohren? Gehören die Gewissensstimmen in irgendeiner Weise zu Dir?

Zorn: Das Gewissen kann zornig machen, aber das Gewissen ist nicht der Zorn. Ich bin nicht das Gewissen. Ich versuche gerne, dem Gewissen Teile von mir aufzulegen, wenn es notwendig ist, wenn es paßt. Insofern versuche ich öfter einmal, mich anderen Wesen mitzugeben, damit etwas in den Menschen bewirkt werden kann. Auch Engel sind zornig, der Schutzengel kann zornig werden. Träge Menschen haben oft zornige Schutzengel, und sie versuchen auch, irgend etwas zu finden, was sie impulsieren kann, was sie in innere Aktivität versetzen kann.

W.W.: Worüber bist Du am meisten zornig?

Zorn: Über die Trägheit. Nichts zerstört die Welt so wie die Trägheit.

W.W.: Möchtest Du den Menschen noch etwas mitteilen?

Zorn: Seid zornig und ändert die Welt!

W.W.: Danke.

Zorn: Bitte.

Sanftmut

Wolfgang Weirauch: Hallo.

Vander, der Sanftmut: Guten Tag.

W.W.: Kannst Du einmal ein wenig über Dein Wesen erzählen – was an Dir ist sanft, was an Dir ist mutig?

Vander: Das Sanfte an mir ist mein Herz, und das Mutige an mir ist mein Herz. Ich bin halt sanftmütig. Das bedeutet, daß ich eine Herzensqualität bin.

W.W.: Muß ein Mensch mutig sein, um sanft sein zu können?

Vander: Ja, sonst wird er tollkühn oder wirrköpfig oder berserkerhaft.

W.W.: Muß man ein innerlich starker Mensch sein, um sanft sein zu können?

Vander: Eine schwache Sanftheit ist keine gute Sanftheit. Eigentlich kann man überhaupt nicht schwach und gleichzeitig sanft sein. Zur Sanftheit gehört mehr Stärke als zur normalen Stärke. Die Chinesen sprechen darüber, daß der sanfte Wind das Gelingen bringe, und sie sagen dazu, daß der Wind und das Holz sanft sind. China ist weitgehend ein Binnenland. Holz gehört zu den Pflanzen, die sich am weitesten in das Luftelement hineinbegeben, die am weitesten vom Boden hinaufwachsen. Damit kommen die Pflanzen, die viel Holz haben, am weitesten aus dem Fließenden heraus, aus dem Boden heraus, hinein ins Wehende. In diesem Wehenden findest Du die Sanftheit.

W.W.: Also kann nur ein starker Mensch mit ausgeprägtem Charakter Sanftmut leben?

Vander: Stark muß er sein, ja; ein ausgeprägter Charakter muß er nicht unbedingt sein, denn ein schlichter Mensch kann auch sehr sanft sein, wenn er stark ist. Sein Charakter muß nicht kompliziert und ausgeprägt sein.

W.W.: Ist die Milde dasselbe wie Du?

Vander: Nein, die Milde ist ein anderes Wesen, sie ist etwas Gewollteres als die Sanftheit. Die Milde könnte man als die gewollte

Sanftheit bezeichnen. Sanftheit und Sanftmut sind etwas Grundlegendes, Milde ist eher eine Tat.

W.W.: Was ist die Nachsicht?

Vander: Nachsicht kommt von noch weiter oben, sie ist in gewisser Hinsicht sogar eine gewisse Überheblichkeit. Nachsichtig kann nur der sein, der vorher ein Urteil fällt, einen Richterspruch fällt, eine Bewertung durchgeführt hat. Sonst kann man nicht nachsichtig sein. Wenn man eine Schuld feststellt, so hängt das auch immer mit einer Wertigkeit zusammen; wenn Du keine Werte bemißt, kannst Du nicht zu dem Begriff Schuld kommen.

W.W.: Welches Verhältnis hast Du zur Wut und zum Zorn?

Vander: Zum Zorn habe ich ein gutes Verhältnis, zur Wut habe ich ein eher gestörtes Verhältnis. Der Zorn ist ein großer Impulsgeber, er kann auch den Impuls zur Sanftmut haben. Ich als Sanftmut bin allerdings nicht inaktiv. Als Sanftmut bin ich nicht die reine Sanftheit.

Mit Sanftmut gegen die Ungerechtigkeiten in der Welt

W.W.: Wir stellten soeben beim Zorn fest, daß er eine wesentliche Kraft ist, mit der sich der Mensch über die Ungerechtigkeiten in der Welt empört. Wie stehst Du zu den Ungerechtigkeiten in der Welt?

Vander: Den Ungerechtigkeiten in der Welt stehe ich sehr ablehnend gegenüber; allerdings mußt Du immer versuchen, sie zu begreifen, damit Du sie ändern kannst. Wenn Du sie nicht verstehst, wenn Du ihre Quelle nicht erkennst, kannst Du an den Ungerechtigkeiten in der Welt gar nichts ändern. Wenn ihr die Grundlagen der Ungerechtigkeiten nicht versteht und sie nur abstellt, verschwinden sie vielleicht vorübergehend, aber sie werden immer wiederkommen.

W.W.: Kann man mit Sanftmut gegen die Ungerechtigkeiten in der Welt angehen?

Vander: Selbstverständlich. Im Neuen Testament findest Du viele Seiten über die Sanftmut.

W.W.: Dabei denke ich z.B. an das Gleichnis vom verlorenen Sohn: Der Vater läßt den Sohn gehen, er erträgt seine Abweichung, sieht sein Leid, greift aber nicht ein; aber als der Sohn umkehrt, empfängt er ihn wieder. Ist dies Sanftmut?

Vander: Das ist ganz deutlich Sanftmut. Aber viele verstehen es nicht, auch der Bruder nicht. Auch der Mut ist hier aktiv, denn der Vater toleriert alles, was der Sohn falschgemacht hat, nimmt ihn aber wieder voll als Wesenheit an, er richtet ihn nicht. Sanftmut ist ein Mut, der das Richten ganz nach hinten stellt – nicht grundsätzlich, aber von der Tendenz her.

W.W.: Wie steht der Sanftmut zu eindeutigen Schwächen und Fehlern von Menschen? Erträgt er diese?

Vander: Sanftmut erträgt nicht alles dauernd, denn Sanftmut hat auch die Mutkomponente. Aber der Sanftmut erträgt vieles. Zum Sanftmut gehört ein Ertragen der Randbedingungen, trotzdem bleibt er handlungsfähig.

W.W.: Das Ertragen von Schwächen anderer nennt man oft auch Langmut. Was ist das?

Vander: Das ist noch etwas anderes. Der Langmut ändert wenig, eigentlich nichts, während der Sanftmut sanft versucht zu schieben. Sanftmut versucht immer in eine bestimmte Richtung zu schieben. Beide sind ziemlich verwandt miteinander. Aber sie sind nicht identisch. Langmut hat mehr mit der Geduld zu tun, ich nicht so sehr. Ich habe kein so intimes Verhältnis zur Geduld, denn ich bin eigentlich sehr voranschreitend, aber nicht mit Gewalt. Aber das Abwarten fällt auch mir phasenweise sehr schwer. Denn ich bin der Auffassung, daß etwas in der Zeit geschehen soll.

W.W.: Was man normalerweise unter Harmoniesucht versteht, hat mit Dir also nichts zu tun?

Vander: Harmoniesucht geht in die Richtung des Ausharrens, ist aber nicht das gleiche wie der Langmut; Harmoniesucht hat auch eine unschöne Suchtkomponente. Sanftmut ist etwas ganz anderes. Das typische Beispiel für Sanftmut war der Christus, als er als Mensch auf der Erde war.

W.W.: Ist ein sanftmütiger Mensch immer ein Mensch, der wenigstens ein Wesen liebt bzw. möglichst viele?

Vander: Liebe fördert den Sanftmut ganz ungemein, ist aber nicht die zwingende Voraussetzung dazu. Empathie mußt Du aber im Regelfalle erleben, um sanftmütig zu sein. Zumindest solltest Du eine sehr ruhige Form von Liebe besitzen, also am ehesten die

Agape. Manche Tiere werden auch als sanftmütig bezeichnet. Zum Sanftmut gehört auch eine gewisse Konstanz im Handeln, während zum Langmut eher ein Abwarten gehört.

Bewußte Seelenempfindung

W.W.: Nehmen wir einmal die Seele eines Menschen: Was geht in dieser Seele vor, wenn der Mensch zuerst zornig ist, dann den Zorn überwindet, abmildert, abklingen läßt und dann sanftmütig in einem Moment wird? Kannst Du einmal beschreiben, wie in diesem Falle der Sanftmut in die Seele des Menschen einzieht?

Vander: Beim Übergang vom Zorn zum Sanftmut könnte man an das Bild vom Christus erinnern, als er die Tische der Wechsler im Tempel umstieß, also zornig war, und trotzdem verwandelt er sich gleich anschließend wieder in den Sanftmütigen. Beides widerspricht sich also nicht, zum einen zuerst zornig, dann wieder sanftmütig zu sein. Das ist so, als würdest Du Gold schmelzen, das kurz zornig leuchtet, anschließend aber wieder in die gefaßte Form zurückgerinnt, in den Kelch, den man mit dem Sanftmut gleichsetzen könnte.

W.W.: Und was geschieht dabei in der menschlichen Seele, wenn dieser Wechsel stattfindet?

Vander: Das eine ist die akute Berührung mit einem göttlichen Impuls, der einen Widerspruch in der Welt festgestellt hat, der den Zorn herausruft. Und dieser Seeleneindruck, diese Seelenkraft formt sich um in eine durchgreifende Kraft, die den Zorn in die Welt transportiert, ohne Gewalt anzuwenden. Dabei wird der Zorn seelisch in ein Gefäß gefüllt, welches eine andauernde gerichtete Bewegung erhält und den göttlichen Impuls ohne Gewalt weiterträgt.

W.W.: Wo im Menschen lebt der Sanftmut?

Vander: Der Sanftmut ist eine sehr hohe Seelenregung, und zwar in einem Bewußtseinsprozeß, der mit Mut zu tun hat, der den Mut durchlaufen muß. Mut ist ein hoher Bewußtseinsprozeß, er gehört zu den fortgeschrittenen Bewußtseinsprozessen. Dabei denke ich natürlich nur an den persönlichen, nicht an den gruppenhaften Mut. Der persönliche individuelle Mut ist eine Seelengeste des Bewußtseinsseelenmenschen, und hierzu gehört auch der Sanftmut. Sanftmut ist also eine Bewußtseinsseelenempfindung.

W.W.: Im Brief des Paulus an die Galater, 5,23, wird Sanftmut als Frucht des Heiligen Geistes bezeichnet, neben der Liebe, der Freude, dem Frieden, der Keuschheit, der Geduld, der Freundlichkeit, der Güte, der Treue. Kannst Du etwas dazu sagen?

Vander: Alle Bewußtseinsprozesse sind Früchte des Heiligen Geistes, alle impulsierenden Prozesse sind Früchte des Sohnesgottes, alle grundlegenden Urprozesse sind Früchte des Vatergottes. Insofern hat alles, was in den Bewußtseinsbereich des Menschen fällt, mit den Kräften des Heiligen Geistes zu tun. Das sind allerdings weniger Impulse, vielmehr hat dies mit den Gedanken des Heiligen Geistes zu tun. Es ist aber weit mehr als ein normaler Gedanke. Es ist eine geistige Strömung, ein geistiges Netz, ein geistleuchtendes Leben.

Sanftmut und Sanftheit

W.W.: In der Ikonologie wird der Sanftmut oft als ein Mädchen mit einem Lamm dargestellt. Warum?

Vander: Das kommt aus der Bibel: In bezug auf seinen Einzug nach Jerusalem wird von Christus als von dem Lamm gesprochen. Hier wird auf den Sanftmut des Lammes hingewiesen. Und das wurde später oft in dem sanftmütigen jungen Mädchen dargestellt. Früher waren die jungen Mädchen auch zum Sanftmut, zur Sanftheit verdammt. Vor allem waren sie aber zur Sanftheit verdammt, weniger zum Sanftmut; das ist ein Unterschied.

W.W.: Kannst Du einmal den Unterschied zwischen Sanftheit und Sanftmut darstellen?

Vander: Die Sanftheit ist passiv. So wurde es früher auch erwünscht, denn das junge Mädchen hatte passiv, sanft zu sein. Der Sanftmut ist dagegen ein ganz aktives Geschehen. Sanftheit hängt auch mit der Sänfte zusammen – ein Getragenwerden, mit der wohlgefälligen Trägheit. Sanftmut hat dagegen nichts mit einer Sänfte zu tun, denn Sanftmut ist ein gewaltfreies Fortschreiten. Gandhi als Mensch wirkte sanftmütig. Passiver Widerstand ist sanftmütig.

W.W.: Wie stehst Du zu dem Wesen der Trägheit des Herzens und der Hartherzigkeit?

Vander: Diese Wesen haben sich hier ja schon ausgesprochen. Die Trägheit des Herzens ist ein völlig mutloses Geschöpf, dem sämtlicher Mut abhandengekommen ist, damit auch jedweder Impuls einer gewissen Bewußtseinsbildung. Aber man sollte nicht vergessen, daß die Trägheit gut beobachten kann. Aber ihr Beobachten führt nicht ins Handeln. Denn ihr fehlt der Mut.

Die Hartherzigkeit dagegen steht auf sehr wackligen Füßen, da sie so leicht zersplittern kann. Wenn man den entsprechenden Riß findet, hat man die Hartherzigkeit schnell umgeworfen. Charles Dickens hat darüber geschrieben, wie sich die Hartherzigkeit wandelt. Das geschah in einer Nacht; das war eine besondere Nacht, zugegeben. [1]

Sanftmut folgt keiner Logik

W.W.: Sanftmut ist ja niemandem angeboren. Wie kann man Sanftmut üben, wie kann man am besten in der Tugend des Sanftmuts leben?

Vander: Um Sanftmut zu üben, sollte man andere Tugenden mitbeteiligen; zum einen ist dies die Toleranz, zum zweiten die Geduld, zum dritten die Geduld, zum vierten der Mut.

W.W.: Geduld kam zweimal vor.

Vander: Ich weiß. Das war Absicht. Ohne Geduld kannst Du nicht sanftmütig sein. Ungeduldige Menschen haben es mit dem Sanftmut schwieriger als geduldige Menschen. Des weiteren ist ein prozessuales Denken notwendig, welches die Randbedingungen mit erfaßt, um dadurch die Prozesse mit dem Gegenüber abspüren zu können. Ferner muß eine große Bereitschaft vorhanden sein, Bewußtseinsprozesse des anderen mitzuverfolgen. Ohne Bewußtseinsprozesse kannst Du nicht sanftmütig sein. Rein aus der Verstandesseele ist Sanftmut nicht denkbar, denn die Verstandesseele folgt nur der vermeintlichen Logik, nicht aber der wirklichen Logik. Sanftmut dagegen folgt keiner Logik. Sanftmut hat auch etwas mit Vertrauen zu tun; nicht unbedingt Vertrauen in den Menschen, aber Vertrauen in die Richtigkeit der bestehenden Schöpfung. Das ist eine Bewußtseinsseelenkraft. Sanftmut wächst also über den Verstand hinaus.

W.W.: Vielen Dank. Möchtest Du noch etwas sagen?

Vander: Sei sanftmütig, aber nicht sanft.

---

1 „Ein Weihnachtslied in Prosa", Anm. W.W.

Herr der Temperamente

Folgendes Gespräch entstand spontan, da sich der Herr der Temperamente einstellte.

Wolfgang Weirauch: Wer bist Du denn?
Herr der Temperamente: Ich bin der Herr der Temperamente.
W.W.: Hast Du einen Namen?
Herr der Temperamente: Im Deutschen ist mein Name eigentlich Farbe. Aber dieser Name ist nicht so wichtig.

Ich passe die Temperamente an

W.W.: Was bedeutet Herr der Temperamente, welche Aufgaben hast Du?
Herr der Temperamente: Meine Aufgabe ist es, die Temperamente zu einigen bzw. zu binden, denn es gibt kein einziges Wesen auf der Welt, welches ausschließlich einem einzigen Temperament unterworfen ist, es sei denn, ein Mensch erleidet gerade eine schwierige krankhafte Erdeninkarnation oder hat einen karmaausgleichenden oder -vorbereiteten Charakter im Übermaß. Alle anderen Menschenwesen haben Temperamente, sogar Nicht-Ichwesen haben so etwas Ähnliches wie Temperamente. Aber die einzelnen Temperamente sind sehr radikal, und damit die einzelnen Wesen, zu denen sie gehören, den Menschen nicht völlig zerreißen, muß es jemanden geben, der sie konfiguriert, der die einzelnen Temperamente beim Menschen der jeweiligen karmischen oder alltäglichen Situation anpaßt. Und das mache ich. Im Regelfalle mache ich das in Abstimmung mit dem Schutzengel des betreffenden Menschen. Manchmal aber auch nicht.
W.W.: Und was bist Du für ein Wesen? Bist Du ein astrales oder ein höheres Wesen?
Herr der Temperamente: Eigentlich bin ich ein höheres Wesen, eines von den schicksalsführenden Wesen. Ich reiche bis in die Hier-

archien der Archai hinein, wenn ich auch nicht im üblichen Sinne zu diesen Hierarchien gehöre.

Wenn ich das Temperament eines Menschen justiere, so interessiert mich weniger die Individualität, sondern vielmehr die karmische Situation. Und dieser passe ich das Temperament an. Das mache ich nach den Vorgaben, die der jeweilige Mensch vorgeburtlich und im Nachtbereich gemacht hat, mit oder gegen die Abstimmung mit seinem Schutzengel. Ich forme aber nicht sein Ich oder seine Seele, sondern passe nur die Temperamente an, damit sich seine Seele vorformen kann; ich schaffe Randbedingungen für jeden Menschen. Ich bilde die seelisch-ätherischen Kleider. Dabei sollten wir noch besprechen, auf welcher Ebene das Temperament des Menschen überhaupt liegt.

W.W.: Ich vermute einmal im ätherischen Leib?

Herr der Temperamente: Nicht nur. Es hat Bereiche in verschiedenen Ebenen, es betrifft sogar Dein Denkvermögen. So gesehen hat das Temperament auch einen deutlichen geistigen Teil. Der Mensch kann träge, ichträge sein, oder er kann sanguinisch oder cholerisch sein; das hat auch seine Auswirkung auf das Denken. Ein Choleriker denkt anders als ein Sanguiniker. Das Begreifen des Geistes ist bei jedem Temperament verschieden.

W.W.: Kannst Du einmal ein Beispiel nennen, was die karmische Situation für einen Menschen ist, der dann im Leben vorwiegend sanguinisch wird?

Herr der Temperamente: Im Regelfall ist ein ausgeprägter Sanguinismus eine Vorgabe, die sich der Mensch gemacht hat, um Trägheiten der vorigen Erdeninkarnation zu überwinden. Vielleicht war ein solcher Mensch im letzten leben herzensträge und nimmt sich für das nächste Leben eine ausgesprochene Weltzugewandtheit vor; und ich justiere diese in sein Leben hinein.

Wenn die Lebenssituation dazu führt, daß ein gezwungenes Phlegma entsteht, kann das eine Lebenssituation sein, die man nicht freiwillig gesucht hat – als Galeerenruderer, im Gefängnis oder dergleichen, wo man sich kaum bewegen konnte. Das kann im nächsten leben zu der Sanguinik führen. Wenn ein Mensch in einem Leben seine Cholerik nicht leben konnte, so hat er im Regelfall einen gewissen Traueranteil in sich, der im nächsten Leben als Melancholik erscheint.

Goethe und Steiner

Es gibt zwei Sichten auf die Temperamente, die goetheische Sicht und zum anderen die steinersche Sicht. Sie sind nicht deckungsgleich.

W.W.: Was ist denn da der Unterschied?

Herr der Temperamente: Die Gruppierung der Temperamente. Goethe schafft die archaischen Urtypen aus den Temperamenten heraus, z.b. daß man bei einer bestimmten Kombination aus Temperamenten eine Art Urtyp, einen König, bekommt – als Bild. Der Herrscher hat z.b. die Temperamente Cholerik und Melancholik. Auf diese Weise schafft Goethe Urtypen. Steiner greift dies von Goethe und anderen auf, arbeitet aber die Temperamentenlehre um und gibt zum Teil andere Beweggründe für die Temperamentenlehre vor. Steiner spricht auch über andere Temperamentenkombinationen, die Goethe größtenteils ausschließt.

W.W.: Es gibt ja auch Menschen, die behaupten, daß das melancholische Temperament gar kein Temperament sei, sondern eher eine Krankheit. Ist da etwas dran?

Herr der Temperamente: Alles, was in die übersteigerte Form geht, bekommt krankhafte Züge. Der reine Sanguiniker ist der Hysteriker – das ist auch eine Art Krankheit. Der reine Melancholiker wird stark zum Depressiven. Die übertriebene Cholerik ist der Jähzorn.

W.W.: Ist es für das Leben eines Menschen ein Ziel, daß man die Temperamente abschleift, miteinander ausgleicht, so daß man eigentlich gar keine Temperamente mehr hat, oder ist es ein Ziel, daß man von jedem Temperament etwas besitzt, so daß alles ausgewogen ist?

Herr der Temperamente: Der Idealmensch wäre ein Mensch, der von jedem Temperament ein Viertel hat. Allerdings ist es nun die Frage, ob dies für das Karma das Beste ist. Es kann sein, daß ein Mensch im letzten Leben in einem sehr trägen Lebensstrom gelebt hat, und dann ist es für dieses Leben notwendig, Sanguinik zu entwickeln, und es ist nicht günstig, die Sanguinik gleich wieder herunterzufahren. Ein Urziel wäre aber das Vorhandensein aller vier Temperamente in einem gewissen Ausgleich, alle Temperamente in der reinsten Form, aber kein Null-Temperamentenmensch. Ein solcher Mensch wäre Unsinn. Ein Mensch ohne Temperamente wäre ein gefühlsloser Mensch.

Waldorfpädagogik und Temperamente

W.W.: Ist die waldorfpädagogische Maßnahme, Kinder mit gleichen Temperamente in den unteren Klassen nebeneinanderzusetzen, eine richtige pädagogische Maßnahme?

Herr der Temperamente: Das kommt auf das jeweilige Temperament an. Melancholiker sollte man eher nicht nebeneinander setzen, denn sie verstärken eigentlich ihre melancholische Glocke.

W.W.: Könnten sie sich nicht gegenseitig so anöden, daß sie doch in Bewegung kommen?

Herr der Temperamente: Vor 100 Jahren war dies vielleicht noch sinnvoll, vor allem im Sinne des humanistischen Blickwinkels. Heute kommen aber ganz andere Kinder ins Leben, was eher einer Bewußtseinsseelenstufe entspricht. Mit Kindern, die mit einer anderen Seelenhaltung ins Leben kommen, kann man nicht auf diese einfache Weise umgehen. Solche Kinder prägen sich z.b. in den ADS- oder den ADHS-Kindern aus, und die sind schwer zu fassen, auch nicht einem bestimmten Temperament zuzuordnen.

W.W.: Hängen diese Störungen auch damit zusammen, daß die Temperamente dieser Kinder schlecht gefaßt werden?

Herr der Temperamente: Natürlich. Bei dem ADHS-Kind ist eine Sanguinik vorhanden, die mit der normalen Sanguinik nicht mehr viel zu tun hat; denn es ist eine Sanguinik, die aus dem Nervensystem kommt, eine Sanguinik, die auch aus Gründen von bestimmten Metallmängeln entsteht. Mit diesen Kindern muß man ganz anders umgehen als mit normalen Sanguinikern.

Absprache mit dem Körperelementargeist

W.W.: Nehmen wir einen Menschen, der sich langsam inkarnieren möchte. Er sucht sich Eltern aus, schwirrt als Astralglocke in erdnaher Sphäre herum, bis er in einen sich bildenden Embryo hineinschlüpft. In dieser Zeit wird auch die ätherische Materie für seinen Ätherleib zusammengesogen. Die Temperamente liegen ja vorwiegend im Ätherleib. Kannst Du mir erzählen, wie es gemacht wird, daß die Temperamente in den ätherischen Leib eingewoben werden?

Herr der Temperamente: Die Temperamente sind an das Fließende gebunden; damit gehören sie dem ätherischen Bereich zu. Die
ätherischen Teile, die der Mensch schon aus den Vorinkarnationen
hat, verwaltet der Körperelementargeist. Wenn eine Seele sich auf den
Weg zu einer neuen Inkarnation macht, dann schläft der Körperelementargeist noch. Sein Tag ist die Zeit des Erdenlebens, seine Nacht
ist die Zeit, die der Mensch zwischen Tod und neuer Geburt verbringt.
Der Körperelementargeist ist dazu da, den unterbewußten Willen
des Menschen zu verwalten. Die herabsteigende Seele des Menschen
nimmt Kontakt zum Körperelementargeist auf, der auch die Keime
des beginnenden Auferstehungsleibes des Menschen verwaltet, und
darum gruppiert sich dann Ätherisches, was noch dazu gehört.

In dieses Ätherische gruppieren sich mit meiner Hilfe die angefor-
derten Temperamente. Hierbei wirkt auch die Christuswesenheit mit.
Beim Abstieg läßt sich der Mensch auch durch seinen Schutzengel
helfen, er läßt sich von der Christuswesenheit als Karmaführer helfen, und er läßt sich ganz intensiv von seinem Körperelementargeist
helfen, der mit ihm alles abstimmt, was aus dem unbewußten Willen
heraus im kommenden Leben geschehen soll. Dazu gehören z.B.
auch die unwillkürliche Muskelarbeit und alle vegetativen Prozesse.
Die Muskelkontraktionen des Darmes gehören dazu und alles, was
man nicht bewußt steuert. Wenn Du dagegen mit Deinen Händen
Klavier spielst, bewegst Du Deine willkürlichen Muskeln. Alles Unwillkürliche spricht man bis ins Detail vorher mit seinem eigenen
Körperelementargeist ab.

Farben der Seele und spirituelle Ökonomie

W.W.: Ich kann mir ein Gefühl vorstellen, ich kann mir einen geistigen Gedanken vorstellen, ich kann mir auch annähernd ätherische
Prozesse vorstellen, selbst den Phantomleib als geistigen Bauplan des
physischen Leibes kann ich denken, aber just mit den Temperamenten
fällt es mir schwer. Wie kann ich mir ein Temperament als Wesenheit
vorstellen?

Herr der Temperamente: Stell Dir ein Temperament als die Farbe
Deiner Seele vor!

W.W.: Das reicht mir nicht, obwohl es ein Anfang ist. Kannst Du mir anhand des Temperamentes der Cholerik einmal darstellen, was das Wesen der Cholerik ist, bevor es sich dem sich inkarnierenden Menschen einwebt?

Herr der Temperamente: Die Cholerik selbst ist ein Engel.

W.W.: Und dieser Engel der Cholerik gibt für jeden Menschen, der ein cholerisches Temperament bekommt, einen gewissen Teil ab?

Herr der Temperamente: Ja, so ist es. An dieser Stelle muß man die spirituelle Ökonomie verstehen, also daß sich im Spirituellen etwas unendlich vervielfachen kann. Für den jeweiligen cholerischen Menschen schnürt das Wesen Cholerik einen Teilbereich ab.

W.W.: Und was ist dann diese Abschnürung? Ist das ein astrales Wesen? Ist das ein ätherisches Wesen?

Herr der Temperamente: Das ist ein astrales Körper, der aber lebendig ist. Wenn dieser astrale Körper stirbt, nennt ihr das Astralleichnam. Diesen Astralbereich nimmt das menschliche Ich, und mit meiner Hilfe formen wir Dein Temperamentwesen zusammen. Das ist ein Astralwesen.

W.W.: Aber es prägt sich doch vorwiegend in den Ätherleib hinein?

Herr der Temperamente: Ja, es ist ähnlich wie die Gewohnheit. Das Temperament ist eine Gewohnheit auf höherer Ebene, aber es ist eine astrale Gewohnheit. Es ist nicht falsch zu sagen, daß ein Temperament die Stimmung des Astralleibes ist. Ein Melancholiker ist z.B. moll-gestimmt. Man kann dazu auch sagen, daß die Temperamente die Sinnlichkeit der mittleren Glieder ausmachen.

Wenn der Körperelementargeist schläft

W.W.: Wo sitzt der Körperelementargeist zwischen Tod und neuer Geburt des Menschen?

Herr der Temperamente: Er sitzt in der Erde. Dort ist er inaktiv, solange sich der Mensch in der geistigen Welt befindet. Es kommt dem Zustand des Schlafes von euch Menschen am nächsten.

W.W.: Er hat in dieser Zeit keine Aufgabe?

Herr der Temperamente: Er regeneriert. Nach dem Tod des Menschen muß er natürlich zuerst einmal den gesamten Müll zusammensammeln, den ihr während des Lebens angehäuft habt. Er ist am Ende des Lebens eines Menschen ziemlich verbraucht. Der Körperelementargeist eines alten Menschen ist völlig erschöpft.

W.W.: Wann zieht er wo ein?

Herr der Temperamente: Wenn sich die inkarnationswillige Seele anschickt, zur Erde abzusteigen, wacht er auf, und nach der Konzeption des Menschen zieht er in den sich bildenden Embryo ein. Der sich bildende Embryo hat ja schon unwillkürliche Reflexe, und da die vom Körperelementargeist gesteuert werden, muß er auch schon in ihm sein.

W.W.: Und wie steht der Körperelementargeist zu den Temperamenten?

Herr der Temperamente: Er steht sanftmütig zu diesen Temperamenten.

Zwei Haupt- und zwei Nebentemperamente

W.W.: Gibt es einen Unterschied bei der Integration der Temperamente? Ist das eine schwieriger als das andere zu integrieren?

Herr der Temperamente: Die beiden mittleren Temperamente, Sanguinik und Melancholik, sind ein wenig leichter zu integrieren, die beiden anderen etwas schwieriger. Phlegma und Cholerik sind etwas problematischer.

W.W.: Ist es günstig, wenn man zwei Temperamente hat, oder was ist hier das Geeignetste für einen Menschen in der heutigen Zeit?

Herr der Temperamente: Für den derzeitigen Mitteleuropäer ist es im Regelfall am besten, wenn er zwei Haupt- und zwei Nebentemperamente hat. Die beiden Haupttemperamente machen im besten Fall etwa 75 % des Menschen aus, die beiden anderen zusammen 25 %. Aber das ist nur ein Durchschnittswert. Individuell ist das durchaus oft auch anders.

W.W.: Hängen die Temperamente des Kindes auch mit den Temperamenten der Eltern zusammen?

Herr der Temperamente: Es gibt Reaktionen in den Kindertemperamenten. Die Temperamente der Kinder hängen aber eher mit den begleitenden Schutzwesen zusammen, und erst mit dem 14. Lebensjahr, wenn die Seele geboren wird, tritt die eigentliche Seelenfarbe deutlicher hervor.

W.W.: Hängen die Temperament auch ein wenig mit der geographischen Landschaft zusammen, in die sich ein Mensch inkarniert?

Herr der Temperamente: Natürlich. Bestimmte Gegenden ergeben bestimmte Ausprägungen des Grundtemperamentes. Das würde jetzt aber sehr weit führen. Ein Sanguiniker in Schweden ist ganz anders gestimmt als ein Sanguiniker in der Sahelzone, nur um einmal etwas Extremes darzustellen. Aber schon ein Sanguiniker in Bayern ist ein anderer als ein Sanguiniker in Schleswig-Holstein.

W.W.: Wirkt auch die Sprache auf die Temperamente?

Herr der Temperamente: Die Sprache wirkt deutlich auf die Temperamente, genauso auch der Ortsgeist. Aber hier ist in der heutigen Zeit sehr viel durcheinandergeraten. Die Menge der heute inkarnierten Menschen hat ein Karma, was durch die zu schnellen Inkarnationen in Unordnung geraten ist. Das liegt an der übermäßig schnellen Inkarnationsfolge in der heutigen Zeit. Das kann man aber auch so betrachten, daß es vielleicht Phasen geben muß, in denen Karma aufbricht, damit sich etwas grundlegend Neues eingliedern kann.

W.W.: Möchtest Du noch etwas sagen?

Herr der Temperamente: Temperamente und Gefühle gehören zusammen. Die Sanguinik wirkt bei einem Menschen, der sich in einer Trauerphase befindet, ganz anders als bei einem Menschen, bei dem die Sanguinik auf eine euphorische Phase trifft, der z.B. verliebt ist.

W.W.: Wie kam es, daß der Herr der Temperamente plötzlich kam?

Verena Staël von Holstein: Das kam hier im Zuge der Gespräche über die Gefühle, plötzlich kam er und sagte: „Hier bin ich. Im Umfeld der Gefühlsgespräche muß das Temperament erwähnt werden."

erlogenheit

Wolfgang Weirauch: Moin. Hast Du einen Namen?

Verlogenheit: N'Abend, ich bin aber nicht die Verlogenheit.

W.W.: Wer bist Du denn?

Verlogenheit: Ich bin ein positives Wesen, welches Dir aufzeigen wird, wo Du überall die Lügen finden wirst.

W.W.: Du lügst mich jetzt an!

Verlogenheit: Das kannst Du nicht einfach so behaupten!

W.W.: Ich vermute schon. Bist Du nun die Verlogenheit, die mich anlügt, oder bist du ein anders Wesen?

Verlogenheit: Ich bin natürlich nicht die Verlogenheit.

W.W.: Sondern?

Verlogenheit: Ich bin der Lügenfinder.

W.W.: Und die Verlogenheit ist ein ganz anderes Wesen als Du?

Verlogenheit: Wenn man es von einer ganz bestimmten Seite beschaut, könnte die Verlogenheit ein anderes Wesen sein als ich.

W.W.: Aha, also bist Du doch die Verlogenheit.

Verlogenheit: Das kannst Du so nicht sagen!

W.W.: Das Gespräch scheint mir jetzt etwas schwierig zu werden.

Etschewit, der Nasse: Das ist die Verlogenheit! Du kannst sie ja nicht danach fragen, ob sie die Verlogenheit ist.

W.W.: Bist Du ein Schattenriß der Lüge?

Verlogenheit: Ich bin eine leuchtende Himmelsgestalt, die überall alle Lügen aufdeckt. Wenn Du Dich mit mir gut vereinigst, wirst Du überall erkennen, wo gelogen wird.

W.W.: Wenn man sich mit Dir durchtränkt, weiß man, wo gelogen wird, weil man ja dann selbst verlogen ist? Meinst Du es so?

Verlogenheit: Ja, ich muß jetzt ja sagen!

W.W.: Kann ich fortan mir Dir ein einigermaßen ehrliches Gespräch führen, ohne fortwährend Winkelzüge zu machen?

Verlogenheit: Nein.

W.W.: Kannst Du für dieses Gespräch nicht einmal eine Ausnahme machen? Kannst Du Dich nicht einmal aus Dir herausstellen, Dich von außen betrachten, so daß wir ein wenig die Verlogenheit an sich und auch bei den Menschen anschauen?

Verlogenheit: Äußerst ungern. Aber ich werde es wohl müssen.

W.W.: Gut. Dann erzähl mal was über Dich.

Durch mich wird die Wahrheit offenbar

Verlogenheit: Ich bin in den Menschen drinnen, und weil ich in den Menschen drinnen bin, können die Menschen lügen. Ich bin aber nicht die Lüge. Die Lüge ist im Regelfall ein Wesen, das durch eine menschliche Tat erschaffen wird. Aber ich bin die Qualität, die beim Menschen die Lügen ermöglicht.

W.W.: Du bist also die Lügenbasis. Ist das luziferisch oder ahrimanisch?

Verlogenheit: Beides. Ich diene beiden Herren.

W.W.: Bist Du dasselbe wie die Hinterlist?

Verlogenheit: Nein. Die Hinterlist versucht eine Vorteilsnahme zu erwirtschaften, zu bekommen. Das ist nicht meine Intention. Ich bin so, weil ich so bin, wie ich bin, nicht weil ich Vorteile ersuche.

W.W.: Bist Du dasselbe wie die Falschheit?

Verlogenheit: Nein. Die Falschheit verändert grundsätzlich Wahrheit in etwas anderes. Durch mich dagegen kann sogar Wahrheit zutage kommen.

W.W.: Kannst Du dafür ein Beispiel nennen?

Verlogenheit: Wenn sich an mir richtige Tatsachen offenbaren. Ich stelle etwas in verlogener Weise dar, es kommt heraus, und so wird die Wahrheit offenbar. Sogar meine Herren sind daran interessiert, daß dieses Gespräch stattfindet.

W.W.: Warum?

Verlogenheit: Weil, wenn ich mich gut schlage, möglicherweise Menschen Interesse an mir entwickeln.

W.W.: Warum bist Du eigentlich verlogen?

Verlogenheit: Weil ihr Menschen mich nötig habt. Ich bin verlogen, damit ihr Menschen lügen könnt.

W.W.: Hast Du auch einen Teil in Dir, der gerne quält, sadistisch ist oder ähnliches?

Verlogenheit: Eigentlich nicht. Ich habe zwei auffällige Seiten – zum einen ist das die Selbstlüge, also die Verlogenheit, die sich der Selbsterkenntnis entgegenstellt, die die Menschen verführt, sich dauernd selbst zu belügen; der andere Teil ist der Teil, der die Welt belügt. Das sind meine beiden hauptsächlichen unterschiedlichen Qualitäten.

Unfähig, den Tatsachen ins Gesicht zu blicken

W.W.: Was liegt bei einem Menschen vor, wenn er einen teilweise verlogenen Charakter hat?

Verlogenheit: Eine Unfähigkeit, den Tatsachen ins Gesicht zu blicken. Vor allem Tatsachen über sich selber. Es kann aber auch ein Pakt mit einem meiner Herren sein. Das kann ein halbbewußter oder ein bewußter Pakt sein.

W.W.: Und warum sind viele Menschen verlogen?

Verlogenheit: Manche Menschen sind aus intellektuellen Gründen verlogen, weil sie gemerkt haben, daß sie durch Lügen ein höheres Ansehen erlangen; andere Menschen sind verlogen, weil sie sich selbst nicht kennenlernen können oder wollen.

W.W.: So kann Verlogenheit also sowohl eine Schwäche als auch eine Stärke sein?

Verlogenheit: Ja. Das eine ist unbewußte Verlogenheit, das andere bewußte Verlogenheit. Du kannst Dich in diesem Leben so konstruieren, daß die Folgen Deiner Taten aus diesem Leben im nächsten Leben so sein werden, daß Du viel von mir in Deiner Seele hast.

W.W.: Wodurch entsteht das in dem ersten Leben?

Verlogenheit: Durch Unehrlichkeit.

W.W.: Das ist doch eigentlich schon dasselbe – oder nicht?

Verlogenheit: Nicht ganz. Unehrlichkeit muß nicht notwendigerweise Verlogenheit zur Folge haben; Verlogenheit ist eine Steigerung. Unehrlichkeit kann sich in Taten ausdrücken, in Veruntreuung und ähnlichen Dingen, indem man z.B. etwas fertigt und vorgibt, daß dieser Gegenstand sehr viel besser ist, als er in Wirklichkeit ist.

Verlogenheit dagegen führt zu einer tatsächlichen Lüge, und eine tatsächliche Lüge ist immer eine Wortschöpfung. Lügen hat immer etwas mit Worten zu tun. Ehrlichkeit und Unehrlichkeit können etwas mit Worten zu tun haben, oftmals aber auch mit Taten. Das sind verschiedene Ebenen im Menschen; das eine liegt mehr im Denken, das andere mehr im Wollen.

W.W.: In welchem Bereich des Wesensgliedergefüges des Menschen ist die Verlogenheit anzusiedeln?

Verlogenheit: Dafür gibt es verschiedene Bereiche, vorwiegend aber in einem eher höheren Bereich, denn es hat etwas mit den niederen Ich-Qualitäten zu tun. Die Seele kann hadern und wüten und alles mögliche, aber eigentlich nicht so sehr lügen; oder hast Du schon einmal ein Tier lügen gesehen? Und es ist ja bekannt, daß tatsächliches menschliches Lügen erst nach dem Ich-Einschlag des Menschen beginnt, also nach dem dritten Lebensjahr. Vorher können Kinder nicht lügen.

W.W.: Wenn man einen verlogenen Charakter hat, prägt sich das bis in den Ätherleib oder gar noch tiefer ein?

Verlogenheit: Bis hinab in den physischen Leib; das ist ja das Schöne an der ganzen Sache! Wenn Du in diesem Leben lügst, lügst Du im nächsten Leben noch mehr. Man könnte das sogar in der Physis als Krankheitsbild feststellen, wenn man dies entsprechend untersuchen würde, z.B. in Form von Verkrampfungen.

Ich liebe scheinheilige Menschen

W.W.: Was ist der Unterschied zwischen Dir und Tücke bzw. Heimtücke?

Verlogenheit: Heimtücke muß nicht unbedingt mit einer Lüge konform gehen, denn ein heimtückischer Mensch kann auch einen Teil der Wahrheit lediglich zurückhalten, er muß nicht unbedingt lügen. Das mag meistens Unehrlichkeit sein. Wahrheit zurückhalten ist Heimtücke.

W.W.: Was ist Scheinheiligkeit?

Verlogenheit: Das ist eine rein seelische Angelegenheit. Das ist Verlogenheit im Seelischen. Ich liebe scheinheilige Menschen.

W.W.: Welche Beziehung hast Du denn zu scheinheiligen Menschen?

Verlogenheit: Eine ganz hervorragende, weil sie meistens meine Fähigkeit nutzen, sogar sehr gerne nutzen, um damit ihre Scheinheiligkeit zu unterbauen.

Das Licht in sich verschatten

W.W.: Was geschieht denn, wenn Dich ein Mensch benutzt und Deine Wesenheit in Anspruch nimmt, indem er z.b. etwas Verlogenes oder Scheinheiliges von sich gibt?

Verlogenheit: Eine einzelne Lüge erweckt noch keine Verlogenheit, noch keinen verlogenen Charakter. Hierzu gehört ein Prozessuales hinzu, daß man sich im Bereich hochintelligenter Lügen bewegt, und zwar oft. Wenn ein Scheinheiliger seine Persönlichkeit ganz anders darstellt, als sie ist, benutzt er meine Qualitäten als Verlogenheit, um die sogenannte hochintelligente Persönlichkeit durch Lügen zu untermauern.

Ich als Verlogenheit habe keine Schlummerphasen, da sich immer jemand für mich interessiert. Wenn ein Mensch Teile seiner niederen Ich-Bereiche dem Licht entzieht, ziehe ich als Verlogenheit in ihn ein. Der Mensch verschattet damit das Licht in sich. Und wenn dieser Schatten entsteht, habe ich die Möglichkeit, mich in diesen Schatten einzuschleichen. Kleine Lügen haben oftmals die Eigenschaft, daß sie vordergründig das Leben positiver machen, und wenn viele kleine Lügen sich anhäufen, werden sie letztendlich zu großen Lügen, und dann werden diese größeren Lügen zu einem Lügenprinzip, zu einem Lügenteppich. Dann hat dieser Mensch mich richtig in sich drinnen. Wenn ich als Verlogenheit in diesen Menschen einziehe, besetze ich Teile seines Ichs. Das ist ein schleichender Prozeß. Ich liebe schleichende Prozesse.

Der schleichende Lügenprozeß und die Macht

W.W.: Verlogenheit gibt es nicht nur in einem Menschen, sondern sehr häufig auch in der öffentlichen Darstellung durch Menschen, in der Politik, im gesellschaftlichen Leben. Warum kommt Verlogenheit gerade dort so oft vor?

Verlogenheit: Wegen der Macht.

W.W.: Kannst Du noch etwas mehr dazu sagen?

Verlogenheit: Warum? Dann muß ich meine Strategien offenbaren.

W.W.: Erzähl trotzdem mal was darüber.

Verlogenheit: Ich erzähle es unter Protest. Es ist so, daß viele Menschen, gerade im öffentlichen Bereich, eine Machtposition innehaben, welche die Fähigkeiten ihres Wesens übersteigt. Das ist einfach so. Sie sind moralisch, Gott sei Dank, nicht gefestigt, so daß sie das Amt, welches sie innehaben, nicht völlig durchdringen können, weil sie ehrgeizig sind, weil die politische Struktur dies erfordert, weil sie machtgierig sind. Macht ist so ungefähr das Süßeste, was dem werdenden Bewußtseinsseelenmenschen zukommen kann. Und dann haben die Menschen ein sehr großes Interesse, von dieser Macht nichts einzubüßen. Die Menschen wollen mehr Macht, zumindest wollen sie keinen Machtverlust erleiden. Da viele dieser Menschen die Machtposition nicht mit der eigenen Moralität ausfüllen können, beginnen sie nach Strategien zu suchen, durch die ihre moralischen Mängel nicht offenbar werden und durch die die Macht weiter innebehalten werden kann. An dieser Stelle beginnt der schleichende Prozeß von der ersten zur zweiten Lüge usw. Nach der kleinen Lüge folgt die größere Lüge, und eine Lüge zieht die nächste nach sich. Ab einem bestimmten Moment müßte das Eingestehen dieser Lügen kommen, was aber meist einer völligen öffentlichen Blamage gleichkäme; und da man das nicht will, muß man immer weiter lügen. Ist das nicht schön?

W.W.: Aus Deiner Sicht sicherlich. – Rudolf Steiner hat schon im Jahre 1920 die „Verlogenheit als die Grundeigenschaft des ganzen öffentlichen Lebens unserer Zeit" bezeichnet (21.08.1920). Hierbei geht es also nicht nur um die Politik, sondern um die gesamte Gesellschaft; warum ist die Verlogenheit zu einer solchen Grundeigenschaft des öffentlichen Lebens geworden?

Verlogenheit: Es geht überall um Machterhalt. Ihr Menschen haltet die Macht nicht aus. Aber da ihr eure Macht nicht verlieren wollt, müßt ihr eure Machtstellung durch Lügen schützen. Das korrumpiert natürlich sofort die Macht.

W.W.: Es geht ja nicht nur um Macht, sondern man möchte sich vielerseits ja auch als ein besserer Charakter gegenüber anderen Menschen darstellen.

Verlogenheit: Wenn Du das Ende anschaust, so steht da auch immer wieder die Macht; Macht über einen Menschen, Macht über einen Prozeß, Macht über sich selbst, oft auch vermeintliche Macht. Wenn es um einen selbst geht, ist dies meist vermeintliche Macht. Oft geht es um Macht in bezug auf Abhängige, Macht innerhalb einer hierarchischen Struktur, Amtsmacht, Macht gegenüber Untergebenen. Viele Menschen glauben, daß sie einen persönlichen Anspruch haben, der nicht aus ihnen selbst, sondern aus ihrem Amt kommt – und in diesem Moment rutscht man fast zwangsläufig in die Verlogenheit. Eine Amtsmacht setzt eigentlich voraus, daß man sich klarmacht, daß diese Amtsmacht keine persönliche Macht ist, sondern daß es eine verliehene überpersönliche Macht ist, die sich dem Gesamten unterzuordnen hat. Das aber schafft ihr nicht, weil ihr so süße kleine Arschlöcher seid!

W.W.: Wie siehst Du eigentlich den Menschen? Nur als süßes kleines Arschloch?

Verlogenheit: Der Mensch ist weitgehend moralisch verkommen. Er schafft es kaum, das bißchen Moral, was die Welt von ihm fordert, in sich aufrechtzuerhalten, er läßt sich von jedem billigen Tand, den man ihm hinschmeißt, ablenken, so daß er seine eigene Aufrichtigkeit umgeht. Es gibt wenige Menschen, die eine echte Aufrechte haben.

Du kannst alle belügen

W.W.: Was ist für Dich die Stimme des Gewissens?

Verlogenheit: Ein Lügenopfer.

W.W.: Das verstehe ich nicht.

Verlogenheit: Die Stimme des Gewissens kann man auch belügen. Du kannst alle belügen! Alle kannst Du belügen! Jedes einzelne Wesen kannst Du belügen! Und wenn Du die Stimme des Gewissens geschickt genug belügst, verflüchtigt sie sich. Die Gewissensstimme hat wenig Macht.

W.W.: Nehmen wir an, ein Mensch ist lügendurchzogen, er hat viele Lügen ausgesprochen, hat einen relativ verlogenen Charakter; nun aber regt sich die Stimme des Gewissens, und dieser Mensch kehrt bewußt um, er nimmt sich aus seiner Ich-Kraft heraus vor, der Stimme des Gewissens zu folgen. Was geschieht in diesem Moment mit Dir?

Verlogenheit: Dann beginne ich, größere Geschütze aufzufahren. Ich versuche ihm, die Folgen seiner Wandlung klarzumachen: welchen Repressalien er ausgesetzt sein wird, welcher öffentlichen Blamage, welche Mühe es machen wird, den anderen Menschen klarzumachen, daß er nun nicht mehr lügen wird. Denn den anderen Menschen klarzumachen, daß er nicht mehr der notorische Lügner sein wird, ist schwierig, und die Menschen werden ihm natürlich nicht mehr glauben. Dann wird nämlich die Wahrheit per Definition zur Lüge, da der Mensch vorher ja auch immer gelogen hat. Stell Dir einen ganz bestimmten Politiker vor, der zur Zeit in Amt und Würden ist, und mit einem Mal würde er die Wahrheit sprechen – man hätte Schwierigkeiten, ihm zu glauben, weil man ja weiß, daß er sehr oft lügt. – Das alles führe ich dem Sich-wandeln-Wollenden ins Bewußtsein und mache ihm klar, daß er dann ruhig weiter lügen kann. So geschieht es ganz oft.

W.W.: Das war jetzt die menschliche Seite; ich meinte aber die wesenhafte prozessuale Seite. Was geschieht im Menschen drinnen zwischen Dir und der Gewissensstimme?

Verlogenheit: Es entsteht eine Art heller Blitz in der Seele des Menschen, und er meint, daß er sich dieser Helligkeit nun zuwenden muß.

W.W.: Wirst Du ausgetrieben, wenn ein Mensch standhaft bleibt und stark bleibt und sich nicht nur vornimmt, sondern es auch durchführt, nicht mehr zu lügen?

Verlogenheit: Ja! Es wird mir dann zu hell. Dann muß ich weichen.

W.W.: Weil die verschatteten Stellen sich aufhellen?

Verlogenheit: Ja. Ich kann im Licht nicht überleben. Die Stimme des Gewissens ist aber nicht der schlimmste Gegner, den ich habe. Sie kann man gut überreden.

W.W.: Wirst Du ganz ausgetrieben, oder rückst Du nur in eine hintere Ecke der Seele oder des niederen Ichs?

Verlogenheit: Je nachdem, wie lange ein Mensch seine moralische Haltung aufrechterhält. Wenn er überhaupt nicht mehr lügt, schafft er es, mich ganz auszutreiben. Aber das Leben ist voller Tücken, und auch wenn der Mensch eine ganz schreckliche helle leuchtende Lichtgestalt ist, so tritt in ihm vielleicht plötzlich eine spontane Gier auf, der er nachgibt, und sofort ist wieder ein ganz kleines bißchen Schatten vorhanden. Es ist sehr schwer, mich ganz rauszukriegen.

Achte auf die Schatten in Dir

W.W.: Kannst Du einmal ein paar Tricks verraten, wie Du den Menschen dazu führst, weiter verlogen zu sein?

Verlogenheit: Das muß ich jetzt nicht sagen! Ich muß mich jetzt nicht selbst aufgeben.

W.W.: Schade.

Verlogenheit: Ich muß nur noch sagen: Achte auf die Schatten in Dir. In ihnen bin ich.

W.W.: Versuchst Du, mehr die Gedanken oder die Gefühle der Menschen zu beeinflussen?

Verlogenheit: Die Gedanken. Gefühle sind wesentlich ehrlicher. Ihr seid ja so schlecht mit euren Gedanken, ihr seid so unsortiert, so assoziativ. Und da kann man sehr gut irgendwelche anderen Gedanken zwischenstellen, die gar nicht eure sind, und das bemerkt ihr gar nicht. Ihr meint dann aber, daß dies eure Gedanken seien. Ihr paßt viel zu wenig auf.

W.W.: Was sind das eigentlich für Menschen, die sehr wohl wissen, daß sie verlogen sind, sich vielleicht sogar ändern wollen, dies aber ganz bewußt nicht tun?

Verlogenheit: Das sind schwache Menschen. Was sonst? Das sind prima schwache Menschen.

W.W.: Mit der Hartherzigkeit haben wir darüber gesprochen, daß die Hartherzigkeit plötzlich brechen und damit verschwinden kann; ich vermute, daß es bei Dir umgekehrt ist?

Verlogenheit: Genauso ist es. Die Hartherzigkeit ist einfach zu hart. Ich aber bin nicht hart. Ich bin oft sogar milde und sehr willkommen, ich helle ja das Dunkle im Menschen in einer gewissen Weise auf, ich lindere die Not, ich lindere die Trauer, ich mache die Menschen größer, ich bewahre sie vor Schwierigkeiten. Selbstlüge ist die schönste Form der Lüge. Die Menschen glauben dann, daß sie nicht selbst schuld seien, daß es nur die Umstände seien oder die anderen Menschen und daß sie selbst überhaupt nichts dafür können.

Lebenslügen

W.W.: Wenn ein Mensch in einer Lebenslüge lebt – z.B. in einer Partnerschaft, in einem Beruf, in einem bestimmten Status – und aus dieser festverankerten Lebenslüge überhaupt nicht mehr herauskommt, ist dann diese Lebenslüge ein Teil von Dir oder ein höherer Bruder von Dir?

Verlogenheit: Lebenslügen sind schwierige Aspekte, denn Lebenslügen haben die fatale Tendenz, zur Wahrheit zu werden. Das geschieht oft durch äußere Umstände, denn irgendwann bricht jede Lebenslüge zusammen. Durch die Konstanz, mit der Lebenslügen auftreten, haben sie immer die Tendenz zur Wahrheit. Sie gebären sich in der Regel auch nicht aus mir, sondern aus anderen Zusammenhängen.

W.W.: Nämlich?

Verlogenheit: Meistens aus einer echten Not, weniger aus Verlogenheit. Eine Lebenslüge kann sich massiv aufbauschen, sie kann aber auch Bestandteil eines ansonsten sehr ehrlichen Menschen sein. Das ist oft nur ein Stein in einem größeren Zusammenhang; er muß sich nicht weiter ausbreiten. Es ist oft nur eine einzige Tatsache in einem größeren Lebensgebäude. Und alles, was auf diesem Stein steht, ist richtig. Das Standardbeispiel ist, daß man ein Kind adoptiert und mit ihm lebt, als wäre es das eigene Kind, alles in der Erziehung läuft hervorragend, aber es besteht die innere und äußere Lüge, daß dieses adoptierte Kind das eigene Kind sei. Alles andere ist entsetzlicherweise für das Kind prima.

W.W.: Herzlichen Dank. Möchtest Du noch etwas sagen?

Verlogenheit: Unherzlichen Dank. Das war ein ziemlich gemeines Gespräch.

W.W.: Es war doch recht offen.

Verlogenheit: Ich mußte so sprechen. – Lügt schön weiter!

egeisterung

Wolfgang Weirauch: Hallo Begeisterung, hast Du einen Namen?
Flamme, die Begeisterung: Natürlich habe ich Namen, ich habe ganz viele Namen.
W.W.: Nenn mal einen.
Flamme: Flamme.
W.W.: Kannst Du Dich einmal in Deiner Wesenheit etwas näher beschreiben?

Ich gebe Geist

Flamme: Ich bin das, was die Welt bewegt. Ich bin das, was die Bewegung in die Welt bringt. Ich bin das, was überhaupt geistiges Streben ermöglicht. Ich bin Be-Geisterung.
W.W.: Kannst Du Dich für alles begeistern?
Flamme: Das ist ein Problem. Man kann sich ja auch für das Böse begeistern, für die Geister der Widersacherhierarchien – und derer sind viele.
W.W.: Ist es Dir gleichgültig, wofür Du benutzt wirst, wenn also andere Wesen für was auch immer begeistert sind?
Flamme: Geist! Die Qualität Geist muß dabei sein. Ich gebe Geist.
W.W.: Ein Mensch begeistert sich für die Schönheit der aufgehenden Sonne ...
Flamme: ... prima!
W.W.: ... oder er begeistert sich für die inhaltsträchtigen Gedanken eines Schülers.
Flamme: Prima!
W.W.: ... oder aber er begeistert sich für die sadistischen Foltermethoden eines Menschen, z.B. Waterboarding im Irak.
Flamme: Prima!

W.W.: Und es ist Dir wirklich gleichgültig, wofür sich ein Mensch begeistert? Waterboarding ist ja nun nicht sehr geistvoll. Man kann sich ja auch für Ungeistiges begeistern.

Flamme: Für Ungeistiges kann man mich nicht benutzen.

W.W.: Man kann doch begeistert sein für die schöne Form eines Autos. Wo ist da der Geist?

Flamme: Die Idee des Autos ist Geist.

W.W.: Dann ist aber überall Geist, und es gibt nichts Ungeistiges.

Flamme: So ist es. Geist ist überall, und Geist kann immer begeistern. Die Farbe der Begeisterung malt aber ihr Menschen.

W.W.: Gibt es irgend etwas, wofür Du Dich nicht begeistern kannst?

Flamme: Ja. Für die Trägheit! Die Trägheit ist wie eine Art Bremsklotz. Für den Stillstand kann ich mich auch nicht begeistern. Und für die Gleichgültigkeit kann ich mich wahrlich nicht begeistern. Die Gleichgültigkeit geht allerdings oft mit der Trägheit Hand in Hand.

Begeisterung für die Begeisterung

W.W.: Kannst Du Dich auch für Dich selbst begeistern?

Flamme: Natürlich, das ist die beste Begeisterung, es ist die Begeisterung für die Begeisterung. Euphorie nennt man das. Trotzdem ist die Euphorie nicht gleich der Begeisterung, die Euphorie ist etwas übertriebene Begeisterung.

W.W.: Wie steht es mit Enthusiasmus?

Flamme: Enthusiasmus ist noch etwas gedämpfter als die Begeisterung, obwohl Enthusiasmus fast dasselbe ist wie ich. Aber Enthusiasmus ist etwas gedämpfter als die Euphorie. Euphorie ist die Überbegeisterung, die begeisterte Begeisterung.

W.W.: Was geschieht in der Seele eines Menschen, wenn er sich für etwas begeistert?

Flamme: Er öffnet sich, er läßt einen Geist in sich hinein, der in ihm wirkt. Und das ist ein echtes Geistwesen, kein Seelenwesen, kein Lebenswesen, kein physisches Wesen. Dieses Geistwesen, was der sich begeisternde Mensch in sich hereinziehen läßt, geht dann mit ihm zusammen voran.

W.W.: Bist Du dieses Geistwesen, oder schnürt sich etwas von Dir ab, und Du bist nur um den sich begeisternden Menschen herum?

Flamme: Ja, ich vermittle diese Geistwesen, ich vermittle jede Begeisterung.

W.W.: Der eine ist begeistert über ein schönes Gesicht, der andere begeistert sich für einen Baum, der dritte begeistert sich für eine Feuersbrunst – kommen dann drei verschiedene Begeisterungswesen in diese Menschen hinein?

Entgeisterung

Flamme: Ja. Ich bin die Röhre, durch die diese Geistwesen hindurchschlüpfen. Das Gegenteil davon ist die Entgeisterung.

W.W.: Was ist das denn?

Flamme: Wenn alles Geistige, auch der eigene Geist, entwischt. Er schaute entgeistert.

W.W.: Das ist doch eher eine Art Schrecksekunde.

Flamme: Im Schreck flitzt der Geist raus.

W.W.: Ist die Entgeisterung auch ein Wesen?

Flamme: Das ist meine andere Seite. Es ist nicht meine dunkle, sondern meine gespiegelte Seite.

W.W.: Wie kann ich das verstehen?

Flamme: Es ist mein Hinten. Man kann dies mit menschlichen Bildern gut beschreiben. Nimm mich einfach als eine volle Spritze; die Flüssigkeit in der Spritze ist der Geist, den ich gebe. Wenn Du nun mit einer leeren Spritze das Blut abzapfst, so wird die Flüssigkeit hineingezogen, und das ist die Entgeisterung.

W.W.: Ich hatte mir das ein wenig anders vorgestellt, und zwar so wie das Sein auf der einen Seite und das Nichts auf der anderen Seite. Das Nichts ist ja nicht die hintere Seite des Seins, sondern das Nichts ist ein eigenständiges Wesen. Genauso stellte ich mir nun die Entgeisterung als ein eigenständiges Wesen vor.

Flamme: Wenn Du uns als Spritze betrachtest, so ist das eine die volle, das andere die leere Spritze. Begeisterung und Entgeisterung ist das gleiche, nur in unterschiedlichen Richtungen. Es ist ein Rauslassen und ein Reinlassen. Einmal pusten, einmal saugen. Wir sind ein Wesen mit zwei Seiten, ein janusköpfiges Wesen. Aber wir sind nicht wirklich zwei Wesen. Entgeisterung bin ich selbst, nur in die umgekehrte Richtung. Flamme auf der einen Seite, Kohle und Asche auf der anderen.

Unterschiedliche Begeisterungen

W.W.: Wenn Du den Seelenmantel um Wesen bildest, die sich begeistern ...

Flamme: ... das hast Du wunderschön gesagt, denn ich bilde wirklich den Seelenmantel um alle diejenigen Wesen, die sich für etwas begeistern.

W.W.: ... dann möchte ich noch einmal fragen, ob es Dir nun wirklich gleichgültig ist, welches Geistwesen Du an die jeweiligen Menschen vermittelst, ob es nun die Begeisterung für ein Gedicht ist, für ein Auto oder für etwas Schreckliches?

Flamme: Es ist ein Unterschied, ob es physisch-materielle Dinge sind, für die sich ein Mensch begeistert, oder ob es Dinge der Natur oder Bereiche im Gefühlsleben sind. Hier gibt es deutliche Unterschiede für mich. Und dann gibt es noch einen Unterschied in bezug auf die Größe der Begeisterung, in bezug auf die Wesen, die dann hineinschlüpfen. Das ist auch eine merkbare, für mich unterschiedlich wahrnehmbare Begeisterungsqualität. Es ist ein Unterschied, ob Du Dich für eine auf dem Tisch liegende Erdnuß begeisterst oder ob Du Dich für das bedingungslose Grundeinkommen begeisterst. Das ist für mich ein extremer Unterschied. Es ist auch ein Unterschied, ob Du Dich für diese Erdnuß begeisterst oder für eine Statue von Michelangelo. Der eine Geist ist entsprechend mickrig, der andere sehr groß und gewaltig. Ich merke bei dem kommenden Geist, daß der eine mehr Qualität gibt als der andere. Wenn ich einen größeren Geist vermittle, macht mich das selbst größer. Von euch kommt dann noch die Moralität hinzu, die Farbe dieses Geistes, ob er nun hell oder schwarz ist; aber das ist für mich nicht das entscheidende Kriterium.

W.W.: Kann man sich als Mensch nicht auch zuviel begeistern?

Flamme: Ja, das geht; dann geht Dein Geist immer mehr in den Hintergrund. Es kann auch so weit gehen, daß der eingezogene Geist Dich überwältigt. Alle Menschen sind in bezug auf die Begeisterung unterschiedlich, anders beweglich, und insofern habe ich auch zu jedem einzelnen Menschen eine andere Beziehung. Bei manchen Menschen braucht man eine sehr große Spritze, bevor sie sich erstmals ein wenig begeistern, während sich andere sofort begeistern können und ich nicht soviel Geist vermitteln muß. Diese Menschen saugen meist schon mit. Bei den anderen muß man fast schon mit dem Brechhammer operieren. Erst dann bekommt man den Geist zu ihnen hindurch. Hier gibt es enorme Unterschiede bei den Menschen.

W.W.: Kann Begeisterung auch zur Sucht werden?

Flamme: Ja. Begeisterung ist in einer gewissen Extremität eine Art Suchtmittel, denn es drückt den Geist weg. Sucht drückt immer den eigenen Geist weg. Denn man ist in einem gewissen Umfang auch begeistert von dem süchtig machenden Mittel. Manche Menschen begeistern sich sogar für die eigenen Qualen.

Sprecht euren Engel an!

W.W.: Wie kann ein Mensch ein angebrachtes Maß an Begeisterung leben, nicht zuviel, nicht zuwenig?

Flamme: Laßt euch doch helfen, ihr habt doch alle einen Engel! Sprich Deinen Engel an, wenn Du Dich nicht richtig begeistern kannst, schildere ihm Deine Probleme. Bitte ihn um das rechte Maß. Wenn Du Dich als nicht begeisterungsfähig bzw. als Überbegeisterungsfähiger erlebst, sprich ihn an, dann hilft er Dir. Das macht er gerne. Davon ist er begeistert!

W.W.: Was kann man mit Menschen machen, die sich für gar nichts begeistern können?

Flamme: Du kannst für sie beten, das hilft eine ganze Menge. Damit machst Du ihren Engel kräftiger, und der kann vielleicht etwas einrichten, daß dieser Mensch wieder etwas begeisterungsfähig wird, daß er wieder etwas mehr begeistert wird. Dann kann ich wieder mehr Geist vermitteln.

W.W.: Wie macht denn der Engel das?

Flamme: Er ruft mich. Gleichzeitig öffnet er den anderen Menschen etwas mehr, führt mich an diesen Menschen heran, so daß ich ihm etwas Begeisterung vermitteln kann.

W.W.: Vielen Dank. Möchtest Du noch etwas sagen?

Flamme: Sei begeistert!

anatismus

Wolfgang Weirauch: Hast Du einen Namen?

Fanal, der Fanatismus: Ich habe einen Namen; am besten nennst Du mich Fanal. Das ist nicht wirklich mein Name, bezeichnet mich aber recht gut.

W.W.: Was bist Du für ein Wesen? Bist Du ein astralisches Wesen, ein mehr gedankliches, ein mehr fühlendes, ein mehr wollendes Wesen?

Fanal: Fanatismus hat sehr viel mit dem Willen zu tun, allerdings nicht mit dem individuell geführten Willen. So gesehen bin ich eine Art astrales Willenswesen.

W.W.: Bist Du ein Wesen, welches auch von einer Idee besessen ist? Oder kann man das nicht so sagen?

Fanal: Nein, das ist in bezug auf mich nicht richtig. Die Menschen sind von Ideen besessen. In einem gewissen Sinne bin ich selbst der Besetzer. Ich selbst bin von nichts anderem als von mir selbst besetzt. Es können nur Wesen, die zumindest ein Ich haben, fanatisch werden; meist sind dies Menschen, es gibt aber auch fanatische Engel.

W.W.: Was sind denn fanatische Engel?

Fanal: Engelwesen, die nicht nach rechts und links schauen, sondern immer eine geradlinige Linie verfolgen. Es gibt ja nicht nur gesichtslose, auf Harfen herumklimpernde Engel, wie sich manche Menschen Engel vorstellen, sondern in der geistigen Welt gibt es mehr unterschiedliche Meinungen, als Du Dir wahrscheinlich vorstellen kannst. Es sollte in euren Köpfen irgendwann einmal ankommen, daß die Wesen in den Himmeln keineswegs immer einer Meinung sind. So gesehen gibt es auch himmlische Wesen, die sich mit mir verbinden und ganz zielstrebig auf ein klar definiertes Ziel zugehen, meist ohne Rücksicht auf Verluste.

W.W.: Bist Du ein einziges Wesen weltweit bzw. kosmosweit?

Fanal: Ja. Obwohl ich nicht für den Mars zuständig bin, aber für die Erde und den Mond. Aber erdenweit gibt es ein einziges Fanatismus-Wesen, und das bin ich.

W.W.: Und wenn ein Mensch fanatisch wird, tritt er mit Dir in Kontakt?

Fanal: Ja. Bei manchen Ideen bin ich fast immer mit dabei. Es muß nicht immer ein Mensch sein, auch eine Idee kann sich mit mir verbinden. Es gibt Ideen, die ohne mich nicht klarkommen.

Wenn Ideen geboren werden

W.W.: Kannst Du einmal beschreiben, was eine Idee eigentlich für ein Wesen ist?

Fanal: Ideen sind geistige Wesen. Ideen treten hervor, wenn Ich-Wesen bestimmte geistige Tatsachen bündeln und konturieren. Dann schlüpft in diese Bündelung ein Wesen hinein, welches mit den harmonischen Elementarwesen verwandt ist. Dies sind körpersuchende Wesen, die aus der Verbindung von zwei höherstehenden Wesen entstanden sind.

Harmonische Elementarwesen entstehen ja z.B. dann, wenn Menschen und Tiere eine Freundschaft, eine harmonische Beziehung eingehen. Daraus gebiert etwas. Wenn Menschen und geistige Wesen eine Art Liebesbeziehung eingehen, dann gebiert daraus die Idee. Und ein solches Wesen hat eine ähnliche Qualität wie ein harmonisches Elementarwesen, es kann mitunter sogar ein recht mächtiges Wesen sein. Und manche Ideen haben dann einen sehr hohen Lebenswillen, Lebenstrieb. Manche von ihnen jammern mich an, ob ich mich nicht mit ihnen verbinden könne, und wenn sie es schaffen, daß ich mich mit ihnen verbinde, haben sie die Chance, immer größer und dicker zu werden, so daß sich immer mehr Menschen für sie interessieren, sich irgendwann vielleicht sogar Millionen Menschen für diese Idee interessieren und ihnen anhängen. Dann wird dieses Wesen zusätzlich von den Menschen gefüttert, die mit dieser fanatischen Idee umgehen. Solche Ideen saugen Gefühlskräfte vom Menschen ab; manchmal geht es sogar eine Stufe weiter hinunter, bis in das Absaugen von Lebenskräften.

W.W.: Aber keineswegs jede Idee tritt mit Dir in Verbindung, um ihrerseits fanatisch werden zu wollen?

Fanal: Nein.

W.W.: Den Ideen, die mit Dir in Verbindung treten wollen, vermittelst Du Kraft?

Fanal: Das würde ich nicht so nennen, denn die Kraft müssen die Ideen von den Menschen abziehen. Ich vermittle eher die Verengung, die Abschottung, die Ausschließlichkeit, die Röhre. Ich schaue nur auf mich und forme aus ihren Gedankenkräften eine Röhre; ich forme so stark, daß die Menschen nur auf ein Ziel ausgerichtet sind. Das ist Wille.

W.W.: Warum sind gerade Ideen besonders dafür geeignet, fanatisch zu werden bzw. mit Fanatismus ummantelt zu werden?

Fanal: Was denn sonst? Auf welcher Ebene willst Du Fanatismus denn sonst ansetzen? Hunger macht nicht fanatisch, sondern verzweifelt.

W.W.: Bei Gefühlen z.B. …

Fanal: Jemand kann einen anderen fanatisch lieben, aber darin ist auch eine Idee enthalten, die Idee des anderen Menschen. Gerade bei der fanatischen Liebe geht es eigentlich gar nicht um das existente Wesen, sondern um die Vorstellung des anderen Wesens, also um einen Abklatsch der Idee des anderen Menschen. Es geht nicht um das Wesen selbst.

Ich benötige klare und ruhige Formkraft

Wie Du vielleicht schon bemerkt haben wirst, bin ich selbst ganz ruhig und brülle hier nicht herum.

W.W.: Das ist mir durchaus aufgefallen. Wie kommt das?

Fanal: Man kann nur formen, wenn man bei klarem Verstand ist. Wenn Du selbst nicht bei klarem Verstand bist, kannst Du kein anderes Wesen überformen. Dafür benötige ich eine enorme Klarheit, eine ungeheure Ruhe und die ganz starke Fähigkeit, etwas zu formen. Das geht nicht, wenn man selbst die Form verliert und unkonturiert wird. Der Fanatismus selbst, der ich bin, ist formvollendet. Ich bin auch ganz ruhig. – Aber ich erwische jeden Menschen irgendwann einmal ein bißchen! Jeder hat irgendwo in sich einen Bereich, in dem er fanatisch ist oder einmal war oder einmal sein wird. Ich brauche nur abzuwarten, ich habe viel Geduld.

Korsett für überforderte Wesen

W.W.: Wie bist Du eigentlich entstanden? War das in der Zeit, als die Menschen nach und nach auf die Erde kamen, oder viel früher?

Fanal: Viel früher. Ich soll darüber nicht so richtig reden.

W.W.: Warum nicht?

Fanal: Die da oben haben gesagt, daß ihnen das peinlich ist.

W.W.: Wem ist es peinlich? Das interessiert mich nun brennend!

Fanal: Die Welt war einmal eine Idee. Diese Idee wurde von höheren Wesen geschaffen und herausgesetzt, und für diese Idee haben sich im Laufe der Entwicklung viele Wesen interessiert. Die Frage, ob diese vielen anderen Wesen auch aus dieser Idee herausgesetzt worden sind, klären wir hier in diesem Moment nicht. Dafür bin ich nicht kompetent. Aber die Idee der Erdenentwicklung war eine so grandiose Idee, daß bei einigen der Wesen, die diese Idee verfolgten, eine gewisse Überforderung aufkam. Denn diese Idee war eigentlich zu groß für sie, sie konnten sie nicht ganz fassen. Also mußte diesen Wesen zwangsläufig eine Hilfe, eine Form gegeben werden, damit sie ihre Kräfte weiterhin für die Idee einsetzen konnten, aber nicht daran zerbrachen. Aus dieser Form, die eigentlich für überforderte Wesen gedacht war, habe ich mich entwickelt. Das war weit vor der Zeit, als der Mensch da war.

W.W.: Dann bist Du quasi der Tunnelblick zur Entstehung der Welt, zur Entstehung des Menschen, das Korsett?

Fanal: Ja. Von der Grundidee bin ich aber nicht dunkel gemeint, sondern als Hilfe gedacht, als Hilfe für überforderte Wesen.

W.W.: Waren denn viele geistige Wesen mit der Idee der Erde und des Menschen so sehr überfordert?

Fanal: Ja. Es gibt aber kleinere und größere geistige Wesen; selbstverständlich waren nicht alle Wesen überfordert. Ich habe mich jetzt bewußt um die Konkretisierung der einzelnen Wesen herumgedrückt und bin beim Wesenhaften geblieben.

W.W.: Kommen wir zu fanatischen Menschen. Was geschieht bei einem Menschen, der anfangs für eine Idee begeistert ist, dann aber diese Idee immer fanatischer vertritt?

Fanal: Er verrohrt, wird zum Rohr. Er hat einen zu starken Hang, eine starre Form anzunehmen. Fanatismus hat eine sehr starke Formkomponente. Wenn ein Mensch es nicht aushält, breitbandig zu sein, weitblickend, weil ihn dies überfordert, weil ihm viele unterschiedliche Komponenten Angst verursachen, beginnt er, sein Blickfeld einzuengen, um das, was ihm Angst macht, auszublenden. Es kann auch in einer Vorform eine Unsicherheit sein, die er ausblenden muß, um keine Angst zu bekommen. Dann wird er für mich anfällig, und ich kann wirksam werden und ihm einen Tunnelblick verpassen. Dann kann ich diese Suche nach Form erhöhen und kultivieren, bis es zu echtem Fanatismus wird.

Einengung des Blickfelds

W.W.: Was liegt in der Seele eines fanatischen Menschen vor? Hat dies eher karmische Gründe, oder liegt das eher an seiner Umwelt, in die er integriert ist, die ihn beeinflußt?

Fanal: Das muß man meistens ganz individuell betrachten. Oft sind es Menschen, die noch relativ jung sind, die an Ideen herangebracht werden, die sie noch nicht ganz fassen können. Das kann karmisch bedingt sein, genauso aber auch aus einer Lebenssituation bedingt sein, aus ihr heraus entstehen. Eigentlich läuft bei den einzelnen Menschen etwas Ähnliches ab wie zu dem Zeitpunkt, als ich entstanden bin – es ist eine Überforderung vorhanden, und man sucht nach Halt. Und dieser Halt führt dazu, daß eine Einengung des Blickfeldes stattfindet, die sich dann verselbständigt. Und dann greife ich ein.

W.W.: Ist es auch so, daß viele fanatische Menschen zuallererst ein Ideal hatten, daß sie dieses Ideal nicht weitervollziehen konnten, daß sich dann ihr Blick einengt und daß sie, weil sie wegen dieser Einengung eine Art schlechtes Gewissen haben, zu Fanatikern werden?

Fanal: Das spielt bei vielen Menschen eine große Rolle. Der Fanatismus gebiert sich bei sehr vielen Menschen aus einer Unsicherheit heraus. Ein solcher Mensch kann nicht mit sehr vielen Informationen fertigwerden. Das geschieht allerdings meist auf einer relativ unbewußten Ebene. Häufig stehen am Anfang recht hehre Ideen. Es gibt ja z.B. auch fanatische Christen, und die Christuswesenheit ist ja das Gegenteil jeglichen Fanatismus`. Wer aber diese ganze Idee des Christus nicht umfassen kann, wer nur gewisse Aspekte aus ihr zieht, kann auch sehr hohe Ideale fanatisieren. Das liegt dann in der noch nicht ausgereiften Persönlichkeitsstruktur der betreffenden fanatischen Menschen.

W.W.: Ist eine fanatische Idee eine Art Überhöhung oder Vereinseitigung der Verstandesseele?

Fanal: Auch ein Bewußtseinsseelenmensch kann noch fanatisieren, Verstandesseelenmenschen sind aber leichter zu fanatisieren. Das liegt daran, weil ihr den Verstand als ein sehr hohes Gut anseht. Aber eigentlich kann man jede Seelenregung fanatisieren. Man muß ihr nur ein Korsett geben, das sie immer weiter zusammendrückt, einengt.

Tunnelblick und Ideenstücke

W.W.: Wenn ein Mensch nun sehr fanatisch ist, von einer Idee bzw. von Dir besessen ist ...

Fanal: ... ist er nun von mir oder von der Idee besessen? Das möchte ich einmal als Frage in den Raum stellen.

W.W.: Vermutlich von Dir.

Fanal: Genau. Nicht von der Idee, sondern von mir.

W.W.: Es könnte beim Menschen eine Besessenheit von einer eingeengten Idee bestehen.

Fanal: Geistig gesehen ist das richtig, weil immer dann, wenn ich eingreife, ein ursprüngliches Ideal verengt wird und eine neue eingeengte Idee entsteht. Das geschieht aber erst dann, wenn ich eingegriffen habe, nicht von vornherein. Zuerst ist die hehre Idee vorhanden, dann beginnt die Vertunnelung, und die verengte Idee entsteht.

W.W.: Schauen wir wieder auf einen solchen Menschen; er verfolgt in seiner Seele noch Ideenstücke ...

Fanal: ... Ideenstücke! Das ist ein sehr guter Ausdruck!

W.W.: ... indem er diese Ideenstücke verfolgt, schaut er nichts mehr drumherum, sieht nur diese Ideenstücke, denkt nichts anderes mehr. Wie kommt es, daß er mit seinem Bewußtsein außerhalb dieses Tunnels nichts anderes mehr wahrnimmt, obwohl es viele andere Wahrnehmungsmöglichkeiten gäbe?

Fanal: Es beginnt bei ihm eine zunehmende Verhärtung, er wird immer unbeweglicher, es tritt bei ihm eine übermäßige Kristallisierung auf. Es entsteht Substanz an einer Stelle, wo Substanz nicht hingehört. So sieht es geistig betrachtet aus.

W.W.: Gießen wir dies einmal in ein einfaches Bild: Ein Mensch ist von der Idee besessen, daß alle Apfelsinen blau sind. Nun kommt ein Mensch, zeigt diesem Fanatiker eine Apfelsine und sagt: Schau her, die Apfelsinen sind orangefarben. Warum sieht dieser Fanatiker die orangefarbene Orange nicht, sondern ist weiterhin von der Idee besessen, daß alle Apfelsinen blau sind?

Fanal: Er hat auch ein eingeschränktes Sinneswahrnehmen. Ihr habt idealerweise ein Sinnessystem, welches sich in eine Zwölfheit gliedert. Wenn man aber bestimmte Sinne abklemmt, heraussetzt und kalt werden, erfrieren, kristallin werden läßt, geht der Zustand eines solchen Menschen bis hinein in eine seelische Blindheit. Ein solcher Mensch ist nicht mehr in der Lage, die tatsächlichen Sinneswahrnehmungen zu haben, weil die dazu nötigen Sinnesorgane taub geworden, blind geworden sind. Er ist dann nicht mehr in der Lage, die Farbe Orange zu sehen, um bei der Apfelsine zu bleiben. Das bleibt aber objektgebunden, denn natürlich kann er ein orangefarbenes T-Shirt wahrnehmen, nicht aber eine orangefarbene Orange. Denn der Sinn dafür ist ihm wirklich abhandengekommen. Und es ist dann sehr mühsam, diesen Sinn wieder zu aktivieren. Dazu sind meistens Einwirkungen von außen notwendig. Das kann durch Menschen in seinem Umfeld geschehen, durch äußere Ereignisse oder durch seinen persönlichen Engel, also durch einen Schicksalsschlag.

W.W.: Dieser Tunnelblick ist dann für einen solchen fanatisierten Menschen also seine eigene Wahrheit?

Fanal: Ja. Wahrheit ist ein schwieriges Wesen.

Fanatiker sind enorm schlagkräftig.

W.W.: Inwieweit ist der Fanatismus geeignet, den Willen des betreffenden Menschen anzufeuern?

Fanal: Das ist so. Hier entsteht natürlich die Frage, was Wille eigentlich ist. Wille ist die eine Seite des rein Geistigen. Wille führt dahin, wo sich etwas bewegt. Wenn Du diese Bewegung immer weiter simplifizierst, bis dieser Wille nur noch eine ganz bestimmte Form hat, kommt man zum Fanatismus. Ein Fanatiker kann seinen Willen nur noch in einer bestimmten Form bewegen, und diese überbleibende Willensform kann sehr stark werden, weil ein solcher Mensch alle seine Willenskräfte in diese Willensröhre hineingibt und alle anderen möglichen Willensbereiche und Willensformen für ihn draußenbleiben. Deswegen ist die eine Willensform so extrem stark. Alle Willenskräfte konzentrieren sich an dieser einen Stelle. Das bezieht sich aber nur auf die eher bewußten Willenskräfte, nicht auf den großen Bereich der unterbewußten Willenskräfte. Nicht betroffen sind die Willenskräfte, die Dein Schutzengel und Dein Körperelementargeist leiten, um Deinen Körper aufrechtzuerhalten. Diese Willensbereiche lassen sich im Regelfalle nicht fanatisieren. Aber die eher bewußten Willenskräfte sind dann in der Lage, nur noch eine einzige Bewegung auszuführen. Wille ist Bewegung. Der Wille ist dann in bezug auf die Vielseitigkeit gelähmt, in die eine Richtung aber sehr kräftig, weil alle Willenskräfte in diese eine Richtung fließen. Deswegen sind Fanatiker enorm schlagkräftig.

W.W.: Wie betrachtet ein Fanatiker Menschen mit anderen Ideen?

Fanal: Er sieht sie nicht bzw. betrachtet sie als Feind, als Zerstörer der eigenen Idee. Er sieht sie als Formzerschlager.

W.W.: Er betrachtet also eine andere Idee als einen Angriff auf sich selbst?

Fanal: Ja, auf sich selbst, und als Häresie.

W.W.: Ist diese Feindbetrachtung eine Komponente, die im Fanatismus enthalten ist, oder ist das eine Seelenqualität, die hinzukommt?

Fanal: Der Haß kommt hinzu. Fanatismus ist von sich aus nicht haßvoll. Das kannst Du an mir erleben, denn ich bin kein Haßwesen. Dann greifen zusätzliche Weltenkräfte ein, die den Fanatismus nutzen. Es gibt auch Fanatiker, die völlig ruhig sind und ohne haßvolle Gefühlsattacken leben. Das sind eher Fanatiker, die ihren Fanatismus im Willen angelegt haben. Es gibt aber auch Gefühls-Fanatiker, die sehr haßvoll sein können, eine völlig überdrehte Liebe zu dem eigentlichen Wesen, zu der eigentlichen Idee haben. Das sind aber Ausnutzungen meines Wesens; sie kommen von anderen Weltenkräften, die ich aber durchaus dulde. Ich selbst als Wesen bin eher uninteressant.

W.W.: Du wirst erst komplex, erst spannend, wenn anderes an Dich andockt.

Fanal: Genau.

W.W.: Ein Inquisitor, ein Hexenjäger benutzt also zusätzlich noch andere Kräfte, nicht nur Dich als fanatische Kraft?

Fanal: Auf jeden Fall. Dies sind vor allem starke luziferische Kräfte, während der fanatische Denker sich eher den ahrimanischen Kräften hingibt.

Humor bricht alles auf

W.W.: Warum sind Fanatiker meist humorlos?

Fanal: Weil der Humor ein Generalist sondergleichen ist. Humor bricht alles auf. Diese Fähigkeit hat der Fanatiker abgeworfen. Er hat keine multiple Sinneswahrnehmung mehr. Der Humor ist ein Multiplikator, ein Breitbandig-Macher. Wer lacht, wer humorvoll lacht, verbindet verschiedene Komponenten, die anscheinend nicht zusammengehören und deren innewohnende Komik er trotzdem erkennt. Humor verknüpft Dinge, die vom äußeren Anschein nicht zusammengehören. Ein Fanatiker kann das nicht.

Ich bin geschaffen worden, um Halt zu geben

W.W.: Es gibt zwei Bereiche, die häufig mit Fanatismus verknüpft werden; der eine ist die Religion. Wie kommt das?

Fanal: Der Bereich der Religion ist für viele Menschen zu groß. Die Religion erfordert Seelenregungen, die den Menschen überfordern. Dadurch kommt im Menschen ein Bedürfnis nach Führung auf, und das kann sich so stark äußern oder ins Extrem gehen, daß dieses Gefühl zur Vertunnelung führt. Diese Überforderung des Menschen wird durch übermäßige Führung abgefangen, wodurch die Religion ertragbar wird.

W.W.: Das ist religiöser Fanatismus; neutral ausgedrückt geht das auch in die Richtung der Missionierung. Zählt Missionierung aus Deiner Sicht auch schon zum Fanatismus?

Fanal: Das kann so sein. Es gibt ja die Missionare, die mehr mit der Totschläger-Mentalität durch die Lande ziehen, nach dem Motto: Entweder du bist für mich und meinen Gott, oder du wirst erschlagen. Auf der anderen Seite gibt es eine andere Form des Missionierens, nämlich die aus Mitleid geborene. Die ist ganz anders. Bei der gewaltsamen Missionierung werden Teile von mir benutzt. Es trifft aber nicht auf die zu, die aus Güte überzeugen wollen. Oft gibt es bei den religiösen Fanatikern einen starken Ruf nach Halt, verbunden mit einer gewissen Suchtkomponente.

W.W.: Ein zweites Gebiet, welches oft mit fanatischem Eifer vertreten wird, sind politische Ideen. Wie kommt das?

Fanal: Wieso ist das ein zweites Gebiet?

W.W.: Religion und Politik sind ja nicht dasselbe.

Fanal: Politische Ideen sind auch verrutschte Religiosität.

W.W.: Dann wäre jeglicher Fanatismus eine Art Ersatzreligion?

Fanal: Na klar. Politische Ideen können fanatisch vertreten werden, weil sie in diesem Moment eine Art Ersatzreligion sind. Auch das sind Seelenbewegungen, die den einzelnen Menschen überfordern. Der Kommunismus gehört z.B. zu einer solchen Idee, die den einzelnen Menschen überfordert – die Idee, den wirklich gleichen Menschen zu schaffen, der wirklich alles mit allen teilt. Dazu ist der Mensch noch nicht in der Lage.

W.W.: Aber es ist doch so, daß viele Ideen, seien dies nun religiöse oder politische, wie z.B. die des Kommunismus, irgendwo etwas Schönes, etwas Hehres haben, unabhängig davon, ob dies überhaupt realistisch ist, und dann benutzt er Dich, Fanatismus. Es beginnt der Tunnelblick, die Vereinseitigung, es bleiben Ideenstücke übrig, und dann schlägt das ursprünglich Hehre durch die Art des fanatisch Vertretenen z.B. in Gewalt um und wird zu etwas Schlechtem. Dafür bist Du die Kraft. Wie ist das für Dich?

Fanal: Wie ist es für dich, Wolfgang Weirauch zu sein? Dies ist mein Wesen! Mein Wesen ist für mich in Ordnung. Ich bin aber kein schwarzes Wesen. Ich bin geschaffen worden, um Halt zu geben. Ich gebe Halt, damit ein Mensch sich nicht völlig auflösen muß.

W.W.: Aber Du gibst ja nicht nur Halt, sondern Du machst den Menschen auch blind ...

Fanal: ... damit die Sinne des betreffenden Menschen nicht überreizt werden. Im Tunnel können sie immer noch gucken, allerdings nicht nach links und nicht nach rechts. So bin ich geschaffen worden, warum soll ich das jetzt in Frage stellen? Das kann ja auch eine große Hilfe sein.

W.W.: So ganz bin ich nicht überzeugt. Du gibst dem Menschen zwar eine Hilfe, damit er einen gewissen Halt hat. In der Folge aber macht dieser Mensch mitunter ziemlich Übles, z.B. Gewalttätiges.

Fanal: Ja. Bin *ich* dadurch schlecht oder der Mensch? Ich bilde zwar die Verengung, aber ich weigere mich, daran zu leiden.

W.W.: Das ist in sich schlüssig.

Fanal: Wäre es Dir lieber, wenn es keinen Fanatismus gäbe?

W.W.: Ja.

Fanal: Dann gäbe es viele Selbstmörder. Sie würden verschiedenste Gefühle nicht aufhalten und dann entscheiden, durch diesen Druck aus der Welt zu scheiden. Wäre das besser?

W.W.: Mitunter, vielleicht.

Fanal: Das ist Deine Entscheidung. Das widerspricht aber Deiner sonstigen Anschauung, daß es etwas Schlimmes ist, wenn ein Karmastrang abbricht und nicht ausgelebt werden kann. Wie gehst Du jetzt mit diesem Widerspruch um?

W.W.: Er kann ja im nächsten Leben weitermachen.

Fanal: Ach! Das werde ich Dir von einer anderen Stelle sagen lassen, wo Du nicht einverstanden bist. Wenn z.B. eine große Flut kommt und viele Menschen sterben, dann können sie ja auch im nächsten Leben weitermachen.

W.W.: Das ist etwas völlig anderes! Wenn Du durch eine Flutwelle umkommst, mußt Du ja sterben; auf der anderen Seite ist es aber keineswegs so, daß man zum Fanatiker werden muß. Das eine ist überpersönlich, das andere ist etwas Persönliches.

Fanal: Das muß ich zugeben. Trotzdem hätte dann die geistige Welt den Fanatismus nicht entstehen lassen dürfen. Sie hat ihn aber entstehen lassen – das ist jetzt allerdings ziemlich schwarz-weiß –, damit Wesen weiterleben können, obwohl das, was sie vertreten, eigentlich zu groß für sie ist. Einziger Ausweg wäre hier nur, daß man die Ideen, die für viele zu groß sind, wieder zurückzieht. Wenn Du aber Kinder hast und Deine Kinder als Fanatiker ebenfalls zu Fanatikern erziehst, dann kommt die menschliche Schuldfrage mit hinein, weil dann Menschen, die noch einer Führung bedürfen, also Kinder, durch die Eltern vertunnelt werden. Aber ein über 21jähriger, der sich für den Fanatismus entscheidet, würde sich alternativ auch für den Selbstmord entscheiden.

W.W.: Dann ist beim Fanatismus ja die Schuldfrage eigentlich immer dabei; denn eigentlich gibt es immer einen Verführer irgendwo.

Fanal: Die Schuldfrage entstand, als die Menschen begannen, sich auf der Erde zu verkörpern, als sie in das Physische so weit hineingingen, daß sie schuldig werden konnten.

W.W.: Teilweise haben wir dies schon besprochen, ich frage aber noch einmal: Warum richtet sich der Fanatismus eher auf die großen Ideen, nicht auf Alltäglich-Praktisches? Warum gibt es z.B. keine fanatischen Briefmarkensammler?

Fanal: Weil fanatische Briefmarkensammler eher keine anderen Menschen erschlagen. Sie geben allerhöchstens ihr Vermögen für unsinnige Briefmarken aus. Sie arbeiten monatelang, nur um sich eine besondere Briefmarke zu kaufen. Aber damit bewirken sie nicht viel in der Welt. Ihr Wirkungsspektrum ist sehr klein. In dem Moment, in dem das Wirkungsspektrum klein ist und man anderen Menschen wenig Schaden zufügt, spricht man vom Fan. Wenn das Wirkungsspektrum dagegen groß wird, z.B. bei einem Selbstmordattentäter, spricht man vom Fanatiker.

W.W.: Welche Geisteshaltung liegt bei einem Selbstmordattentäter vor?

Fanal: Das liegt an der Idee, die er verfolgt. Wenn diese Idee vorgibt, daß die Welt, die er nach seinem Tod betritt, z.B. ein Paradies ist, dann ist dieser Selbstmord aus dieser Idee heraus geboren, weniger aus dem Fanatismus. Wenn die Idee den Selbstmord nicht wieder hehr machen würde, würden auch Fanatiker nicht zum Selbstmordattentäter werden.

Angst vor eigenen Gedanken, Abgabe von Verantwortung

W.W.: Wie kommt es, daß eine fanatische Idee oftmals mit dem Führerprinzip verbunden ist, dem man fanatisch folgt? Ist dieser Führer so etwas wie ein Ideenstück, dem ein Fanatiker ansonsten folgt?

Fanal: Es ist noch ein bißchen mehr. Wer einem Führerprinzip folgt, sei dies ein politischer Führer, sei dies ein Guru, hat Angst vor den eigenen Gedanken. Diese Phänomene habe ich sehr gut beobachtet. Es ist die Abgabe von Verantwortung. Jeder, der nach einem Führer schreit, weist damit Verantwortung von sich selber ab. Er wird sich hinterher immer darauf berufen, er habe nur auf Befehl gehandelt. Ein solcher Mensch flieht die persönliche Schuld. Warum steht ihr Menschen nicht zu dem, was ihr seid, was ihr denken könnt? Für kleine Babys ist es das größte Bestreben, auf die eigenen Beine zu kommen. Und mit 21 Jahren entsteht dann oft der massive Wunsch, nichts mehr selbst entscheiden zu wollen und die Verantwortung an den Guru, den Führer, den Meister abzugeben. Warum?

W.W.: Das ist Ich-Schwäche.

Fanal: Ja, das ist Ich-Schwäche. Solche Menschen sind zu früh mit zu großen Ideen in Berührung gekommen. Das ist aber auch der Grund für den Fanatismus an sich. Werden Menschen fanatisch, schultern sie eine Last, die sie nicht tragen können. Wir kommen immer wieder an die gleiche Stelle.

W.W.: Es gibt ja auch das Phänomen, daß eine große Gruppe von Menschen von einer fanatischen Idee ergriffen wird, z.B. zu Beginn des Ersten Weltkriegs, als ein Feldwebel in München die Kriegserklärung vorlas, und alle Menschen waren absolut ergriffen, fast fanatisch.

Fanal: Na gut. Es ist schon möglich, daß große dunkle Wesen mich rufen, mich nutzen. Das ist möglich. In dem geschilderten Fall hat ein massives dunkles Wesen die Federführung übernommen und hat meine Fähigkeit zum Tunnelblick per Kraftakt den anwesenden Menschen übergestülpt. Genauso wie es gewaltige helle Wesen gibt, gibt es gewaltige dunkle Wesen – und die machen so etwas. Sie sehen eine Gruppe von Menschen, die eine gewisse Führungslosigkeit haben, aber auch eine gewisse Begeisterungsfähigkeit, und dann setzen sie sich auf sie, drücken deren Iche beiseite, rufen mich dazu und geben den Befehl: Dahin gucken!

W.W.: So war es also auch bei den Kreuzzügen?

Fanal: Genauso war es bei den Kreuzzügen, aber leider passiert dies sehr oft, auch im Kleinen. Es passiert auch in Familien. Auch Menschen zwingen andere Menschen in einen Fanatismus hinein, indem sie den persönlichen Willen des anderen unterjochen und den anderen zwingen, in eine ganz bestimmte Blickrichtung zu schauen und zu gehen. Sie nutzen die Strukturen, die ich bin.

W.W.: Was ist der Unterschied zwischen Besessenheit und Fanatismus?

Fanal: Fanatismus ist das Verfahren, Besessenheit ist das Wesen, welches dazugehört. Ich bin die Form, die den Tunnel macht. Insofern bin ich zwar auch ein ansprechbares Wesen, aber ich bin eigentlich nicht ein selbstagierendes Wesen. Bei der Besessenheit gibt es einen aktiven Besetzer, der das Ich des Menschen zur Seite drückt. Ich drücke nicht das Ich der Menschen zur Seite.

W.W.: Vielen Dank. Möchtest Du den Menschen noch etwas sagen?

Fanal: Sucht Halt in euch selbst!

Toleranz

Wolfgang Weirauch: Kannst Du einmal erzählen, was Du für ein Wesen bist?

Kolehra, die Toleranz: Wenn ich Toleranz gegenüber anderen walten lassen möchte, und zwar mit Gewalt, muß ich gegenüber mir selbst intolerant sein. Und das lehne ich ab. Es widerspricht meinem Prinzip. Toleranz ist eine geistige Tätigkeit, eine geistige Haltung, die so weit gehen kann, daß ein Mensch, der sich um mich bemüht, auch gegenüber seinen eigenen schlechten Seiten tolerant wird.

W.W.: Hast Du eher eine denkerische, vielleicht sogar willensartige Komponente, oder eher eine gefühlsmäßige?

Kolehra: Eigentlich habe ich am ehesten eine denkerische Komponente, aber ich habe auch etwas Willensartiges. Aber dieser Wille hat die Tendenz, etwas wegfließen zu lassen. Ich bemühe mich, den Willen nicht zu nutzen.

W.W.: Das ist aber auch eine Willenskraft.

Kolehra: Ja, aber es ist eine Art Tasten einer Wärmewillenskraft, es ist eine Kraft, die intensiv etwas mit dem Willen zu tun hat, aber der Wille kommt nicht in die Tat, er wird aus der Tat herausgenommen. Ich lasse ja jede Tat zu. Sehr tolerante Menschen tolerieren sogar ihr eigenes schlechtes Benehmen. Das kann auch dabei herauskommen.

Toleranz beugt sich nicht, sie läßt zu

W.W.: Bist Du eine Kraft, die aktiv von sich aus auf Menschen zuströmt?

Kolehra: Nein, ich gehe nicht aktiv von mir aus auf Menschen zu; das ist systemimmanent nicht möglich. Jeder muß so viel Toleranz aufbringen, daß er erkennt, daß Toleranz ohne Moralität ein völlig ambivalentes Wesen ist. Die Toleranz toleriert aus eurer Wertbetrachtung heraus auch negative Dinge und läßt diese auf sich beruhen.

W.W.: Ist das nicht fast dasselbe wie Gleichgültigkeit?

Kolehra: Nicht ganz; Toleranz ist Gleichgültigkeit auf dem gedanklichen Niveau, Gleichgültigkeit ist dagegen mehr gefühlsmäßig. Wir beide haben aber die gleiche Haltung, die darin besteht, nicht einzugreifen.

W.W.: Welcher Unterschied besteht zwischen Dir und der Nachgiebigkeit?

Kolehra: Nachgiebigkeit hat einen Leidensdruck; Du gibst nach, weil Du Dich einem Druck beugst. Du machst Dir vielfach auch unter inneren Verkrampfungen Probleme, und Du gibst nach, weil Du Dich beugst. Dies tut die Toleranz überhaupt nicht. Toleranz beugt sich nicht, sie läßt zu.

W.W.: Kannst Du die Großzügigkeit und die Weitherzigkeit charakterisieren?

Kolehra: Weitherzigkeit geht auf die Gefühlsebene, sie ist eine geistig gestützte Gefühlsgeste, mit sehr viel Raum im Herzen für alles, was auf dieses Wesen zukommt. Aber es heißt nicht Weitkopfigkeit. Die Großzügigkeit dagegen hat die leicht moralisch bewertende Komponente. Ich als Toleranz bewerte an sich nicht moralisch. Großzügig bist Du, wenn Du etwas schlecht findest, es aber trotzdem stehenlassen kannst, obwohl Du es zuerst negativ bewertet hast. Ich scheue mich allerdings nicht vor einer Bewertung, bin aber trotzdem bewertungsfrei. Ich klammere das Bewerten aus. Das Wichtige an mir ist, daß ich sage: Bewerte es nicht, lasse es unbewertet dastehen. Das aber ist bis zu einem gewissen Umfang ambivalent.

Ich greife nicht ein

W.W.: Eigenartig an Dir ist schon, daß Du ein sehr stark erkennendes Wesen bist, aber keineswegs den Willen hast, irgend etwas zu ändern.

Kolehra: So ist es! Soll ich mich denn selbst in Frage stellen? Soll die Toleranz gegenüber der Toleranz intolerant werden? Das geht nicht. Was aber auch wichtig ist, ist der Umstand, daß ich an mich den moralischen Anspruch habe – und das ist ein moralischer Anspruch! –, daß ich nicht eingreife.

W.W.: Gibt es Momente, in denen Du eingreifen möchtest, es aber nicht tust, weil es ja nicht geht?

Kolehra: Auch das geht nicht. Wenn ich dies als Toleranz täte, würde ich als Toleranz zerbröseln.

W.W.: Bist Du genauso wie der Fanatismus ein einziges Wesen in unserem Erdenbereich?

Kolehra: Der Fanatismus ist immer sehr absolut. Ich habe viel mehr Seiten als der Fanatismus. Diese einzelnen Seiten kannst Du auch als unterschiedliche Wesen von mir ansehen: moralische Toleranz, musikalische Toleranz usw. Als Mensch kannst Du jede Form von Musik tolerieren, gegenüber verschiedenen Farben aber sehr intolerant sein. Aber insgesamt gesehen bin ich schon auch *ein* Wesen.

Toleranz erzieht die Seele

W.W.: Wie würdest Du einen toleranten Menschen beschreiben?

Kolehra: Das kommt darauf an, ob dieser Mensch bis zur völligen Toleranz emporgek
ommen ist.

W.W.: Nehmen wir einen Menschen, der in verschiedenen Lebenssituationen Toleranz beweist.

Kolehra: Das ist ein Mensch, der permanent die geistige Arbeit des Erkennens leistet, aber gleichzeitig permanent das Erkannte nicht verändert.

W.W.: Was passiert seelisch in einem Menschen, wenn er eine Meinung hört, die ihm absolut widerspricht, er aber trotzdem die Kraft der Toleranz aufbringt und diese andere Meinung gelten läßt?

Kolehra: Dann wächst dieser Mensch geistig. Der Geist führt die Seele in diesem Moment. Er läßt die unreinen Seelenregungen nicht zu, nebenbei aber auch überschießende reine Seelenregungen nicht. Toleranz erzieht die Seele auch in dem Moment, in dem die Seele in euphorische Zustände kommt. Auch hier greift die Toleranz ein und sagt der Seele: Handeln tun wir erst dann, wenn wir es uns genau überlegt haben. Toleranz erzieht also die Seele. Überschüssige Energien, die einen Willensausfluß bewirken könnten, werden gehalten.

W.W.: Dann ist ein solcher Mensch eigentlich seiner eigenen Weltanschauung, seiner eigenen Ansicht sicher, weil er in der Lage ist, eine andere Weltanschaung, eine andere Anschaung tolerieren zu können?

Kolehra: Wenn er Glück hat, dann ja. Zumindest ist er in sich gehalten und nicht von außen geformt. Er ist auch nicht von außen geführt. Allerdings ist die Gefahr vorhanden, daß Toleranz auch zu einer Gleichgültigkeit führt. Toleranz kann so die Brücke zu einem Nicht-mehr-Wahrnehmen der Zustände der Umwelt führen, weil man ja so tolerant ist, ohnehin nicht einzugreifen. Und dann braucht man sich auch nicht mehr zu interessieren. Hier muß man die Grenze gut beobachten, sie ist fließend. Zwischen Toleranz und Gleichgültigkeit gibt es einen gemischten Bereich, den jeder Mensch kennt und von dem jeder Mensch sagen würde: Hier bin ich tolerant, hier bin ich gleichgültig.

W.W.: Was ist denn der genauere Unterschied zwischen Dir und der Gleichgültigkeit?

Kolehra: Wir beide greifen nicht ein, aber ich denke.

W.W.: Denkt die Gleichgültigkeit nicht?

Kolehra: Nicht unbedingt. Ihr ist alles egal.

W.W.: Erkennt sie es trotzdem nicht?

Kolehra: Ihr Erkennen ist gefühlsmäßiger, sie sieht es, aber sie erkennt nicht. Mit mir ist es so, daß Du als Mensch erst eine Sache tolerieren kannst, wenn Du sie auch durchschaut hast. Du mußt eine geistige Arbeit leisten, das Gesehene auf eine Erkenntnisebene heben. Dann verrichtest Du geistige Arbeit; das tut die Gleichgültigkeit nicht. Sie hat die Geste: Laß mich in Frieden! Sie will diese geistige Erkenntnisarbeit nicht verrichten. Allerdings ist dieser Unterschied fließend. Ich dagegen bin nicht arbeitsscheu.

W.W.: Ist ein toleranter Mensch notwendigerweise ein starker Mensch, weil er Fremdes tolerieren kann, die eigene Überzeugung behält und nicht auf Andersartiges hereinfällt?

Kolehra: Ja, er muß eine gewisse Kraft aufbringen, um Andersartiges aushalten zu können. Aber er muß immer aufpassen, daß es nicht in Gleichgültigkeit umschlägt. Das ist seine große Herausforderung.

Toleranz führt zur Komplexität

W.W.: Wie sieht ein Staat geistig aus, in dem eine bestimmte Religion vorwiegend gelebt wird, in dem aber Andersgläubige vollauf toleriert werden?

Kolehra: Bunt, um es als Farbe auszudrücken. In dem Moment, in dem Du ein Wesen erschaffst, welches mehrere Wesen umfaßt, wie ein Staatswesen, welches die Toleranz, welches mich stark integriert, wird dieses Wesen ein komplexes Wesen. Das muß man sich klarmachen: Toleranz führt zur Komplexität. Das ist, wie wenn eine Gruppe von Menschen sich zu einer höheren Wesenheit zusammenfaßt. Diese Komplexität hat natürlich den Nachteil, daß bestimmte Prozesse auch verlangsamt werden, weil Toleranz immer das Erkennen voraussetzt. Das ist Arbeit, und Arbeit verbraucht Zeit.

W.W.: Ist es anders, wenn sich die Toleranz nicht so sehr auf den Glauben, sondern auf politische Meinungen oder auf Minderheiten bezieht?

Kolehra: Das ist weitgehend das gleiche; Religion und Politik sind ohnehin Dinge, die relativ identisch sind, lediglich in verschiedene Bereiche gerutscht sind. Wichtig ist vielleicht noch darauf hinzuweisen, daß ein Wesen eines Staates bzw. einer Stadt in sich gegliedert ist – es hat nämlich ein Gefühlsleben und ein Geistesleben und ein Willensleben. Und auch bei einem solchen Wesen spielen sich gewisse Prozesse eher im Gefühlsleben ab, andere eher im mehr geistigen Leben oder in den Wollensausrichtungen. Die religiöse Toleranz ist eher eine gefühlsmäßige, die politische Toleranz ist eher eine, die zum Geistesleben tendiert.

Als die Idee der Toleranz aufkam

W.W.: Die Idee der Toleranz entstand in Europa nach den Glaubenskriegen in der Auseinandersetzung des Christentums mit dem Islam und dem Judentum. Was geschieht in einem Staat bzw. in einer Gesellschaft, wenn eine absolute Meinung – religiös oder weltlich – herrscht bzw. Staatsräson ist, und was geschieht, wenn sich diese absolute Meinung allmählich wandelt, der Toleranzgedanke aufkommt, die

Aufklärung beginnt und man andere Meinungen und Religionen als gleichberechtigt toleriert?

Kolehra: Es ist immer ein Bewußtwerdungsprozeß. Die Wesen, die beginnen, tolerant zu sein, sind in einer gewissen Weise gealtert gegenüber den intoleranten Wesen, werden also reifer. Toleranz ist nichts für Neugeborene, sondern gehört eher zum älteren Menschen. Das ist auch insofern richtig, als sich das älterwerdende Wesen wieder auf den Geist zubewegt und damit aus den überschäumenden Gefühlswallungen, dem reinen Seelensein herauswächst. Genauso ist es mit einer Gesellschaft oder gar einer Kulturepoche: Wenn sie beginnt, Toleranz zu entwickeln, beginnt sie zu altern, wird erwachsen. In einem gewissen Sinne ist das der Beginn des Abstiegs dieser Kulturepoche, so hochwertig euch auch vielleicht an dieser Stelle die Toleranz erscheint. Die Jugend ist intolerant. Die Jugend ist aus sich heraus intolerant.

W.W.: Der Toleranzgedanke und die Aufklärung sind ja etwas völlig Neues in der Weltentwicklung, es hat sie vorher noch nie gegeben.

Kolehra: Das hat mit der Vereinzelung zu tun. In der von euch zu überblickenden Zeit hat es diese Gedanken noch nicht gegeben. Aber es hat es auch noch nicht gegeben, daß der Mensch so aus der Führung durch die geistige Welt herausgelassen worden ist; der Mensch hat sich noch nie als ein derartiges Einzelwesen erlebt. Nur dann, wenn Du einmal Egoist gewesen bist, kannst Du tolerant werden. Egoismus ist, so komisch es klingt, eine Voraussetzung für Toleranz. Zuerst muß man alles auf sich selbst beziehen, ganz egoistisch, bis man so weit ist, daß man mehr und mehr anderes stehenlassen kann, auch andere Meinungen gelten lassen kann – als Mensch wie auch als Staat. Man kann hungrig, geil, kunstbesessen und was auch immer sein – aber wenn hier eine gewisse Sättigung erreicht ist, kann man sich auch etwas anderes ganz in Frieden anschauen. Vorher geht das nicht.

Toleranz durch Sinnesschulung

W.W.: Warum lebte denn im Kalifat Bagdad, etwa ab 800, für einige Jahrhunderte eine große Toleranz der Religion gegenüber den Wissenschaften, viel mehr als in den christlichen Ländern?

Kolehra: Das lag an dem wissenschaftlichen Ansatz, an der Sinnesschulung, die die Menschen machen mußten, damit sie wissenschaftlich erkennen konnten. Die Sinnesschulung einer bestimmten Eliteschicht, die sehr selbstbewußt war, die schon auf einem erkennenden Niveau angekommen war, hat dazu geführt, daß eine führende Schicht ihre Kinder und Schüler in Sinneswahrnehmung geschult hat. Das führte zwangsweise zur Entwicklung der Wissenschaften, des Interesses für anderes, weil sie aus sich herausschauten, etwas anderes wahrgenommen haben, und dies wiederum führte ebenfalls zwangsweise aus diesem wissenschaftlichen Geist heraus zur Toleranz. In dem Moment, in dem diese Wissenschaftlichkeit, diese sinnesgeschulte Haltung durch religiöse Gefühlswallungen wieder hinweggedrückt wurde, konnte die Intoleranz wiederkommen. Dieser Geist sackte aus der geschulten Schicht ins sogenannte gemeine Volk. Es sind vielleicht nicht die richtigen Begriffe.

W.W.: Warum brauchte es 1500 Jahre im Christentum, bis der Toleranzgedanke überhaupt erst entwickelt wurde?

Kolehra: Luther spielte hier eine wesentliche Rolle. Der Islam vereinzelt die Menschen mehr als das Christentum, er fordert nicht in dem Sinne eine Gemeindebildung, auch wenn es natürlich eine große Gemeinschaft im Islam gibt. Im Islam ist jeder Mensch ein vollständiger Vertreter gegenüber seinem Gott; das Christentum hat mehr die Geste: Folge mir nach! In diesem Grundwunsch des Christentums – folge mir nach – ist auch ein Abgeben von Eigensinn enthalten, und dann kommen die Machtstrukturen des Menschen hinzu. In dem Moment, in dem Dir einer nachfolgt, hast Du Macht über ihn, weil Du ihn lenkst. Und Macht ist keine gute Nahrung für Toleranz.

Lessing und der Toleranzgedanke

W.W.: 1779 veröffentlichte Lessing sein Drama „Nathan der Weise" mit der Ringparabel. Die Tolerierung anderer Religionen bzw. die Sicht, daß alle Religionen gleich sind, ist ein Meisterstück des Abendlandes. Was hat Lessing mit dieser Ringparabel bewirkt?

Kolehra: Das ist einer der Höhepunkte der englisch-deutschen Kulturepoche, mit dem Ansatz zu geistiger Souveränität; und in diesem Stück kommt ganz klar heraus: Im Geistbereich sind wir alle gleich. Dieses Stück ist eine Krönung dieses Gedankens: Gleichheit im Geist. Das ist in der Erkenntnis des einzelnen menschheitlich ein ganz wichtiger Schritt gewesen, vor allem daß dies ein Nicht-König erkennen konnte. Der einzelne muß innehalten, muß selber entscheiden, ob er anderen religiösen Anschauungen gegenüber Toleranz aufbringt. Das ist der Inhalt von Nathan dem Weisen. Er, Nathan, muß selbst entscheiden, es sagt ihm auch keiner, es fordert keiner von ihm, er ist ganz auf sich selbst gestellt, und aus seinem eigenen Geist muß er seine Entscheidungen treffen. Das ist die Krönung des Abendlandes.

1779 war der Zeitpunkt kurz vor dem Höhepunkt der geistigen Verdunkelung. Die Erkenntnis von Lessing war eine Engelserkenntnis, die in dieses Finstere Zeitalter hineinleuchten mußte. Das war ein Aufblitzen des Endes des Kali Yugas.

W.W.: Und wie ist es für Dich als Toleranzwesen, wenn sich in dieser Weise erstmals ein Mensch so herausragend mit einem Toleranzgedanken erhebt und diesen äußert?

Kolehra: Das ist wunderschön. Ich hätte es aber auch toleriert, wenn er das nicht gemacht hätte.

Gleichberechtigung von Mann und Frau

W.W.: Welche Beziehung besteht zwischen dem Toleranzgedanken und dem Gedanken der Gleichberechtigung von Mann und Frau, der Religionen, der Menschenrechte?

Kolehra: Wenn diese Gedanken aus der Erkenntnis herausgelöst worden sind, haben sie sehr viel mit Toleranz zu tun; wenn sich solche Gedanken eher aus seelischen Quellen herausbilden, haben sie eher mit Liebe und Mitleid zu tun. Bewegt man sich aber im Geistigen und betrachtet den Menschen geschlechtsunabhängig, ist man im Bereich der Toleranz.

W.W.: In fast allen Kulturen wurde die Frau unterdrückt, in vielen Ländern ist es heute noch so. Die Ideale der Französischen Revolution waren zwar gedanklich richtig und zukunftsweisend, aber sie galten noch nicht für die Frauen und nicht für das Proletariat. Bis 1954 konnten in Deutschland Frauen noch schuldig geschieden werden, verloren dann alle Rechte, allen Besitz usw. Dies gibt es zwar auch in nichtchristlichen Ländern, aber warum gab es ein derartiges Verhalten gerade auch im Bereich des Christentums, warum lebte hier der Gedanke der Intoleranz besonders in bezug auf die Frau so stark?

Kolehra: Das hat mit einigen verschiedenen Sachen zu tun. Eine ist, daß der Christus ein Sohn war, und er mußte zu diesem Zeitpunkt ein Sohn sein, weil die Umkehr des sogenannten Erbprinzips notwendig war. Rein wissenschaftlich verläuft die Vererbung weitgehend durch die Frau. Wenn man Erblinien verfolgt, geht man über die Frauen. Eigentliche wissen die Juden das auch, denn jedes Kind, welches von einer jüdischen Mutter geboren wird, ist wiederum Jude. Das Kind, welches von einem jüdischen Vater gezeugt wird, ist nicht automatisch Jude. Eine Jüdin gebiert einen Juden, gleichgültig, wer der Vater ist. Wenn ein Jude aber mit einer Christin einen Sohn oder eine Tochter zeugt, sind die Kinder nicht automatisch Juden. Hier widerspricht sich eigentlich etwas. Denn ansonsten wird im Judentum über den Vater, über den Mann agiert. Die ursprünglichen Lebensgrundlagen waren, daß Kinder eine Mutter hatten, nicht zwangsweise einen Vater. Denn der Moment der Geburt und der Moment der Zeugung liegen relativ weit auseinander. Es mußte also erst das Bewußtsein in die Menschheit kommen, daß es zwei Wesen gibt, die notwendig sind, um das Kind zu zeugen.

Auf jeden Fall ist die Wertschätzung der Frau ein Ergebnis eines Bewußtwerdungsprozesses in der Menschheit. Zum zweiten spielt im Christentum eine Rolle, daß das Christentum sich auch dadurch definiert, daß das Alte Testament als sein Ursprung betrachtet wird. Das ist aber ein Widerspruch in sich ist, weil Christus mehrfach ausdrücklich den Alten Bund aufhebt. Aber auch diesen Widerspruch muß man tolerieren.

Und hier gibt es die Figur des Salomo, der im Alttestamentarischen sehr wichtig ist. Dort gilt er als der weiseste König; er ist aber selber an seiner Sexualität völlig gescheitert, weil er es nicht tolerieren konnte, was zwischen Hieram und Balkis geschah. Mit diesem Geschehen ist er sehr unweise umgegangen. Diese geschlechtsverachtende unweise Art Salomos hat ungefähr 3000 Jahre euer Wertesystem geprägt. Solange ihr die Sprüche Salomos und seine Psalmen so hoch bewertet, werdet ihr da nicht ganz herauskommen. Diese sind auch schon intolerant gegenüber dem Weiblichen.

Des weiteren spielt eine Rolle, daß das Männliche sich beweisen mußte. In allen sehr alten, vorläufigen Kulturen galt der Mann nicht soviel, weil er keine Kinder gebären konnte. Es ist ein optisch kurzer Zeitraum, der dem Männerwahn verfallen ist. Es sind zwar diverse von euren Erdenleben, wenn man das aber auf die gesamte Zeit überträgt, ist es nicht lang. Aber alles muß ich tolerieren.

W.W.: Und was änderte sich 1954 in Deutschland, als dieses unsägliche Gesetz abgeschafft wurde?

Kolehra: Das Staatswesen wurde toleranter. Und wenn das Staatswesen toleranter wird, hat es innerhalb von ca. 33 Jahren Auswirkungen auf den einzelnen Menschen. Etwa 33 Jahre deswegen, weil dies die Lebensspanne der Wesenheit des Jesus Christus ist. Insofern spielt die tatsächliche Wahrnehmung für die Schuldverhältnisse bei Scheidungen eine Rolle, als man fähig wird, Toleranz zu üben. Auch die Wiedervereinigung hat etwas mit Toleranz zu tun. Dies war ungefähr 33 Jahre später. Zu den Westdeutschen kann ich allerdings sagen, daß sie nicht ganz so tolerant mit den Ostdeutschen umgehen. Die Gleichberechtigung breitet sich nicht überall gleich aus.

Zeige den Menschen die Schönheit der Welt

W.W.: Hast Du einen Tip für unsichere Menschen, die intolerant sind, wie sie mehr Toleranz entwickeln können?

Kolehra: Beten! Wer richtig betet, kann seine Intoleranz überwinden.

W.W.: Was bewirkt das Gebet in bezug auf die Möglichkeit, Toleranz entwickeln zu können?

Kolehra: Das Gebet bewirkt, daß Du eine Sinnesschulung bekommst. Im Beten mußt Du, wenn es ein wirkliches Gebet ist, Sinne bemühen, sonst ist es kein Gebet. In dem Moment, in dem Du die Sinne bemühst, siehst Du mehr als vorher. Und jedes bißchen, was Du mehr siehst, kann Dich zur Toleranz anregen. Des weiteren ist jede Form von Sinnesschulung toleranzfördernd.

W.W.: Inwiefern?

Kolehra: Zeige ihnen die Schönheit der Welt, zeigt den Menschen einfach etwas, laßt sie mit offenen Augen durch die Welt gehen, damit sie etwas anderes sehen. Wahrnehmung der Welt – all das fördert die Toleranz. Die Entwicklung der Globalisierung und die Entwicklung der Toleranz sind Parallelentwicklungen.

W.W.: Gibt es auch Grenzen der Toleranz?

Kolehra: Ja, Grenzen der Toleranz gibt es in dem Moment, in dem man Leib und Leben verspielt. Hier ist es eine Frage, ob man mich nicht wegschicken sollte. Man sollte nicht einem Menschen gegenüber tolerant sein, der einen erschlagen will. Hier ist eine Grenze erreicht.

W.W.: Kann so gesehen ein toleranter Mensch auch ausgenutzt werden?

Kolehra: Ja, zumindest geistig, indem man ihm sehr viel zumutet. Toleranz bedeutet ja nicht, daß man sein ganzes Geld verschenkt; das ist nicht Toleranz. Man nutzt einen geistig arbeitenden Menschen z.B. aus, indem man ihn immer wieder mit eher sinnlosen, ihm wesensfremden Sachen behelligt, ihn mit fremden Seelenhaltungen konfrontiert, mit Egoismen. Denn der Tolerante muß sich das immer wieder angucken, es immer wieder erkennen. Das ist zwar eine etwas ungewöhnliche Art der Ausnutzung, aber sie kommt vor und kann zu einer Erschöpfung führen.

W.W.: Vielen Dank. Möchtest Du den Menschen noch etwas sagen?

Kolehra: Schauet in die Welt, soviel ihr könnt.

W.W.: Danke.

Kolehra: Bitte.

# Mitleid

Wolfgang Weirauch: Kannst Du einmal erzählen, was Du für ein Wesen bist?

Martha, das Mitleid: Ich bin ein Wesen, welches noch nicht ganz in dieser Welt angekommen ist. Ich bin ein Wesen, welches noch zu großen Teilen in der übersinnlichen Welt verborgen ist, weil ihr Menschen mich in meiner vollen Tragweite noch überhaupt nicht aushalten könnt. Wenn das Mitleid bzw. wenn ich voll in euch einziehen würde, würdet ihr fortwährend schreien, weil ihr nicht mehr ertragen würdet, was rings um euch herum vorgeht.

W.W.: Bist Du ein Wesen des Christus?

Martha: Ich bin ein Ausfluß der Trinität, ja. Die Trinität ist christlich. Christus war der erste Ich-Mensch, der die volle Mitleidsfähigkeit besaß. Allerdings sind im Vorlauf der Christus-Erscheinung deutliche Spuren des Mitleids in der Welt zu finden, speziell bei den hohen östlichen Eingeweihten. Sie hatten allerdings ein sehr objektives, wenig subjektives Mitleid. Sie standen also nicht so sehr drinnen im Mitleid, daß sie persönlich betroffen waren, sondern sie sahen das Mitleid mehr als notwendige geistmenschliche Eigenschaft. Sie sahen es weniger als persönliche Eigenschaft. Das ist vielleicht nicht ganz gut zu verstehen.

Der Christus war selber im Mitleid darinnen, und seit der Zeitenwende hat der Mensch die Möglichkeit, auch selbst zu diesem Mitleid zu gelangen, dieses Mitleid zu entwickeln. Die großen östlichen Eingeweihten wußten um das Mitleid, standen aber nicht selber völlig im Mitleid darinnen. Das Mitleiden war noch zu weit weg.

W.W.: Sie dachten es nur?

Martha: Denken ist zu kalt beschrieben; sie ahnten es eher. Sie kannten die Fähigkeit des Mitleids, konnten auch die Notwendigkeit des Mitleids erleben, haben auch selber Mitleid erlebt, waren aber nicht so stark im Herzen betroffen, mehr in ihren höheren Wesensgliedern. Das Mitleid war noch nicht so dicht an die Welt herangezogen.

W.W.: Ein heutiger Mitleid fühlender Mensch erlebt das Mitleid also mehr in sich, mehr in seinem Herzen direkt?

Martha: Ja, es zerreißt ihm das Herz. Dies erlebten die Menschen in früheren Jahrtausenden noch nicht.

Gefühle kommen dem Geist gegenüber auf Augenhöhe

W.W.: Was bist Du selbst für ein Wesen? Bist Du ein astrales Wesen, oder bist Du ein geistiges Wesen?

Martha: Ich bin ein Wesen, das sowohl der astralen Welt als auch der geistigen Welt angehört. Ich bin eine zukünftige Form von Wesen, in dem sich die geistige Welt bewußt und positiv mit der Gefühlswelt verbindet. Noch ist es vielfach so, daß es eine geistige Welt gibt, die ziemlich kühl ist. Zukünftig wird es so sein, so sein sollen, daß die Gefühle dem Geist gegenüber auf Augenhöhe kommen, um es mit modernen Worten auszusprechen. Dann verbinden sich Gefühl und Geist gleichberechtigt. Dann wirst Du erst richtig mitleidsfähig. Mitleid ist keine Gefühlsduselei, es ist aber auch kein rein geistiges Erkennen eines schrecklichen Zustands. Es ist eine völlige Verknüpfung von Geist und Fühlen, und das ist etwas, was euch schwerfällt anzunehmen. Hier trennt ihr sehr Denken, Fühlen und Wollen. Das ist auch ein Zustand, der überwunden werden muß.

Zwar ist der trinitarische Grundgedanke sehr wichtig, auch ganz weltprägend, trotzdem ist die Trinität zugleich auch eine Einheit, und das übersieht ihr fast völlig. Ihr nehmt die Trinität immer als eine Dreiheit wahr, und es fällt euch extrem schwer, sie als Einheit wahrzunehmen. Die Zukunft liegt nur darin, wenn man die Trinität als Einheit in der Dreiheit wahrnehmen kann. Und dann, nur dann, kannst Du zum wirklichen Mitleid kommen.

W.W.: Weil Seelisch-Denkendes, Seelisch-Fühlendes, Seelisch-Wollendes mit dabei ist?

Martha: Ja. Das Mitleid muß auch im Handeln ankommen.

W.W.: Bist Du *ein* Wesen für die ganze Welt?

Martha: Ich bin das Mitleid, nicht nur für die ganze Welt, sondern für den ganzen Kosmos. Ich bin aber noch nicht ganz da. Es kann sein, daß es irgendwann einmal in ferner Zukunft Abschnürungen von mir für einen bestimmten Kosmos gibt, aber das ist noch ungewiß.

W.W.: Bist Du *ein* Wesen in bezug auf die Menschen, welches nur gerufen wird, wenn Menschen Mitleid entwickeln – oder gab es Dich auch schon, bevor es die Menschen gab, bzw. hattest Du schon vorher eine Aufgabe?

Martha: Gab es schon Mitleid in anderen kosmischen Zuständen? Nicht in dieser Form! Nicht in der Verbindung der Trinität.

W.W.: Das kann ich mir auch nicht vorstellen.

Martha: Das brauchst Du auch nicht. Das ist unsinnig.

Geistige Wesen üben Mitleid

W.W.: Haben geistige Wesen untereinander Mitleid?

Martha: Sie üben es gerade.

W.W.: Hat z.B. der Erzengel Michael Mitleid mit Luzifer?

Martha: Er übt es. Das Mitleid ist Michael und anderen geistigen Wesen von einem Teil der Trinität vorgelebt worden. Wenn die geistigen Wesen ihm, Christus, folgen wollen, müssen sie lernen, mitleidig zu sein, Mitleid in ihr Wesen einzuarbeiten. Das ist Arbeit für die geistige Welt, irrsinnig schwierige Arbeit, weil sich in das Mitleid etwas hineinbegibt, was man eigentlich nur auf der Erde haben kann. Und ohne den Bezug zu einem physisch-materiellen Sein ist das sozusagen Knochenarbeit, um da hingelangen zu können.

W.W.: Man könnte z.B. mit Luzifer und Ahriman Mitleid haben, weil diese Wesen es auf sich genommen haben, einseitig zu werden, ganz besonders einseitige Entwicklungen durchgemacht haben und sicherlich von ihrem Ursprung in eine ganz andere Richtung hineingeraten sind. Damit könnte man ja Mitleid haben. Als Mensch kann man das nachfühlen. Können das geistige Wesen auch?

Martha: Menschen können das, geistige Wesen sehr viel schwerer. Eigentlich ist die weiße Seite der geistigen Welt genauso einseitig wie die dunkle Seite. Und Mitleid ist genau die Forderung, Einseitigkeit zu überwinden. Das macht den Menschen Mühe. Da sie aber dem Christus, dem mittleren Teil der Trinität, folgen, werden die weißen geistigen Wesen es wohl auch schaffen. Zum Teil sind sie aber auch schon sehr viel weiter als ihr Menschen in der Mitleidsfähigkeit. Sie haben aber auch andere Kapazitäten. Aber die weiße Seite ist genauso einseitig wie die schwarze, und das Überwinden der jeweiligen Einseitigkeit ist die Aufgabe der trinitarischen Gottheit.

Christus als Wirkung des Heiligen Geistes

Gestern hat hier ein Wesen erzählt, daß die Zukunft grau ist (der Kuckuck; erscheint in *„Tiere 5"*; W.W.). Wenn Du weder weiß noch schwarz bist, dann bist Du vom Heiligen Geist berührt, aber auch ihn mußt Du als einzelnes Wesen in der Dreieinigkeit begreifen.

W.W.: Kannst Du einmal etwas über den Heiligen Geist erzählen? Der Heilige Geist ist ja ein Wesen, welches man ungeheuer schwer erfassen kann.

Martha: Ich kann Dir sehr viel mehr über den Christus erzählen. Aber Christus ist bekanntlich nur deshalb Christus, weil der heilende Geist wirksam geworden ist. Was ist eigentlich Wirksam-Werden? Er ist nicht tätig geworden, sondern er hat gewirkt. Eure Sprache macht einen Unterschied zwischen Tätigsein – zwischen Schaffen – und Wirken. Das Credo der Christengemeinschaft spricht davon, daß Christus eine Wirkung des Heiligen Geistes ist.

W.W.: Was heißt das?

Martha: Der Heilige Geist hat nicht Christus geschaffen, er hat ihn mehr oder weniger „geboren". Wenn Du etwas gebierst, erschaffst Du es nicht, denn dann tritt etwas schon Erschaffenes in einen anderen Zustand über. Das grundlegende Seinsprinzip ist nur bis zu einem bestimmten Grad in der Lage gewesen, etwas zu erschaffen, aber nicht zu gebären. Das Replikat war ihm wesensfremd, das Neumachen war ihm dagegen wesensgemäß.

Um einen Sohn zu haben, ein Wesen auf Augenhöhe, mußte etwas geboren werden. Einen Sohn kannst Du nicht erschaffen, ihn kannst Du nur gebären. Denn wenn Du ihn erschaffen könntest, wärest Du immer noch mehr als er, und er könnte nicht auf Augenhöhe sein. Denn er wäre dann ein Werk von Dir, Du hättest ihm dann einen Anfang gesetzt. Das ist bei einer Geburt aber nicht der Fall, denn dann setzt Du dem, der da kommt, keinen Anfang, auch kein Ende, weil er geboren wird, weil er aus etwas heraustritt, was Dir unbekannt ist.

W.W.: Und weil er aus einer Sphäre kommt, in der er vorher schon anwesend war.

Martha: Genau. Und dieses Heraustreten-Lassen aus einer Sphäre war das, was der heilende Geist gewirkt hat.

W.W.: Hat der Heilige Geist Christus "geboren" oder der Vatergott?

Martha: Der Vatergott kann nicht gebären. Eher schon der Heilige Geist, aber das ist schwer so zu formulieren, die Formulierungen sind schief, sie tun etwas weh.

W.W.: Die Wirkung des Heiligen Geistes ist der Geburtsvorgang?

Martha: Ja.

W.W.: So gesehen ist also der Heilige Geist vor dem Christus seiend?

Martha: Nimm ein ganz anderes Bild, was aber eurem zeitlichen Denken entspricht: Stell Dir vor, es kommt eine Linie aus der Vergangenheit; das ist der Vatergott. Stell Dir vor, es kommt eine Linie aus der Zukunft; das ist der Heilige Geist. Und in dem Moment, in dem die beiden sich treffen, entsteht eine dritte Linie, und das ist der Christus. Sie geht von oben nach unten.

W.W.: Und so entsteht das Kreuz.

Martha: Genau, dadurch habt ihr ein Kreuz. Deswegen kann man sagen, daß der Heilige Geist vor und nach Christus da war.

W.W.: Wie kann man das alles zeitlich einordnen?

Martha: Zum einen ist dieses Gebären während der Zeitenwende. Zum anderen kann man sich fragen, wann die Christuswesenheit einstmals als geistiges Wesen geboren worden war, und das ist zugleich die Frage, wann die Trinität entstanden ist. Eigentlich war die Trinität immer da, trotzdem ist es gleichzeitig so, daß die Zukunft die Vergangenheit berührt. Seitdem es Vergangenheit und Zukunft gibt, gibt es auch die Trinität. Aber das ist eigentlich eine schiefe Formulierung.

Mit dem Heiligen Geist verschmelzen

W.W.: Und was ist der Heilige Geist für ein Wesen? Kannst Du noch ein wenig über ihn berichten?

Martha: Er ist reiner Geist. Das ewig Weibliche zieht euch an, das ewig erneuernde Heilende. Goethe spricht dies am Ende von „*Faust 2*" an; die Erlösung von Faust ist Geschehen des Heiligen Geistes. Faust hat sich ihm so angenähert, daß er ihn wahrnehmen konnte. Es ist die Vereinigung von weltschaffenden Prinzipien zu einem einzigen heilenden Prinzip. Die Dämmerung ist auch der Heilige Geist. Der Tau, der in der Dämmerung fällt, ist der Tau des Heiligen Geistes. Da, wo aus Gegensätzen eins wird, wirkt der Heilige Geist, ist sogar der Heilige Geist. Die Synthese ist ein Prinzip des Heiligen Geistes. Die Taube ist ein Symbol des Heiligen Geistes. Dies macht mir als Mitleid relativ viel Kummer, weil die Taube ein ziemlich mitleidsloser Vogel ist. Die Erkenntnis ist Sphäre des Heiligen Geistes.

Paulus spricht im *„Hohelied der Liebe"* über die Verbindung von Liebe und Erkennen: *„Die Liebe kann, wenn sie wirklich da ist, nicht verlorengehen. Die Gabe der Prophetie muß einmal erlöschen, das Wunder der Sprachen hört auf, das hellsichtige Erkennen geht zu Ende. Stückwerk ist unser Erkennen, Stückwerk unsere Prophetie. Einmal aber muß das Vollkommene kommen, das volle Weihe-Ziel, dann ist es mit dem Stückwerk vorbei.*

Als ich noch ein Kind war, da sprach ich wie ein Kind, und ich fühlte und dachte wie ein Kind. Als ich ein Mann wurde, streifte ich das unmündige Wesen ab. Jetzt sehen wir noch wie in einem Spiegel alles in dunklen Konturen. Einmal werden wir alles schauen Angesicht in Angesicht. Jetzt ist mein Erkennen Stückwerk. Dann aber werde ich im Strome des wahren Erkennens stehen, in welchem Erkennen und Erkanntwerden eines sind. Nun aber bleibt Glaube, Hoffnung, Liebe, diese Dreiheit. Die größte aber unter ihnen ist die Liebe." [1]

Hier wird der Heilige Geist beschrieben. Heiliger Geist ist Überwindung der Vereinzelung, ohne daß gleichzeitig die Qualitäten des einzelnen verlorengehen.

W.W.: Den Vatergott und den Christus kann man sich sehr gut als Wesen vorstellen, den Heiligen Geist eher nicht so, da er irgendwie etwas unbestimmt Wirkendes ist.

Martha: Da liegst Du gar nicht so falsch, denn der Heilige Geist ist noch so zukünftig in seiner Wesenheit, daß ihr seine Wesenhaftigkeit, seine Wesenskonturen noch nicht richtig erkennen könnt. Du erlebst seine Konturen nicht, er ist aber auch der Konturenaufheber. Er ist derjenige, der die Striche außen herum wegradiert. Das ist sein Wesen.

---

1 Erster Brief des Paulus an die Korinther 13,8-13

W.W.: Man kann den Vatergott, Christus, Engel und andere Wesen relativ gut so vorstellen, daß man mit ihnen eine Wesensbegegnung haben kann, daß man sie ansprechen kann; dies geht bei dem Heiligen Geist schwer. Er ist in dem Sinne noch nicht ein so konturiertes Gegenüber.

Martha: Er ist kein Gegenüber, genau! Das ist der springende Punkt. Erkennen und Erkanntwerden ist eins geworden; insofern ist kein Gegenüber vorhanden. Den Heiligen Geist kann man in diesem Sinne nicht erkennen, sondern man kann ihn nur wahrnehmen, wahr-nehmen.

W.W.: Und wenn man ihn wahrnimmt, wird man zu ihm selbst? Verschmilzt man dann mit ihm in dem eigenen Bewußtsein?

Martha: Ja, man wird mit ihm zu einer Synthese. Wenn man noch keine Synthese mit ihm bildet, wenn er noch eine Art Gegenüber ist, dann ist er noch verschwommen.

W.W.: Das ist wie mit dem Denken eines Begriffs: Wenn man einen Begriff noch nicht gedacht hat, ist dieser Begriff noch nicht im Bewußtsein; wenn man aber einen Begriff denkt, so ist dieser Begriff vollständig im Bewußtsein, und man verschmilzt mit seinem eigenen Denken mit diesem Begriff. Man verschmilzt dann mit ihm als Ganzem.

Martha: Genauso ist es mit dem Heiligen Geist. Er ist das Wesen, was auch alle anderen Wesen umfaßt. Er umfaßt alle Wesen so vollständig, daß die Integrität aller Wesen wiederhergestellt wird, was letztlich die vollständige Heilung ist. Das hat auch sehr viel mit Mitleid zu tun. Man kann nicht mitleidslos heilen.

W.W.: Insofern bist Du ja auch ein Bestandteil des Heiligen Geistes.

Martha: Einerseits. Ich bin in die Welt gekommen, als die Ich-Menschen kamen, damit die Ich-Menschen erleben konnten, das erleben konnten, was der Heilige Geist dem Christus mitgegeben hat.

Aus Mitleid etwas abnehmen

W.W.: Schauen wir einmal auf den Menschen: Kannst Du einmal einen Menschen beschreiben, der in der Lage ist, Mitleid zu entwickeln? Was geschieht in dem Moment, in dem ein Mensch Mitleid entwickelt?

Martha: Es entsteht ein Heilsstrom zwischen dem Menschen, der Mitleid hat, und dem Menschen bzw. Wesen, auf das sich dieses Mitleid richtet. Der mitleidige Mensch beginnt, einen Heilsstrom auf das andere Wesen zu richten. In diesem Moment hat dieses mitleidige Wesen eine Begegnung mit mir, meistens natürlich eine unbewußte. Genauso hat das Wesen, auf das sich Mitleid richtet, eine Wesensbegegnung mit mir; ebenfalls eine unbewußte. Aber es entsteht sofort eine Heilung, sie geht von diesem Wesensstrom des Mitleids aus. Das ist natürlich keine absolute Heilung. Echtes Mitleid hat also keinen passiven Anteil, sondern man gibt etwas von sich fort, bzw. man nimmt dem Wesen, welches man bemitleidet, etwas ab, so daß man mit ihm mitleidet. Dadurch muß der andere weniger leiden, weniger Leid tragen.

W.W.: Nimmt man dann wirklich konkret etwas ab?

Martha: Ja, man nimmt etwas ab. Stell Dir vor, jemand trägt ein riesiges Faß, welches ihm zu schwer ist. Nun beginnst Du mitzutragen. Dann tragt ihr beide an diesem riesigen Faß. Das Faß wird nicht zerhackt, denn dann würde der Inhalt verlaufen, sondern der Mitleidige trägt es mit.

W.W.: Können wir das einmal an einem konkreten Fall durchspielen: Da ist ein Mensch, der krank ist und leidet, und dann ist ein Mensch in seinem Umkreis, der real mit ihm mitleidet. Wie kann man das genauer schildern, daß der Mitleidende etwas von dem Leidenden abnimmt?

Martha: Stell Dir diese Krankheit des leidenden Menschen wie ein großes Tuch vor, in das dieser Kranke eingewickelt ist. Dieses Tuch behindert ihn. In dem Moment, in dem Du mit ihm mitleidest – von nah oder auch von fern –, nimmst Du ein Stück von diesem Tuch fort, befreist ihn etwas. Das Tuch wird zwar nicht kleiner, aber er muß nicht mehr soviel von dem Tuch tragen.

Ich gebe Dir ein weiteres konkretes Beispiel, welches wirklich geschehen ist. Eine Frau hat ein Kind, einen Jungen, um die neun Jahre alt. Sie hatte einen schweren Unfall, der den Jungen in komatöse Zustände bringt. Die Ärzte geben ihn auf. Die Mutter hat aber den ganz klaren Eindruck, daß dieser Junge weiterleben will, obwohl die Ärzte sogar die letale Spritze geben wollten. Die Mutter bekommt aus der geistigen Welt den Impuls, daß und wie sie dem Jungen tatsächlich helfen kann. Sie startet einen Aufruf an Freunde und andere Menschen, die diesen Jungen nicht kennen, appelliert also an deren Mitleid, und sie bittet diese Menschen, zu dem Jungen hinzugehen und ihm kurz über den Kopf zu streichen. Viele Menschen sind hingegangen, und jeder dieser Menschen hat etwas von dem Leid dieses Kindes mitgenommen. Nach einem langen Menschenstrom war der Junge gesund. Alle haben tatsächlich etwas von seinem Leid mitgenommen, waren mitleidig.

W.W.: Das geht auch genauso auf seelischer Ebene, ohne daß man physisch anwesend ist?

Martha: Natürlich, das geht auch von ferne. Es ist aber einfacher für euch, besonders für die schlichteren Gemüter, wenn man über die Sinne das leidende Wesen wahrnehmen kann. Es erfordert eine höhere seelische Aktivität und eine größere geistige Konsequenz, wenn man Mitleid mit einem nichtphysisch anwesenden Wesen haben will, wenn man es mit den eigenen Sinnen nicht erfassen kann.

W.W.: Nehmen wir ein weiteres konkretes Beispiel: Da gibt es viele leidende Menschen, z.B. Hungernde in einem anderen Erdteil, und hier in unserem Umkreis sind mitleidige Menschen. Was sollten sie tun, wenn sie mit ihrem Mitleid helfend eingreifen möchten?

Martha: Wenn ihre geistige Schulung ausreicht, sollen sie ihr Mitleid gezielt zu dem Menschen oder den Menschen, die sie bemitleiden möchten, hinwenden. Wenn sie das Gefühl haben, daß ihnen das nicht konkret genug ist, wenn es durch meditative Vorstellungen nicht konkret genug ist, dann ist der beste Weg, daß sie einfach ganz herzlich beten und die Mitleidübermittlung den Engeln überlassen. Wenn Du ein Fürbitte-Gebet für einen anderen Menschen sprichst, übergibst Du Dein Mitleid anderen Wesen, den Engeln, die damit konkreter umgehen können. Das ist genauso wirksam und auch einfacher durchzuführen, als wenn Du ein eher unkonkretes Mitleid geistig irgendwohin transportierst. Hauptsache, man tut es.

W.W.: Aber eine klare Erkenntnis des jeweiligen Menschen, mit dem man Mitleid hat, ist doch sicherlich genauso nötig?

Martha: Selbstverständlich. Aber dieser Weg ist nicht einfach. Durch die Form des Gebetes ist es einfacher.

Gewissensentlastung statt Mitleid

W.W.: Kann ein egoistischer Mensch, der nur an sich denkt, überhaupt Mitleid entwickeln?

Martha: Ja, Gott sei Dank.

W.W.: Wirklich?

Martha: Ja! Er ist sicherlich nicht voll mitleidig, aber einen Zipfel von mir bekommt er mit. Er kann z.B. zu sehr mitleidigen Gesten gegenüber Tieren fähig sein.

W.W.: Aber wenn wir in den egoistischen Bereich seiner Seele schauen – ist dort Mitleid möglich? Schließen Egoismus und Mitleid sich nicht aus?

Martha: Wenn ein Mensch z.B. viel Geld hat und einmal im Jahr 3000 Euro an eine Hilfsorganisation spendet, entlastet er sein Gewissen. Das ist aber kein Mitleid.

W.W.: Sondern?

Martha: Egoismus. Es ist nichts Schlechtes, denn das Geld ist für eine gute Sache, konkret gesehen ist das aber kein Mitleid. Ein solcher Mensch kauft sich frei. Er entlastet dadurch sein Gewissen und fühlt sich besser. Natürlich kann man auch aus Mitleid Geld spenden. Es gibt aber auch viele Gesten, die nach außen wie Mitleid aussehen, aber kein Mitleid sind, weil es lediglich die Entlastung des schlechten Gewissens ist und man sich dadurch etwas besser fühlt.

Verschiedene Wege zum Mitleid

W.W.: Für ein wirkliches Mitleid braucht man einen ziemlich klaren Blick der Welt ...

Martha: ... nein. Es gibt auch noch das Selbstmitleid. Dafür braucht man nicht diesen klaren Blick.

W.W.: ... das meinte ich jetzt nicht. Welcher Unterschied besteht zwischen einem Menschen, der das Leid in der Welt objektiv erkennt, es aber nicht so stark fühlt, und einem anderen Menschen, der es genauso sieht und intensiver, empathischer mitfühlt?

Martha: Der eine ist schon weiter als der andere. Der erste lebt nur im Kopf, er erkennt das Mitleid mit dem Kopf, mit den Augen, aber nicht mit dem Herzen, er hat sein Herz noch nicht aktiviert. Vielleicht hat er es auch deaktiviert. Es gibt ja verschiedene Wege. Für die Menschen, die mehr über das Denken ins geistige Erkennen kommen, ist der Zustand des Mitleids, des Erkennens irgendwann da; es kann aber sein, daß sie noch nicht richtig fühlen können. Dann gibt es diejenigen Menschen, die über den Gefühlsweg in die geistige Welt kommen; bei ihnen ist es andersherum: Sie fühlen zuerst und erkennen danach.

Empathie und Barmherzigkeit

W.W.: Was ist der Unterschied zwischen Empathie und Mitleid?

Martha: Empathie ist die Vorstufe von Mitleid. Beim Mitfühlen nimmst Du noch nichts ab. Mitfühlen entlastet den anderen nicht.

W.W.: Weil es noch keine Handlung ist?

Martha: Genau.

W.W.: Warum gibt es eigentlich kein Miterkennen?

Martha: Genau, warum nicht? Genau dort müßt ihr hin.

W.W.: Ich miterkenne Dein Leid; ganz objektiv! Das geht, ist aber vermutlich ohne Gefühl.

Martha: Das ist ein bißchen anrüchig.

W.W.: Was ist der Unterschied zwischen Mitleid und Barmherzigkeit?

Martha: Das ist sehr ähnlich; da es aber zwei Begriffe gibt, sollte es irgendwann schon einen Unterschied gegeben haben, aber vielleicht ist er verschwunden. Bei der Barmherzigkeit ist das Herz mehr enthalten, sie kommt mehr aus dem Herzen heraus, die volle Erkenntnis muß nicht unbedingt dabeisein. Ein barmherziger Mensch gibt auch dann Almosen, wenn sie nicht unbedingt angebracht sind; so könnte man es ganz vorsichtig beschreiben. Der mitleidige Mensch wartet, bis er wirkliches Leid erkennt, nicht nur einen vermeintlichen Notstand. Der Barmherzige ist der eher vor sich hin handelnde barmherzige Mensch.

Der mitleidigste Mensch ist der beste Mensch

W.W.: Zitat von Lessing: *„Wenn es also wahr ist, daß die ganze Kunst des tragischen Dichtens auf die sichere Erregung und Dauer des einigen*

Mitleidens geht, so sage ich nunmehr, die Fähigkeit der Tragödie ist diese: sie soll unsere Fähigkeit, Mitleid zu fühlen, erweitern. Sie soll uns nicht blos lehren, gegen diesen oder jenen Unglücklichen Mitleid zu fühlen, sondern sie soll uns so weit fühlbar machen, daß uns der Unglückliche zu allen Zeiten, und unter allen Gestalten, rühren und für sich einnehmen muß. Und nun berufe ich mich auf einen Satz, den Ihnen Herr Moses vorläufig demonstriren mag, wenn Sie, Ihrem eignen Gefühl zum Trotz, daran zweifeln wollen. Der mitleidigste Mensch ist der beste Mensch, zu allen gesellschaftlichen Tugenden, zu allen Arten der Großmuth der aufgelegteste. Wer uns also mitleidig macht, macht uns besser und tugendhafter, und das Trauerspiel, das jenes thut, thut auch dieses, oder – es thut jenes, um dieses thun zu können."

Was sagst Du dazu?

Martha: Hervorragend. Ich stimme Lessing sehr zu. Es war der Beginn, konkret Mitleid zu entwickeln, z.B. über die Tragödie.

Hohe Kraft mißbrauchen

W.W.: Für Nietzsche war Mitleid eine negative Kraft; er dachte dabei z.B. an Kinder, die weinen, um bemitleidet zu werden, oder er dachte an Menschen, die ihre Schwäche darstellen, um ebenfalls bemitleidet zu werden und dadurch auch Macht auszuüben. Was geht zwischen zwei Menschen vor, wenn auf der einen Seite der eine Mensch eine solche Strategie entwickelt, auf der anderen Seite der andere Mensch Mitleid entwickelt, ohne dieses Intrigenspiel zu erkennen? Da entsteht ja auch Mitleid.

Martha: Eigentlich entwickelt der andere in solchen Fällen nur Barmherzigkeit, weil das Leid nicht echt ist.

W.W.: Aber er durchschaut es ja nicht!

Martha: Natürlich kann man letztendlich alles mißbräuchlich verwenden, aber wird die Kraft dadurch eine schlechte Kraft?

W.W.: Nein, würde ich nicht sagen.

Martha: Gut, da sind wir uns einig. Ich denke auch nicht, daß ich eine schlechte Kraft bin, nur dadurch, daß mich Menschen mißbrauchen. Wenn Kinder durch Heulen Mitleid erzeugen, halte ich das für legitim, denn sie leben noch in der Unschuld. Wenn sie durch Heulen

Mitleid erzeugen wollen, gibt es irgendwo einen Grund dafür, daß sie die heilende Kraft des Mitleids benötigen. Wenn Erwachsene dieses fabrizieren, belasten sie ihr Karma, indem sie eine hohe Kraft mißbräuchlich einfordern. Sie belasten ihr Karma erheblich!

W.W.: In welcher Weise belasten sie ihr Karma?

Martha: Sie müssen diese Einschnitte in ihrer nächsten Inkarnation ganz heftig wieder geradebiegen, indem sie dem Menschen, den sie mißbräuchlich angezapft haben, Gutes tun. Vermutlich müssen sie sogar echtes Mitleid für ihn entwickeln.

Jedes offene Betrachten der Welt bereichert Dein Innenleben

W.W.: Ist die höchste Form des Mitleids die Brüderlichkeit mit allen Wesen der gesamten Welt?

Martha: Ja. So weit seid ihr aber noch lange nicht.

W.W.: So kann also echtes Mitleid nur von einem recht bewußten Menschen entwickelt werden, zumindest volles umfassendes Mitleid?

Martha: Ja, aber er muß zugleich fühlen können, um dieses Mitleid erleben zu können. Wer nur rein aus dem Kopf mitleidet, wird nie umfassend mitleidig. Mitleid ist eine Kraft, die das Fühlen voraussetzt, Mitleid ist mit dem rein begrifflichen Denken nicht zu erzeugen. Mit dem Kopf kann man zwar eine Philosophie des Mitleids verfassen, aber echtes Mitleid ist das noch lange nicht. Es sind dann nur große Worte um eine große Kraft, nicht die Kraft selber. Mitleid wohnt im Herzen.

W.W.: Es ist ein recht neues Phänomen in der Menschheit, mit anderen Menschen in anderen Erdteilen Mitleid zu empfinden und ihnen helfen zu wollen. Das gab es vor 100 Jahren, auch vor 60 Jahren noch nicht. Was ist hier geschehen?

Martha: Das ist richtig beschrieben, und es ist ein Ergebnis der Globalisierung, es ist eine Kraft der Bewußtseinsseele. In dem Moment, in dem Du mit offenen Augen und mit offener Seele in die Welt schauen kannst, ist die Rückkopplung dieser Welt, daß auch etwas in Dir entsteht, entstehen kann. Das ist im Grunde aber eine alte Weisheit: Dein Innenleben wird reicher, wenn Du aus Dir herausschauen kannst. Wenn Du nur in Dich hineinschaust, verarmt Dein Innenleben. Jedes offene Betrachten der Welt bereichert Dein Innenleben, macht Deine Seele reicher. Und auf diesem Wege zieht auch das Mitleid mit ein.

W.W.: Durch den Blick in die Welt, durch das Interesse für die Welt und die dort vorhandene Not macht man sich also für das Mitleid offen?

Martha: Ja.

W.W.: Und wenn die Menschen Mitleid mit Naturwesen entwikkeln – was ist das für eine Kraft?

Martha: Eine sinnlich feinere Stufe des Mitleids, durch das Wesen eingeschlossen werden, die nicht dinglich mit den Sinnen erfaßbar sind. Dazu muß das Mitleid sich von dem physisch vorhandenen Objekt lösen können. Die Vorstufe dazu ist Mitleid mit irgendeinem konkreten Menschen, z.B. im Süden Chiles, den man konkret nicht kennt, aber mit dem man Mitleid empfindet, weil man weiß, daß er in Not ist. Dies ist ein Schritt in diese Richtung. Der nächste Schritt ist, mit nichtphysisch vorhandenen Wesen Mitleid empfinden zu können, weil sie Dein Herz berühren. Das kann sich weiter steigern.

Beschäftige Dich mit dem Kreuzweg Christi!

W.W.: Was kann ein Mensch tun, wenn er nicht genügend Mitleid empfinden kann bzw. wenn er sich auf diesem Felde mehr sensibilisieren und mehr Mitleid entwickeln möchte? Was würdest Du ihm raten?

Martha: Verbinde Dich mit dem Christus! Beschäftige Dich mit dem Kreuzweg Christi! Versuche die Stationen des Kreuzweges des Christus in Dir nachzuempfinden, nachzuerleben.

W.W.: Auf welche Weise kann man mit Naturwesen Mitleid entwickeln, und in welchen Bereichen ist dies am ehesten angebracht?

Martha: Überall dort, wo der Mensch im Betrachten der konkreten Natur Spuren der Zerstörung sieht. Bei zerstörter Natur hat der Mensch einen konkreten Anker, um hier Mitleid mit den dort befindlichen Naturwesen entwickeln zu können. Solche konkreten Anlässe machen es euch Menschen immer leichter.

Mitleid mit geistigen Wesen

W.W.: Wie ist es in bezug auf geistige Wesen, z.B. in bezug auf Engel oder Erzengel; wie kann man hier Mitleid entwickeln?

Martha: In dem Moment, in dem Du Deine persönliche Biographie beschaust – z.b. beim abendlichen Rückblick, im Rückblick auf den gelebten Tag –, kannst Du zu Bereichen kommen, zu Ekken kommen, die Du aus Deiner eigenen Freiheit in Dein Leben hineingehauen hast, die schief sind. Gleiches kannst Du auch mit einem Rückblick auf die geschichtliche Biographie der Menschheit machen. An solchen konkreten Punkten kannst Du dann Mitleid mit den führenden Engeln oder Erzengeln entwickeln. Wenn Du die deutsche Geschichte betrachtest, so kannst Du die Zeit des deutschen Faschismus als eine ganz heftige Ecke, als etwas ganz Furchtbares betrachten und empfinden, und hier kannst Du Mitleid mit den führenden Wesen der Deutschen, z.B. dem entsprechenden Erzengel, entwickeln.

W.W.: Kann man nicht auch mit dem Bösen Mitleid haben? Wenn ja, an welcher Stelle kann man Mitleid mit dem Bösen entwickeln?

Martha: Du kannst mit Menschen, in denen Dir das Böse begegnet, Mitleid empfinden, indem Du Dir vorstellst, daß sie sich vom Licht abgewendet haben und sich mit voller Überzeugung auf einen Weg begeben haben, um das Böse in der Welt zu repräsentieren. Hier ist Mitleid möglich, es ist aber sehr abgehoben. Man kann aber auch ganz im Konkreten mit den bösen Mächten Mitleid entwickeln, indem man mit einem Menschen mitleidet, den man erlebt, der böse Taten vollzieht und von dem man den starken Eindruck entwickelt, daß er sie nicht aus sich selber heraus tut, daß dort also eine Besetzung vorliegt. An einer solchen Stelle kannst Du konkret mit dem Bösen Mitleid entwickeln. Das ist wesentlich schwerer, als dieses eben angesprochene abgehobene Denken des Mitleids in der Vorstellung zu haben.

W.W.: Das habe ich so noch nicht ganz erfaßt: Ein Mensch wird von einer bösen Macht besetzt. Da kann ich doch eigentlich nur mit dem Menschen Mitleid entwickeln, weniger aber mit dem Bösen.

Martha: Schon, aber gerade hier Mitleid für das Böse zu entwikkeln, wäre eine gewaltige Leistung. Denn auch das Böse ist hier mehr oder weniger gezwungen, wieder schlechtes Karma auf sein Schicksal zu nehmen, indem es diese Besetzung durchführt.

Grenzen des Mitleids

W.W.: Nun kommt die entscheidende Frage: Gibt es irgend etwas, mit dem man kein Mitleid empfinden sollte?
Martha: Nein.
W.W.: Warum nicht? Soll man mit einem Menschen, der aus voller Überzeugung andere Menschen abschlachtet, der nicht besetzt ist, der z.B. bewußt foltert, Mitleid empfinden?
Martha: Ja.
W.W.: Warum?
Martha: Wenn er es nicht einsieht, ist es problematisch. Aber weißt Du, ob er dies nicht im nächsten Leben einsieht? So gesehen könntest Du dann doch Mitleid mit ihm haben.
W.W.: Betrachten wir einmal nur den Zeitpunkt in diesem Leben. Er sieht seine Taten nicht ein. Warum soll ich hier Mitleid empfinden?
Martha: Du könntest mit ihm Mitleid haben, weil er durch seine Nichteinsicht ein wesentlich schlechteres Kamaloka haben wird, als wenn er einsichtsfähig wäre. Soviel Mitleid könntest Du aufbringen.
W.W.: Und wenn ich ihm gönne, im Kamaloka zu schmoren?
Martha: Das ist Deine Entscheidung.
W.W.: Gibt es wirklich keine Grenzen des Mitleids? Bedeutet das nicht die Absurdität, daß man letztendlich alles tun darf?
Martha: Nein. Das ist nicht gefordert vom Mitleid.
W.W.: „Darf" ist vielleicht nicht der richtige Begriff. Sagen wir es anders: Jede böse Tat ist möglich, und immer sollte in bezug auf die agierenden bösen Wesen von anderen Wesen Mitleid entwickelt werden. Gibt es hier nicht irgendwann einmal eine Grenze? Verstehst Du, was ich meine?
Martha: Ich verstehe, was Du meinst, aber diese Grenze sehe ich nicht. Es kann allerhöchstens sein, daß sie so weit weg ist, daß ich sie nicht sehe.

Die unpersönliche Seite der Liebe

W.W.: Ist Mitleid – so gesehen – Liebe?

Martha: Eine Seite der Liebe, es ist die unpersönliche Seite der Liebe, ja. Was sonst! Vielleicht ist Mitleid sogar eine zukünftige Form der Liebe. Das Wichtigste am Mitleid ist, daß ihr lernt, daß Mitleid keine Forderung in sich bergen darf. Mitleid muß immer nichtfordernd von Dir ausgehen, es darf niemals auch nur den kleinsten Beigeschmack haben: Ich, also *ich* habe Mitleid mit Dir, also mußt *Du* Dich ändern! Das aber ist nicht leicht. Es sollte statt dessen immer den Beigeschmack haben: Ich habe Mitleid, also muß *ich* mich ändern.

W.W.: Man sieht, daß ein Mensch einen Irrweg geht, und entwickelt mit ihm Mitleid. Dann denkt man doch trotzdem, daß dieser Mensch sich ändern sollte, denn er geht ja einen Irrweg.

Martha: Das ist der Anfang von Hybris.

W.W.: Wieso?

Martha: Weil Du Dir klarmachen mußt, daß Du die Schicksalswege dieses Menschen vielleicht nicht so gut durchschauen kannst wie sein Engel und deswegen dieser mögliche Irrtum für die Beherrschung seines Karmas extrem wichtig ist, wichtig sein kann. Und wenn Du ihn davon abbringst, änderst Du einen Teil seiner Zukunft.

W.W.: Na ja, das finde ich nun etwas abgehoben. Ein Mensch ist z.B. drogensüchtig, man leidet mit ihm mit, die Drogensucht ist ein eindeutiger Irrweg, und man kann doch wissen, daß er seinen Weg ändern muß. Man entwickelt Mitleid und erkennt gleichzeitig ganz klar, welchen anderen Weg ein solcher Mensch einschlagen muß.

Martha: Das ist vollständig in Ordnung. Man darf eine Änderung wünschen, aber man darf sie nicht fordern.

Wende Dich an seinen Engel

W.W.: Wie kann man prüfen, ob das eigene Mitleid egoistisch ist?

Martha: Man kann es immer daran prüfen, daß man sich fragt: Wie würde der Christus in meinem Fall handeln.

W.W.: Das kann man aber selbst sehr schwer unterscheiden.

Martha: Das ist richtig. Nimm ein solches Gefühl jeden Abend mit in den Schlaf. Wer so weit ist, daß er eventuell Bedenken hat, daß das eigene Mitleid ein egoistisches ist, der hat schon einen Schritt getan. Dann sollte er auch wach genug sein, daß er diese Frage mit zu seinem Engel in die Nacht hineinnimmt, z.B. die Frage: Ist mein Mitleid in Ordnung? Ist mein Mitleid Egoismus? Mache ich eine Selbstbespiegelung? Wenn Du Dich am Tag von dem Mitleid abwendest, dann war Dein Mitleid schief.

W.W.: Und wenn es ein anderer Mensch ist, der in seinem Mitleid versinkt, was macht man dann?

Martha: Dann wende Dich an seinen Engel. Das wirkt Wunder! Wende Dich nicht an den Menschen, sondern wende Dich an seinen Engel. Dies geschieht am besten durch ein Gebet, durch das Fürbitte-Gebet. Oder sprich mit seinem Engel, daß Du der Ansicht bist, daß dieser Mensch im falschen Mitleid versinkt, und bitte ihn, tätig zu werden. Vermeide es, mit dem Menschen selbst darüber zu sprechen, denn er fühlt sich sehr hehr.

W.W.: Vielen Dank. Möchtest Du noch etwas sagen?

Martha: Habt Mitleid! Aber verliert euch nicht im Mitleid! Verliert nicht eure Handlungsfähigkeit!

Angst

Wolfgang Weirauch: Hast Du auch selber Angst?

Angst, die Angst: Ja.

W.W.: Vor wem?

Angst: Vor mir.

W.W.: Warum?

Angst: Die Angst im eigentlichen Sinne hat immer nur vor sich selbst Angst. Die Angst hat nie vor etwas anderem Angst, immer nur vor der Angst. Jeder hat nur vor der Angst Angst, also muß auch die Angst vor der Angst Angst haben.

W.W.: Aber man hat doch eigentlich Angst vor dem, was man nicht kennt. Du müßtest Dich doch aber eigentlich selber sehr gut kennen, oder nicht?

Angst: Nein, ich bin ein Zirkelschluß. Deswegen habe ich vor mir selber Angst. Sonst könnte ich nicht existieren. Hörte ich auf, vor mir selbst Angst zu haben, gäbe es keine Angst mehr in der Welt.

W.W.: Kannst Du das Gefühl, Angst vor Dir selber zu haben, beschreiben?

Angst: Hast Du schon einmal selber Angst gehabt?

W.W.: Selten, aber manchmal.

Angst: So fühlt sich das an. Es ist schwer zu beschreiben. Ihr Menschen habt ja ganze Berufe erfunden, nur um dieses Gefühl zu beschreiben.

W.W.: Menschen haben Angst vor etwas Fremden. Du aber hast Angst vor Dir selbst. Das ist ja noch ein bißchen etwas anderes.

Angst: Ohne Angst hätte ich keine Existenz. Solange ich mich fühle, fühle ich Angst, solange existiere ich. Fühle ich mich nicht mehr, ist die Angst verschwunden.

Ich schaue immer nur mich selbst an

W.W.: Hast Du auch vor etwas anderem Angst als vor Dir selbst?

Angst: Nein.

W.W.: Vor keinem anderen Wesen? So etwas kennst Du überhaupt nicht?

Angst: Nein. – Was man in bezug auf die Angst verstehen muß, ist, daß das Rausgucken und das Reingucken verlorengegangen ist; man schaut immer nur ein Ding an. Und ich schaue immer nur mich selbst an. Ich drehe mich dabei sehr schnell, aber außen und innen ist immer nur Angst.

W.W.: Schaust Du denn gar nicht nach außen, schaust Du gar nicht andere Wesen an?

Angst: Nein. Auch ängstliche Menschen schauen nicht zu anderen Wesen.

W.W.: Dann drehst Du Dich also nur in Dir bzw. in einem gewissen Umkreis?

Angst: Ja.

W.W.: Bist Du ein einziges Wesen auf der Erde bzw. im Kosmos?

Angst: Ich bin ein einziges Wesen einerseits, andererseits gibt es von mir sehr viele; insofern bin ich ein multiples Wesen. Alle sind gleich, aber es sind viele. Die Angst eines jeden Angstwesens ist ein ganz bißchen anders, aber ich bin trotzdem jede Angst. Ich bin ich und gleichzeitig multipel. Das mußt Du Dir so vorstellen wie diese multiplen Persönlichkeiten – ich und die 131 anderen Wesenheiten in mir! Vielleicht sind es auch sechs Milliarden!

W.W.: Aber Du mußt ja auch andere Wesen wahrnehmen können, z.B. Engel und noch höhere Wesen!

Angst: Eigentlich nicht, erst ab einer bestimmten höheren Stufe nehme ich sie natürlich wahr. Wenn ich Engel wahrnehmen muß, dann muß ich es; aber ich vermeide es möglichst. Engel haben ab einer bestimmten Hierarchie keine Angst mehr.

Angst ist ein Grundzustand eurer Welt

W.W.: Kannst Du Dich als Gesamt-Angstwesen bzw. als multiples Angstwesen noch einmal ein wenig genauer beschreiben?

Angst: Ich bin auf der einen Seite notwendig zur Selbsterkenntnis. Ich bin wichtig für die Selbsterkenntnis, aber keineswegs nur für die

Menschen. Bei der Angst geht es nicht nur um Menschen. Angst ist ein Grundzustand eurer Welt. Angst gehört mehr zum Weltenkörper Erde dazu als zum Menschen. Es können Bäume Angst haben, es können Berge Angst haben, es können Tiere Angst haben, es können Engel Angst haben, es können die Erdwesen Angst haben; insofern ist die Angst nicht an den Menschen gebunden. Der Mensch kann aber nur eine bestimmte Stufe erreichen, wenn er sich einmal grundlegend mit der Angst konfrontiert hat. Der wichtigste Punkt dabei ist, daß das Blicklos-Werden, das Gefangensein in einem Bild, was durch die Angst erzeugt wird, selbständig überwunden wird.

Angst ist das Gefangensein in einem einzigen Bild, ohne Ausweg, ohne einen Lichtstrahl, der hier reinfällt. Angst bedeutet, sich um sich selber zu drehen und da nicht rauszukommen. Das kann etwas Großes und Mächtiges sein, genauso aber auch etwas Kleines und Winziges – aber es ist immer das gleiche Drehmoment oder Phänomen, welches den Blick von der Außenwelt und der Innenwelt abzieht. Dies ist der gefangene, der gebundene Blick, der in sich selbst zurückläuft, der immer nur das gleiche wahrnimmt.

W.W.: Du sagtest, daß die Angst ein Urzustand dieser Welt sei. Warum gibt es diesen Urzustand überhaupt? Hat die Angst einen Sinn für die Welt, muß sie dasein? Oder kommt sie nur aufgrund der Gegebenheiten bei lebenden Wesen? Kommt die Angst nur, weil Wesen leben und sie diesen gefangenen Blick haben?

Angst: Die Angst ist von den Schöpfermächten in dieses Weltensystem eingearbeitet worden und muß dasein, damit bestimmte Entwicklungsschritte gemacht werden können. Ohne Angst könnten bestimmte Entwicklungsschritte bei vielen Wesenheiten nicht gemacht werden. Insofern muß die Angst dasein. Die Angst ist eine Entwicklungsvoraussetzung für das Erreichen bestimmter geistiger Stufen. Ob man das nicht grundsätzlich anders hätte lösen können, wäre eine andere Diskussion. Aber innerhalb dieses Systems ist die Angst eine notwendige Komponente, um eine bestimmte geistige Stufe zu erreichen.

W.W.: Für jedes Wesen, welches sich entwickeln will, muß also irgendwo die Angst vorhanden sein, damit dieses Wesen die Angst überwinden kann und sich somit selbst weiter vervollkommnen kann?

Angst: Ja.

Wenn geistige Wesen Angst haben

W.W.: Und wenn geistige Wesen Angst haben, kommt dann auch eine Verbindung zu Dir mit diesen angsthabenden geistigen Wesen zustande?

Angst: Ja, ich bin ein multiples Wesen. Wenn große geistige Wesen Angst haben, geschehen meist ziemlich entsetzliche Dinge. Dann bricht eine Entwicklung auf, dann fällt ein Engel aus dem Himmel und wird schwarz und ähnliches.

W.W.: Kannst Du es noch ein wenig genauer beschreiben, an einem Beispiel, wie es ist, wenn größere geistige Wesen Angst haben, wenn z.B. ein Kampf entsteht?

Angst: Es ist jetzt die richtige Zeit, die Michaelizeit. Michael und seine Scharen haben auch die Angst im Himmel bekämpft. Weil Michael die Angst überwinden konnte, konnte er seinen Gegenspieler, Luzifer, später auch ahrimanische Wesen, stürzen. Auslöser war Angst. Luzifer hatte Angst.

W.W.: Wovor?

Angst: Das ist schwer zu sagen. Er ist aus einem Bild nicht herausgekommen. Es ging darum, daß seine Visionen nicht aufgingen. Es ist ganz wichtig für euch zu wissen, daß es mich als Angst gar nicht interessiert, wovor ihr Angst habt. Mich interessiert nicht, daß ein Mensch z.B. vor Hornissen Angst hat. Wesentlich ist, daß er Angst hat. Der Inhalt des Bildes ist gleichgültig.

W.W.: Vom Wesen der Wut z.B. könnte ich mir vorstellen, daß dieses Wesen in sich das Bestreben hat, daß Menschen wütend werden, um sich mit diesen Menschen zu verbinden, um die Wutkomponente bei den Menschen zu stärken. Gibt es so etwas auch bei Dir? Ist es für Dich eine Befriedigung oder etwas Ähnliches, wenn irgendein Wesen Angst hat?

Angst: Nein, so ist es nicht. Ich bin sehr neutral. Alle Wesen haben Angst, und ich bin weder schwarz noch weiß. Ich bin weder dunkel noch hell. Ich bin immer im Dazwischen. Ich befalle Gute wie Schlechte, Schöne wie Häßliche und habe keine bestimmten Intentionen, irgendwelche Wesen zu schonen, andere dafür nicht zu schonen.

W.W.: Wenn es kein Wesen mehr geben würde, welches Angst hätte, wärst Du dann überflüssig?

Angst: Ja, das macht mir angst. Das ist Existenzangst.

W.W.: Aber dann wirst Du ja doch durch die Wesen genährt, die Angst haben.

Angst: Ich werde durch sie am Leben erhalten, ja. Aber momentan gibt es so viel Angst! Es gibt nicht nur die Angst im Menschen, es gibt in der ganzen Schöpfung viel Angst. Wenn aber die ganze Schöpfung so weit käme, daß sie jegliche Angst überwinden würde – nein, nicht in dieser Schöpfung! Diese Schöpfung müßte sich erledigen. Aber das könnt ihr nicht einmal denken. Auch ich kann dies nicht wirklich denken. Ich kann es auch nicht wahrnehmen. Solange diese Schöpfung existiert, wird es Angst geben.

Es mag sein und wird wohl auch so kommen, daß sich einzelne Wesen der Angst entwinden, denn es gibt keine kollektive Angst. Jedes Wesen muß mit der Angst selbst fertig werden. Du kannst nicht einem anderen die Angst wegnehmen. Du kannst ihn trösten, Du kannst ihn oder sie in den Arm nehmen, Du kannst ihnen Schutzräume geben, aber mit der Angst muß immer das einzelne Wesen fertig werden – sei es Tier, sei es Mensch, sei es Engel. Das werden natürlich viele Menschen schaffen, weil ihr und diese Schöpfung auf Entwicklung ausgelegt seid. Die eine Seite der Schöpfung sagt: Der Sinn der Schöpfung ist Entwicklung, die andere Seite will dies stoppen – und solange die Entwicklung noch nicht abgeschlossen ist, werde ich ewig existieren. Aber ich habe keine Lust am Angsthaben.

W.W.: Wie stehst Du zu anderen Wesen, z.B. zu dem Mut? Nimmst Du den Mut wahr, berührt ihr euch?

Angst: Den Mut kenne ich gut, weil alle die, die die Angst überwinden, die die Angst erkennen, die Abstand zu mir gewinnen, den Mut dazu brauchen. Ohne Mut geht es nicht. Ich kann den Mut spüren, aber ich kann ihn nicht sehen.

W.W.: Wäre der Mut nicht auch etwas für Dich, wenn Du doch immer sagst, Du hättest vor Dir selber Angst?

Angst: Ich kann kein anderes Wesen sehen. Ich bin in mir gefangen.

W.W.: Und wie nimmst Du uns wahr, wenn wir jetzt hier mit Dir reden?

Angst: Jeder von euch hat irgendwo ein bißchen Angst. Nur weil ihr das habt, können wir miteinander reden.

W.W.: Aber die Worte, die wir miteinander sprechen, haben mit Angst nichts zu tun, und diese nimmst Du ja trotzdem wahr.

Angst: Ich bin ja nicht dumm! Ich bin ein hohes astrales Wesen. Aber ich kann nicht aus meinem System heraus. Ich habe ja einen Vermittler, der ein höheres astrales Wesen ist.

W.W.: Warum haben die Menschen heute so vielfach Angst?

Angst: Weil sie nicht erkennen, weil sie den Mut der Erkenntnis nicht haben oder weil sie sich vorgenommen haben, sich auf der jetzigen Erdenstufe mit mir auseinanderzusetzen, um mich wirklich erkennen zu können. Jeder Mensch muß einmal durch eine Angstinkarnation hindurch. Der Umgang mit sich selbst ist immer Thema des Menschen, und er muß dabei den Mut aufbringen, die Angst zu überwinden. In dem Moment, in dem er mich erkennt, ist der erste Schritt getan, mich zumindest erst einmal zu ertragen.

Angst überwinden

W.W.: Was müßte ein Mensch tun, um die Angst zu überwinden; ganz allgemein erst einmal?

Angst: Zuerst einmal muß er feststellen, daß er überhaupt Angst hat. Das ist der grundlegende Schritt. Aber das ist einer der schwierigsten Schritte. Wenn Du im System der Angst drinnen bist, geht es oft sogar so weit, daß Du gar nicht mehr weißt, daß Du Angst hast. Oft merkst Du nicht einmal, daß die Angst in Panik umschlägt. Der erste Schritt ist also: Erkenne, daß es Angst ist! Der nächste Schritt ist: Erkenne das Bild innerhalb dieser Angst! Also erkenne, wovor Du Angst hast. Dann müssen die Schritte kommen, dieses jeweilige Bild aufzulösen, und dann ist dieser Angstteil verschwunden.

W.W.: Immer wenn der Erkenntnisprozeß einsetzt?

Angst: Ja, zumindest im ersten Schritt. Dann der Erkenntnisschritt, welches jeweilige Bild einen ängstigt.

W.W.: Reicht denn das schon, um die Angst zu überwinden?

Angst: Zuerst ja. Dann aber ändert sich die Angst und wird Furcht. Ihr habt teilweise ja auch Furcht vor der Angst.

W.W.: Warum hat heute der eine Mensch mehr Angst, der andere weniger? Kann man das allgemein beantworten?

Angst: Ja, es gibt zwei Grundmodelle, warum es ängstlichere Typen gibt. Sie haben sich z.B. sehr dick in die Erinnerung, in den Ätherleib, für dieses Leben geschrieben: Beschäftige Dich mit dem Thema Angst! Diese Menschen müssen sich dauernd mit neuen Angstaspekten auseinandersetzen: lähmende Angst, überwältigende Angst usw. Es gibt eine große Bandbreite von Angsttypen.

Ich bin ja in der Lage, mein Kreisen differenzierter, langsamer oder schneller zu gestalten. Angst ist nicht gleich Angst. Es gibt Angst, die Dich lähmt, es gibt Angst, die Dich packt, es gibt Angst, die zur Panik führt, es gibt Angst, die erschöpfend ist, es gibt Angst, die nicht so stark ist und die nur in bestimmten Situationen auftritt usw.

Der andere Aspekt von Menschen ist, daß die Angst heute ein Echo auf vorige Inkarnationen ist, daß die Menschen damals Schritte in bezug auf eine andere astrale Kraft gemacht haben, die jetzt voraussetzt, daß sie auch die gegenteilige Seite, die Angst, erleben. Ein Mensch mit Tollkühnheit lebt dies in einer gewissen Einseitigkeit aus. Vermutlich hat er dann viele Taten begangen, die bei anderen Menschen Angst ausgelöst haben, vielleicht auch Furcht. Ein solcher Mensch bekommt dann in seiner nächsten Inkarnation den Spiegel vorgehalten und ist auf einmal ängstlich. Insofern werden diejenigen, die jetzt ängstlich sind, in einer nächsten Inkarnation vermutlich mutiger, vielleicht sogar tollkühner. Aber das muß nicht so sein.

Furcht kann man auch ohne Angst haben

W.W.: Ist Angst auch einfach eine Schutzkraft, die einen vor einem Unglück bewahrt?

Angst: Das ist eher die Furcht. Die Angst ist eher das, was nicht erkennt. Furcht hat Schutzkraft. Furcht ist etwas Definiertes. Furcht kann man auch ohne Angst haben, aber wenn beides zusammenkommt, wird es sehr kompliziert. Die Furcht fürchtet sich immer vor einem konkreten Objekt, ist oft auch ein intellektueller Vorgang, ist sehr definiert, sehr gezielt. Am Anfang ist es vielfach so, daß die Menschen einfach nur Angst haben und überhaupt nicht sagen können, was sie ängstigt.

W.W.: Wie würdest Du denn das Wesen der Furcht beschreiben?

Angst: Die Furcht schaut heraus. Die Furcht sucht immer ein Gegenüber. Die Furcht ist nicht in sich selbst gefangen. Die Furcht ist objektbezogen.

W.W.: Wenn der Mensch vor einem Löwen zittert, ist das dann Furcht?

Angst: Ja. Allerdings nur, wenn es ein konkreter Löwe ist. Wenn sich die Furcht vom konkreten Löwen löst und zu einem allgemeinen Bild wird, dann wird es Angst. Wenn Du aber in der Savanne stehst, und es kommt ein Löwe, dann fürchtest Du diesen konkreten Löwen. Wenn Du aber später Alpträume bekommst, wenn dies zu einem Trauma wird, dieses Löwen-Angstbild sich von dem tatsächlichen Löwen löst, dann wird es Angst. Dann fängt es an, in sich selbst zu kreisen.

W.W.: Ist Angst denn nie richtig objektbezogen?

Angst: Nein.

W.W.: Dann benutzt man ja den Begriff Angst eigentlich zu häufig, weil es viel mehr Furcht gibt.

Angst: Ja. Du hast ja auch nicht Angst, daß Dir ein Ziegel auf den Kopf fällt, wenn Du unter einem baufälligen Haus entlanggehst, sondern davor fürchtest Du Dich.

W.W.: Und wie stehst Du zur Furcht? Ist dies eine Schwester von Dir? Nimmst Du sie wahr?

Angst: Ich fühle sie. Furcht ist ganz oft von Angst begleitet. Das Problem ist, daß Furcht und Angst sich in dem Wesen häufig mischen; die Menschen und die anderen Wesen haben sowohl Angst als auch Furcht. Wir treten oft zusammen auf. Aber eigentlich sind wir zum einen diejenige, die rausguckt (Furcht), zum anderen diejenige, die nicht rausguckt (Angst). Man kann es auch positiv formulieren: Ich als Angst bin mir selbst genug, ich reiche mir; die Furcht dagegen braucht immer den konkreten Gegenstand bzw. das konkrete Wesen bzw. eine konkrete Situation, wobei Situationen oft von der Furcht in die Angst hineinleiten. Wenn ein Mensch z.B. fürchtet, daß er am Ende seines Lebens im Altenheim landet, dann führt diese Furcht allmählich zur Angst. Die Angst hat z.B. ein gutes Verhältnis zum Wahn.

Wahn und Panik

W.W.: Was ist denn der Wahn?

Angst: Etwas, was sich vom Objekt gelöst hat und was in Deiner Seele oder in Deinem Geist herumspukt, ohne daß Du die Quelle dafür benennen könntest. Das ist z.B. eine Wahnvorstellung. Das kann sehr realistisch, oft aber auch sehr unrealistisch sein. Auf jeden Fall ist es von der Realität abgelöst.

W.W.: Was ist Panik?

Angst: Von Panik spricht man, wenn die Angst das System überrennt. Auch die Furcht kann zur Panik führen. Wenn das Ich so weit zurückgedreht wird, daß reine seelische Kräfte nur noch versuchen, der Situation, die Furcht ausgelöst hat, oder der Situation, die Angst eingeflößt hat, zu entkommen, dann entsteht Panik. Es ist eine unkontrollierte, nicht mehr durch das Ich geführte Flucht. Die Moralkräfte sind an das Ich, an den Geist gebunden, und das Ich wird dabei herausgedrängt, und es regiert nur noch das Astrale, auch ganz stark das Ätherische, als lebenserhaltende Funktion, und das mäht alles nieder, was an Moralvorstellungen, an Ichvorstellungen vorhanden ist. Das ist Panik. Diese Panik kann auch als Attacke kommen. Im Moment einer Panikattacke haut das Ich ab, kurzfristig. Die Panik kommt zum Teil nur deshalb, weil das Ich eben mal um die Ecke geht.

W.W.: Kannst Du bitte noch einmal genauer beschreiben, wie es ist, wenn Du vor Dir selber Angst hast, wenn Du Dich entsprechend fühlst? Ist dieser Vorgang der Angst vor Dir selbst immer vorhanden?

Angst: Dieses Gefühl ist immer da. Es ist wie ein Strudel. Stell Dir vor, Du befindest Dich in einem Strudel, der aber weder rauf noch runter geht, sondern sich immer nur im Kreis dreht wie ein Karussell – und dabei schaust Du immer nur Dich selber an. Alles außen, alles innen bist Du selbst. Das Wichtige, was man verstehen muß, wenn man sich mit der Angst beschäftigt, ist, daß das Rausgucken und das Reingucken verlorengegangen ist. Und dann kommt die Panik. Die Panik kommt zum Teil nur deswegen, weil das Ich um die Ecke geht. Weil das Ich verschwindet.

W.W.: Was für ein Wesen ist denn die Panik?

Angst: Das ist ein sehr starkes Wesen. Es ist ein vulkanartiges Wesen. Es ist ein Ausbruch astraler Kräfte. Es ist eine Art Kraft, die alle astralen Kräfte ungeführt ausbrechen läßt, vor allem aber den Fluchtimpuls. Die Panik schiebt einen Riegel beiseite, so daß diese Art von Kräften ausbrechen können. Die Panik führt zum Wegrennen.

W.W.: Bist Du selbst auch ein astrales Wesen?

Angst: Ja. Aber ich habe Geist. Ich habe Geist, weil ich systemimmanent bin. Dieser Kosmos hat mich als Stufe in sich, weil ich als Stufe notwendig bin, die Wesen zur Freiheit zu führen. Frei werden kannst Du nur, wenn Du mich beherrschst. Ohne Angst keine Freiheit.

W.W.: Dann hast Du ja eine ungeheuer wichtige Aufgabe in bezug auf den Menschen und die menschliche Entwicklung!

Angst: Schön, daß Du das erkennst!

Angst vor der Geburt?

W.W.: Haben Menschen allgemein Angst, wenn sie vor der Geburt die Erde, ihr Schicksal betrachten? Ist das nicht ein Angstschock, vielleicht allein schon die Tatsache, daß man aus der geistigen Welt in die irdische Welt hineinmuß?

Angst: Ja und nein. Es gibt solche und solche Menschen. Die richtig Mutigen sind richtig geil darauf, auf die Erde zu kommen, sie erleben auch keinen Angstschock. Sie sind ungeheuer glücklich, wenn sie endlich auf der Erde sind, und möchten, nachdem sie aus dem Mutterleib heraus sind, eigentlich gleich die ganze Welt umarmen. Solche Menschen gibt es. Grundsätzlich ist es schon eine Art Schock. Aber ein Schock muß nicht unbedingt nur negativ sein. Das sind auch solche Menschen, die schon ein Willkommen im Mutterleib spüren. Diese Menschen kommen gerne auf die Welt. Sie haben keine Angst.

Und dann gibt es diejenigen Wesen, in bezug auf die die Mutter sagt: Um Gottes willen, ich bin schwanger! Das überträgt sich auf den werdenden Menschen. Insofern kann man nicht sagen, daß jedes geborene Wesen Angst vor der Welt hat. Es gibt also Menschen, die eine große Angst vor der Geburt haben, es gibt aber genauso viele Menschen, die eine große Freude haben, geboren zu werden.

W.W.: Nehmen wir aber einen Menschen, der sich ein schweres Schicksal ausgesucht hat bzw. ein schweres Schicksal antreten muß; dies schaut er ja vor der Geburt bzw. vor der Konzeption. Ist es hier nicht fast logisch, daß ein solcher Mensch Angst bekommt, Angst wegen dieses Vorblicks auf das Leben?

Angst: Auch hier gibt es wieder die verschiedenen Typen. Die einen freuen sich, in dieser Inkarnation richtig etwas zu tun zu haben, und die anderen sagen: Vielleicht habe ich mir doch zuviel vorgenommen. Das kann man nicht generell beantworten. Obwohl der eine ein sehr schweres Leben vor sich hat, ist er vielleicht ganz tatkräftig, mutig und bringt eine große Willensportion mit, während der andere ganz ängstlich ist und ein viel leichteres Schicksal viel schwerer nimmt.

Die Ängste der Mutter übertragen sich

W.W.: Wenn eine Mutter das werdende Kind nicht liebt, nicht haben will: Wie überträgt sich dieser Unwille auf das Kind?

Angst: Kind und Mutter sind ein System, auch astralisch; natürlich nicht geistig. Wie Du weißt, trennen sich die Astralleiber der Mutter und des Kindes erst so um das 14. Lebensjahr, dann erst wird der Astralleib des Menschen mehr oder weniger souverän. Bis zu diesem Lebensalter, heute ist dies vielleicht schon das 12. oder 13. Lebensjahr, lebt das Kind eigentlich noch in der Gefühlswelt der Mutter. Und wenn diese Mutter Lebensängste entwickelt, wenn sie vielleicht gerade deswegen Lebensängste entwickelt, weil sie schwanger geworden und mit dieser Schwangerschaft überfordert ist, übertragen sich diese Ängste auf das Kind. Auch hier gibt es wiederum Kinder, die dies gut wegstecken können; aber sie haben es alle deutlich schwerer als diejenigen, die von der Mutter geliebt werden. Wenn die Mutter daran zweifelt, ein Kind erziehen zu können, so überträgt sich das sofort auf das Kind, und das Kind lebt im Drehimpuls der Angst.

W.W.: Kinder haben oft in den ersten sieben Jahren undifferenzierte Angst. Kannst Du sagen, warum das so ist?

Angst: Es ist z.B. oft die Angst vor dem Dunkeln, die Angst vor dem Tod oder vor gewissen geistigen Wesen, die die Kinder nicht spezifizieren können; eigentlich ist es keine echte Angst. Erst nach dem Rubikon, dem neunten Lebensjahr, wird es individueller. Kinder, die in einem vertrauensvollen Umfeld leben, haben eigentlich eher nur Furcht und gar keine Angst. Natürlich fürchten sie sich davor, wenn sie irgend etwas sehen, was ihnen unbekannt ist. Aber sie sehen dasjenige, was ihnen unbekannt ist, zumindest ungefähr. Sie sehen den schwarzen Mann oder den dunklen Raum, und das ist eine Wahrnehmung, die sie nicht benennen können und die dadurch Furcht auslöst. Das betrifft auch gewisse geistige Wesen, die Kinder oft schauen. Dies alles ist eindeutig Furcht. Erst ab dem neunten Lebensjahr tritt ein Verhältnis zur Welt auf, bei dem sich das ändert. Und der nächste Schritt kommt mit der Pubertät, wenn man Angst vor den Gefühlen bekommt, die überwältigend sein können. Und hier ist es wirklich oft Angst. Denn die Gefühle, die Angst vor diesen Gefühlen, sind oft unbenennbar. In dieses Gefühlschaos kommt ein Drehimpuls, ein Angstimpuls hinein. Wenn Kinder vor dem neunten Lebensjahr wirklich Angst haben, haben sie es von der Mutter übernommen, leben dann die Ängste der Mutter. Das sind nicht die eigenen Ängste.

W.W.: Was kann man hier als Eltern machen?

Angst: Sich auf das Kind freuen, dem Kind eine vertrauensvolle Umwelt bieten. Es gibt Eltern, die das einfach nicht können. Das Wichtigste ist, daß die Mutter mit ihren Ängsten fertig wird, denn sie hat mehr oder weniger mit dem Kind verbundene Leiber. Die Mutter sollte die Ängste benennen können, zumindest aus der Angst eine Furcht machen usw.

Wenn das Herz zu rasen beginnt

W.W.: Betrachten wir den Menschen und die Angst: Die bekannteste psychosomatische Herzkrankheit ist die Herzphobie. Zu unpassender Gelegenheit beginnt das Herz zu rasen, kalter Schweiß und Angst treten auf, der Mensch glaubt, ohnmächtig zu werden, er macht sich Vorstellungen zu sterben. Man glaubt, das Herz könnte stehenbleiben. In einer solchen Situation treten viele Ängste auf. Kannst Du einmal beschreiben, was bei einem solchen Menschen los ist?

Angst: Das sind unerklärte Situationen, typische Angstzeichen. Dieser Mensch – in einer gewissen Vorsicht formuliert – erreicht in solchen Momenten mit seinem Ich nicht das Herz, welches aber nicht unbedingt der Sitz des Ichs ist. Es tritt eine Trennung zwischen seiner Ichkraft und dem Herzen auf. In gewisser Hinsicht ist diese Phobie besonders schlimm, weil das Herz den Christus nicht erreicht. Wenn hier der Kontakt zum Christus abreißt oder auch aus karmischen Gründen abgerissen ist, sind es Ängste, die dort hochsteigen.

Dies geht sofort auf den Kreislauf, denn der Kreislauf läuft im Kreis; nicht weil das Herz schlägt, sondern das Herz schlägt, weil der Kreislauf läuft. Der Kreislauf beginnt dann, dem Christus mehr oder weniger hinterherzugaloppieren, viel schneller zu laufen, und dann entstehen die von Dir beschriebenen Situationen. Schwitzen ist z.B. eine solche Situation am Anfang. Wenn man schwitzt, bremst das Herz nicht mehr genug; das Herz ist auch eine Bremse. Das Herz ist viel mehr eine Bremse als ein Antreiber. Diese Bremse setzt aus, weil der Bezug zum Christus vorübergehend abgerissen ist. Dann kommt der Kreislauf in Wallung, weil er nicht mehr gebremst wird. Wenn Du in dem Moment ichgeführt sagst: Christus, wo bist du, dann ist das Herz sofort wieder da, sofort wieder in seiner Funktion. Das wäre eigentlich die einfachste und billigste Therapie. Hierzu werdet ihr aber die Menschen in eurem gegenwärtigen sozialen System nicht bekommen.

W.W.: Kann man Aussagen darüber treffen, warum ein Mensch eine solche Herzphobie hat?

Angst: Sehr plakativ, sehr schwarz-weiß gesagt ist es so, daß sich ein solcher Mensch für diese Inkarnation bewußt vorgenommen hat, einen bewußteren Kontakt zur Christuswesenheit zu bekommen. Dies könnte die erste christliche Inkarnation sein. Das ist der Hauptgrund. Natürlich gibt es in jeder individuellen Inkarnation auch weitere Gründe.

Ihr treibt euch gegenseitig in die Angst

W.W.: In welcher Weise kommst Du in Berührung mit einem solchen Menschen? Ist es so, daß eine physische oder seelische Krankheit vorhanden ist und Du dann einziehen mußt, weil dies eine angstauslösende Krankheit ist, oder trittst Du auch von Dir heraus mit einer gewissen Tendenz an den Menschen heran, damit der Mensch durch Dich Angst bekommt?

Angst: Das ist nicht ganz einfach mit Ja oder Nein zu beantworten. Es gibt durchaus Gespräche in der Vorbereitung einer Inkarnation eines Menschen, die der Engel dieses Menschen mit mir führt. Diesen Engel nehme ich wahr. Und hierbei wird es in einem gewissen Umfang abgesprochen, ob ich einen solchen Menschen aufsuche oder ob er mich aufsucht. Die Attacken für den Menschen sind natürlich schlimmer, wenn ich ungerufen in das Leben eines Menschen hineintrete. Das sind die schweren Fälle. Wenn der Mensch noch so viel von seinem Inkarnationsweg weiß, daß er an mich herantritt, laufen die Attacken schwächer, im Regelfalle harmloser. Dann bringt er nämlich Filter mit. Wenn ich von mir aus komme, springt ihn die Angst an.

W.W.: Hast Du denn Tendenzen in Dir, einen Menschen in die Angst zu treiben?

Angst: Nein. Ihr treibt euch gegenseitig in die Angst. Ihr Menschen habt für mich eine sehr ungute astrale Lust, andere Menschen in die Angst zu treiben. Das ist degoutant. Das hat schon etwas Schwarzmagisches. Ich aber bin kein schwarzmagisches Wesen.

W.W.: Du willst nicht, daß ein Mensch einen anderen ängstigt?

Angst: Auf keinen Fall.

W.W.: Aber es nährt Dich doch in einer gewissen Weise, wenn ein Mensch einem anderen Angst macht.

Angst: Du vergißt schon wieder, daß ich systemimmanent bin. Außerdem müßtet ihr dann den gesamten Kosmos umgewandelt haben. Ich habe zwar Existenzangst, aber ich habe kein Zeitproblem, und ich habe überhaupt nicht das Gefühl, daß ich übermorgen weg bin.

Als Christus Angst hatte

W.W.: Warum produziert sich die Angst des Menschen weitgehend auf das Herz – die Lunge lassen wir noch einmal weg – und nicht z.B. auf die Leber?

Angst: In der Leber sitzt der Christus im Seelensein. In der Milz sitzt das Geistselbst. Es gibt das trinitarische Herz-Leber-Milz-Dreieck. Die Fette sitzen in der Leber, mit der Milz ist das Geistselbst bzw.

der Wille verbunden, und das Ich ist auch mit dem Herzen verbunden, als Einfallstor für die Christuswesenheit. Deswegen ist diese Angst im Herzen so eng mit dem Ich und dem Christus verknüpft. Der Moment, in dem Christus als Mensch seine Angst überwand, handelte auch von dem Herzen. Das ist im Garten Gethsemane, wo Christus die eklatanten Worte über den Kelch spricht, der an ihm vorübergehen solle, wo er die Entscheidung aber an seinen Vater zurückgibt. In diesem Moment hat Christus Angst. Er hat Angst im Herzen.

W.W.: Also hat Christus auch Angst gehabt. Hat er nur in diesem Moment als Mensch Angst gehabt oder auch schon vorher?

Angst: Die trinitarischen Anteile von Christus ragen natürlich aus seinem Menschsein heraus, aber in diesem Moment war er Mensch, und in diesem Moment hatte er Angst.

W.W.: Angst wovor? Angst vor dem Tod? Angst vor der Kreuzigung?

Angst: Er bekam hier auch die Schwitzattacken. Er hatte Herzensangst. Deshalb gibt es die besonderen Herzängste.

Der Zweifel ist ganz wichtig

W.W.: Herzphobien treten besonders in den 20er Jahren des Menschen auf, in der Zeit der Entwicklung der Empfindungsseele. In dieser Zeit nimmt man noch einmal feiner die Welt wahr, und wenn den Menschen ein Urvertrauen durch die Erziehung fehlt, kann sich die Empfindungsseele nicht souverän entwickeln. Ist dies eine Ursache für Angst?

Angst: Auch der Engel hört etwa mit dem 26. Lebensjahr auf zu schubsen. Im vierten Lebensjahrsiebt tritt der Engel zunehmend zurück und hört mit der Druckbewegung auf, er übergibt die Führung des Lebens an den Menschen selbst. Das ist auch ein Herzangst-Auslöser.

Rudolf Steiner hat darauf hingewiesen, daß diese selbstverständlichen Grundkräfte der Erziehung mit der Entwicklung der Menschheitsgeschichte zunehmend zurückgehen, sieben Jahre pro Kulturepoche. Natürlich zieht der Engel sich nicht abrupt zurück. Er begleitet den Menschen auch weiterhin während des ganzen Lebens. Die meisten Engel treten langsam zurück, schieben weniger und hören dann auf. Dieses langsame Zurückziehen spiegelt sich unter anderem in den Herzphobien. Daran denkt ihr immer nicht. Warum eigentlich nicht? So weit reicht euer Geist nicht.

W.W.: In dieser Zeit entstehen neben der Angst auch Fragen und Zweifel an dem Sinn des Lebens, Brüche in der Biographie. Sind diese Brüche und dieser Zweifel auch Dir bekannte Wesen und Tatsachen?

Angst: Ja. Der Zweifel ist für euch Menschen ganz wichtig.

W.W.: Was für ein Wesen ist der Zweifel?

Angst: Der Zweifel ist notwendig, um zu selbständigem Denken zu kommen. Der Zweifel ist notwendig, um den Geist aus eigenem Bewußtsein erkennen zu können. Zweifel löst Ängste aus. Der Zweifel produziert Bilder, die sich selber überholen, die dann zu stehenden Bildern werden, die manche Menschen dann nicht mehr loswerden: Zweifel an der Liebe. Zweifel am Sinn des Lebens. Zweifel an der Gesundheit. Der Zweifel macht das Bild, und dann schiebt sich das Bild in die Angst hinein. Ich produziere selber keine Bilder.

W.W.: Ist der Zweifel eine Kraft bzw. ein Wesen, welches aus sich heraus aktiv ein Bild des Zweifels in den Menschen hineinlegt? Zu Dir als Angst sagtest Du, daß Du diese Aktivität nicht aufbringen würdest.

Angst: Ja, ich denke, daß das im Sinne des Zweifels ist. Aber der Zweifel ist ganz wichtig! Der Zweifel spricht alle eure höheren Glieder an – die Seele, das Ich, das Geistselbst. Der Zweifel geht bis in die hohen Hierarchien hinein. Der Zweifel ist ein sehr hohes, sehr interessantes, aber nicht unbedingt seelisches Wesen.

W.W.: Nehmen wir den Menschen in den 20ern: Kann es sein, daß sich die Angst so steigert, daß er gar nicht mehr seinen eigenen Wahrnehmungen traut und deshalb z.B. Herzklopfen bekommt?

Angst: Auch. Es kann sein, daß er seinen eigenen Wahrnehmungen nicht traut, es kann sein, daß er schlecht in seiner Biographie angeleitet wurde, oder es kann sein, daß er aufgrund seiner eigenen Einstellungen nicht in der Lage ist, reale Wahrnehmungen zu haben. Man muß Wahrnehmungen schulen. Es ist unsinnig zu meinen, daß heutige Menschen von sich aus wahrnehmungsfähig seien. Das sind sie nicht, das muß ihnen beigebracht werden. Am besten geht dies durch das Vorleben und das dadurch ausgelöste Nachahmen. Gerade im Alter eines Kleinkindes ist es wichtig, daß die Eltern etwas vorleben und die Kinder es nachahmen; vor allem in der Zeit, in der es noch keine richtigen Ängste gibt. Später ist es sehr viel schwieriger, richtige Wahrnehmungen und Erlebnisse nachzuholen, z.B. durch Erzählungen. Wenn ein Mensch, z.B. ein Kind, in den Eltern Menschen hat, die keine richtigen Wahrnehmungen haben können, kann dieser Mensch auch nicht richtig wahrnehmen lernen und hat folglich keine echten Wahrnehmungen.

Mut und Vertrauen gegen Erlebnisarmut

W.W.: Die Menschen heute haben immer weniger Wahrnehmungen, sie sind immer weniger in der Lage, Erlebnisse z.B. in der Natur machen zu können, empfinden dort nichts mehr, nehmen nicht die Schönheit der Natur wahr usw.; bedingt vor allem durch die starke Medienpräsenz im Leben dieser Menschen. Solche Menschen bekommen dann tatsächlich auch Angst, wenn sie mit realen Erlebnissen in der Natur konfrontiert werden. Solche Menschen sind oft sehr ängstliche Menschen. Ist das richtig?

Angst: Ja. Diese Angst kann dann mitunter verstärkt herauskommen.

W.W.: Was fehlt einem solchen Menschen?

Angst: Mut. Hätte er mehr Mut, könnte er die neue und ungefilterte Bilderflut, die auf ihn einströmt, erst einmal annehmen. Wenn er diesen Mut nicht hat, bekommt er noch viel mehr Angst durch diese Bilder. Es fehlt also heute vor allem eine Muterziehung. Eine solche Muterziehung ist unmodern geworden. Mutproben und ähnliches belächelt man. Hier hat man in früherer Zeit mehr gemacht, und dadurch wurde den Menschen ein Korsett gegeben, wodurch er mit ungefilterten Bildern eher fertig wurde. Fehlende Erziehungskorsetts erhöhen auch die Angst. Wenn ihr Menschen ohne Erziehungskorsett erzieht, müßt ihr ihnen später die Händchen halten, wenn die Ängste kommen.

W.W.: Wie kann man einem Menschen mit Ängsten, z.B. im vierten Lebensjahrsiebt, helfen, damit er mehr Vertrauen zu sich und seiner Umgebung bekommt?

Angst: Man kann versuchen, ihn an den Glauben heranzuführen, an den Christus heranzuführen. Gläubige Menschen haben deutlich weniger Herzphobien. Menschen, die ein funktionierendes Glaubenssystem haben, neigen nicht zu Herzphobien. Jungen Menschen sollte man insofern eine religiöse Erziehung mit auf den Weg geben. Ob sie diese religiöse Erziehung im späteren Lebensalter dann nutzen, ist eine andere Frage; aber sie haben sie zumindest potentiell zur Verfügung. Wenn man Menschen im vierten Lebensjahrsiebt anregt, ganz neu eine Beziehung zum Christus aufzugreifen, hat man ihnen eine riesige Lebenshilfe gegeben. Naturwissenschaften reichen hier nicht. Naturwissenschaften machen sogar Angst.

W.W.: Warum?

Angst: Weil sie Bilder liefern, die euer Geist zum Teil noch nicht fassen kann. Weil sie Zusammenhänge aufzeigen, die eurer Seele wehtun. Und das macht Angst. Solche Situationen schaffen Angstbilder. Und diese Bilder haltet ihr nicht aus.

W.W.: Wenn ein Jugendlicher heute aber keinen religiösen Background hat, man ihm aber trotzdem in seiner Angst helfen möchte – was kann man tun?

Angst: Heileurythmie. Und ein absolut probates Mittel gegen Angst ist: Gib ihm ganz viel zu tun! Vor allem körperliche Arbeit, es kann aber auch geistige Arbeit sein. Es geht vor allem darum, daß diese Arbeit erledigt werden muß. Studieren ist hier nicht so hilfreich. Es muß auch ein Abgabetermin anstehen, an dem etwas Definiertes fertig sein muß.

Angstsucht

Es gibt auch Menschen, die eine Sucht zur Angst haben. Sie sind angstsüchtig.

W.W.: Kannst Du die einmal beschreiben?

Angst: Das sind Menschen, die fortwährend vor irgendwelchen Bildern Angst haben. Und wenn man ihnen ein Bild erklärt, so daß sie vor diesem keine Angst mehr haben müssen, so suchen sie sich schnell ein neues Bild, vor dem sie wiederum Angst haben. Ein Leben ohne Angst ängstigt sie mehr als ein Leben mit Angst.

W.W.: Finden sie an dieser Angstsucht auch eine gewisse Befriedigung?

Angst: Ja, denn diese Angstsucht führt dazu, daß bestimmte, eher fremde Reize außerhalb bleiben. Man bewegt sich in einem gewissen Kosmos der Angst. Diese Menschen kennen mich ganz genau. Sie finden mich zwar nicht schön, aber da sie mich kennen, ist ihr Verhalten ähnlich wie das Sprichwort: Lieber den Teufel, den man kennt, als den Engel, den man nicht kennt. Das ist eine Art von Angstsucht. Man kennt sich mit der Angst aus. Mit dem Nicht-Angstzustand kennt man sich nicht aus, und das wird wieder zu einer Angst: der Angst davor, keine Angst zu haben.

Angst vor der eigenen Seele

W.W.: Ein weiteres Organ, auf das sich die Angst stark richtet, ist die Lunge bzw. ist die Atmung. Warum ist das seelische Erleben so stark mit der Atmung und auch mit der Angst verbunden?

Angst: Dies ist sozusagen die Angst vor der eigenen Seele, die Angst vor Gefühlen, die sich in dieser Lungenangst ausdrückt. Das geht bei Asthmatikern so weit, daß sie Gefühle, die ein kleines Maß überschreiten, nicht haben wollen. Asthmatiker sind Menschen – in aller Vorsicht gesprochen, und immer muß auch die Individualität angeschaut werden –, die in einem ganz gleichmäßigen und unbewegten Gefühlsfeld leben. Die Gefühle haben eine Amplitude nahe Null. Sie dürfen dasein, sollen aber um Gottes willen nicht ausschlagen. Das funktioniert aber nicht. Alles, was luftig ist, hat astralischen, seelischen Charakter. Man spricht nicht umsonst von flammender Begeisterung. Man hat auch Angst davor, dunkle Gefühle zu haben, daß die Gefühlswelt unbeherrschbar ist – das ist eine ganz andere Art von Angst. Es ist Angst vor der Astralität. Es ist etwas völlig anderes als die Angst des Herzens, die mit dem Verlust des Christus zusammenhängt.

W.W.: Kannst Du etwas Allgemeines zum Einatmungsprozeß und zum Ausatmungsprozeß sagen? Ist der Einatmungsprozeß eher etwas Ängstliches, Antipathisches, der Ausatmungsprozeß eher etwas Befreiendes, Sympathisches?

Angst: Wenn Du das Wort *eher* unterstreichst, bin ich damit einverstanden. Der Atem ist etwas, was ihr überhaupt nicht auf eure Bewußtseinsebene bekommt. Wenn ein Baby auf die Welt kommt, kann es ganz viel nicht, aber eines kann es sofort: atmen. Atmen braucht der Mensch nicht zu lernen. Atmen ist etwas, was eurer Kontrolle überhaupt nicht unterliegt. Deshalb davon zu sprechen, daß der eine Prozeß eher antipathisch, der andere eher sympathisch ist, ist schwierig; es hat aber Anklänge davon. Wer erschreckt, atmet natürlich plötzlich ein.

W.W.: Und nach einer langen Anstrengung atmet man befreiend aus.

Angst: Ja, dann läßt Du die Seele los, willst wieder mehr im Umfeld sein. Und im Moment des Schreckens zieht man die Seele stark an sich, man will nicht, daß man sie verliert.

W.W.: Warum können Asthmatiker nicht ausatmen? Warum können sie nicht loslassen, nicht entspannen?

Angst: Sie können nicht in die Euphorie hineinkommen, können sich nicht richtig begeistern. Ihnen fallen alle Gefühlswallungen schwer, sie deckeln alle Gefühle am liebsten. Natürlich machen sie das nicht bewußt.

W.W.: Psychoanalytiker nennen Asthma den Schrei nach der Mutter. Ist es so, daß Asthmatiker zu wenig Liebe von der Mutter bekommen haben?

Angst: Das kann so sein, muß aber nicht so sein. Es kann auch sein, daß sie ein unstillbares Liebesbedürfnis mitgebracht haben, welches schlicht nicht zu stillen ist. Es gibt sehr viele Asthmatiker, die durchaus von der Mutter geliebt und verhätschelt werden. Die Mutter nimmt in den ersten Jahren das Gefühlsleben des Kindes mehr oder weniger dem Kind ab, und ab dem dritten Lebensjahrsiebt ist es vielleicht ein Schrei nach dem Gefühlsleben der Mutter, weil man mit dem eigenen Astralleib nicht fertig wird. Das mit der fehlenden Liebe der Mutter stimmt nicht.

W.W.: Wieso tritt überhaupt Angst auf, wenn man nach Luft ringt?

Angst: Weil dann die Seele weg ist. Wenn die Seele weg ist, kannst Du nichts fühlen. Ganz weg ist die Seele natürlich nicht, sonst wäre der Mensch tot. Wenn sich aber die Gefühlswelt so weit abgekoppelt hat, daß man keine Luft mehr bekommt, bekommt man Angst.

Ich bin eines der grundlegendsten Gefühle, die es gibt. Ich existiere unabhängig vom Menschen. Angst existiert unabhängig vom Menschen als eine diesen Kosmos erhaltende astrale Regung. Und diese astrale Regung wird noch sehr lange dasein.

W.W.: Mitunter bist Du ja das letzte Wesen, mit dem ein sterbender Mensch in Kontakt ist. Wenn z.B. jemand erwürgt wird, dürftest Du das letzte astrale Wesen sein, mit dem der Mensch noch eine bewußte Begegnung hat, bevor er stirbt.

Angst: In einem gewissen Sinne stimmt das. Ich bin aber meist auch das erste Wesen, mit dem ein Mensch in Kontakt tritt.

Erkennen, Analysieren, Überwinden

W.W.: Dann gibt es die psychiatrischen Krankheitsbilder, z.B. reaktive seelische Erkrankungen, wie z.B. durch einen Verlust: den Verlust eines Partners, der Arbeitsstelle, der Gesundheit. In diesem Falle macht man sich Vorstellungen, und die schon besprochenen Bilder der Angst treten auf. Kannst Du hierzu noch etwas sagen?

Angst: Zuerst kommt die Furcht, z.B. den Arbeitsplatz zu verlieren; diese Furcht wird zu einem Bild, welches sich von dem konkreten Objekt oder Vorgang ablöst. Man kann z.B. auf einem sicheren Arbeitsplatz im Öffentlichen Dienst sitzen, aber allmählich die Furcht entwickeln, daß gewisse Bereiche privatisiert werden könnten und der Arbeitsplatz verlorengehen könnte. Auch wenn die äußeren Hintergründe nicht eintreten, bleibt dieses Bild erhalten und wird somit zu einem Angstbild. Das ist ein relativ normaler Vorgang. Diese reaktiven seelischen Erkrankungen sind eigentlich die Grundbilder der Angst, über die wir heute gesprochen haben.

W.W.: Wie kann man hier einem Menschen helfen, seine Angst zu überwinden?

Angst: Zuerst muß man das Bild oder den Vorgang erkennen, dann muß man den Vorgang analysieren, aus der allgemeinen Angst wieder eine konkrete Furcht machen, und dann muß man die Furcht durch Lebensmut überwinden. Wichtig ist hierbei das grundlegende Vertrauen in das Gute in der Welt, Vertrauen in den Christus, Vertrauen darauf, daß es eine göttliche Führung gibt. Alles das ist angstlösend. Angst ist meist durch Werte zu lösen, durch Bereiche, die in eurer Naturwissenschaft nicht vorkommen, nämlich durch den Glauben.

W.W.: Dann gibt es die Neurosen, also Reaktionen, die sich nicht auf *ein* Erlebnis rekrutieren, sondern die gesamte seelische Entwicklung des Menschen gehört dazu. Dies können tiefliegende Verletzungen aus einem letzten Leben sein, es können Verletzungen aus der Kindheit sein, an die man sich kaum noch erinnern kann. Der neurotische Mensch reagiert nicht auf ein aktuelles Erlebnis, sondern antwortet aus den Verletzungen, die in seinem ätherischen Leib sind. Kannst Du über diese Angst etwas sagen?

Angst: Das sind alte Bilder, Bilder, die nicht frisch erworben sind, wo kein realer Furchtvorgang mehr vorhanden ist. Es können mitgebrachte Bilder sein, vielleicht auch karmisch mitgebrachte Situationen, die als Bilder in das Bewußtsein treten. Es können unbearbeitete Teile aus Vorinkarnationen sein. Häufiger sind es sogar solche unbearbeiteten Bereiche aus einem letzten Leben, nicht so häufig aus der frühen Kindheit. Für Ärzte, die nicht von wiederkehrenden Erdenleben überzeugt sind, besteht hier natürlich der Ausweg, alles in die frühe Kindheit zu packen. Diese Bilder aufzuarbeiten ist deutlich mühsamer als eine frisch erworbene Furcht oder Angst.

W.W.: Wie kann man diese Angst lösen?

Angst: Genauso. Auch hier braucht man Vertrauen, Vertrauen in den Christus. Vorher muß man aber erst das Bild finden. Man muß wissen, was die Neurose auslöst. Erst erkennen, dann analysieren, dann überwinden. Eigentlich ist es immer dieser Dreiklang. Am einfachsten ist es immer, sich an die geistige Welt zu wenden, aber meist stehen den heutigen Menschen diese Mittel nicht zur Verfügung, sie haben falsche Begriffe oder falsche Vorstellungen von der geistigen Welt, und dann schluckt man statt dessen Psychopharmaka.

Der Schrei nach Geist

W.W.: Es gibt ja auch Reste von Menschen, z.B. Astralleibleichname, die in Erdennähe herumspuken; es gibt sicherlich auch viele kleine

Angstwesen, die durch ängstliche Menschen neu erzeugt werden. Was sind das für Wesen?

Angst: Diese von Menschen erzeugten Angstwesen machen Teile von mir neu. Angstbilder können lange im Menschen schlummern, aber wenn sie herausgesetzt werden, entsteht ein Teil von mir neu. Das ist dann eines von diesen sehr vielen – multiplen – Wesen, die zu mir gehören. Viele Menschen haben durchaus viele Ängste. Du mußt sie Dir so wie kleine Windhosen vorstellen, sie drehen sich immer um sich selbst. Aufgelöst werden können sie eigentlich nur, wenn sich von oben Geist in sie hineinsetzt. Im Grunde schreien sie nach Geist.

W.W.: Kann es auch sein, daß sich Astralleibleichname oder andere Reste von Menschen in Menschen hineinsetzen, daß diese Menschen durch solche Reste besessen werden und daß dadurch Angst ausgelöst wird?

Angst: Natürlich. Selbstverständlich können Ätherleibleichname, Astralleibleichname und Gespenster sowie alle anderen menschlichen Reste in andere Menschen hineinschlüpfen und dann zu einem Bild werden und dadurch Angst auslösen. Dieser Vorgang ist relativ normal und häufig. Und durch die Angst des Menschen werden sie aufgebläht, wieder herausgesetzt und sind kräftiger als zuvor. Christus schildert das ja: Wenn man die Dämonen nur hinauswirft, nichts für sie hinstellt, kommen sie um so größer zurück. Du mußt etwas anderes, etwas Positives anstatt der Ängste in Dich hineinnehmen, Du kannst Die Ängste nicht nur hinaussetzen, Du mußt sie ersetzen. Du mußt sie mit einem beherrschten Bild ersetzen, z.B. mit dem Bild eines Engels.

W.W.: Wenn in einem Menschen viele solcher kleinen multiplen Angstwesen vorhanden sind und wenn sie hinausgesetzt werden – wohin gehen sie?

Angst: Sie gehen in das allgemeine Ätherische über bzw. wieder in mich zurück. Ich bin das allgemeine Astralische der Angstwesen, und diese kleinen Angstwesen lösen sich in mir auf. Es kann aber auch sein, daß von einem Menschen herausgesetzte Angstwesen von einem anderen Menschen aufgefangen werden.

W.W.: Dann gibt es noch die Angst der Psychopathen und den schon angesprochenen Wahn. Kannst Du dazu noch einige Worte sagen?

Angst: Das ist meine geistige Angst. Wahn entsteht aus geistig nicht verdauten Bildern. Etwas geistig Wahrgenommenes, aber nicht Verstandenes, tröpfelt in die Seele hinab. Dadurch wird ein Gefühlsbild geschaffen, welches Ängste auslöst.

Phobien

W.W.: Schließlich gibt es die vielen Phobien, z.B. die Agoraphobie. Was ist das?

Angst: In einem solchen Moment ist die Angst so mächtig, daß der Mensch sie so empfindet, als würde sie überall herumsitzen. Die Angst auf großen Plätzen hat mit dem Gefühl zu tun, sich zu präsentieren. Man hat Angst, sich zu präsentieren. Es könnte dort ja jemand stehen, der einen aufs Ziel nimmt. Man hat Angst, sich auf einem großen Platz zu sehr preiszugeben. Eigentlich will man sich verstecken. Eigentlich ist es eine ziemlich unpersönliche Angst, die in diesem Moment kommt. Diese Angst haben viel mehr Menschen, als man denkt. Diese Angst gehört zu eurer Kulturepoche. Es ist eine Kulturepochenangst.

W.W.: Ist das eine Ichschwäche?

Angst: Angst ist immer eine Ichschwäche.

W.W.: Was ist Klaustrophobie?

Angst: Das Gegenteil. Man hat Angst, erdrückt zu werden. Man glaubt, daß die einen umschließende Materie einen erdrücken würde. Klaustrophob sind oft Menschen, die sich massiv neue geistige Räume erarbeitet haben, die auch groß und schön sind, aber die sehr neu sind für den Menschen. Menschen, die die Größe des Geistbereiches erfahren haben, haben Probleme in kleinen geschlossenen physischen Räumen. Die Materie, das Tote bedrückt sie dann.

W.W.: Was sind Tierphobien, Angst vor Mäusen, Spinnen, Schlangen?

Angst: Das sind astrale Ängste. Man hat Angst vor dem Bild des jeweiligen Tieres, der jeweiligen spezifischen Geste des Tieres. Man hat Angst vor dem, was das Tier astral darstellt. Bei der Spinne ist es der große und leuchtende Ätherleib, vor dem man unbewußt erschrickt. Die Spinne ist ein ganz besonderes großes Wesen mit großen Aufgaben.

W.W.: Warum hat der eine Angst vor Spinnen, der andere nicht?

Angst: Weil der eine Mensch schon Erfahrungen mit dem Sehen des Ätherischen hat, der andere Mensch zum ersten Mal in diesen Bereich hineinkommt bzw. unbewußt mit ihm in Berührung kommt. Wer Angst vor Spinnen hat, sieht eigentlich Ätherisches, bekommt dies aber nicht ins Bewußtsein. Es ist aber auch nicht mehr das atavistische Hellsehen; und dadurch entsteht dann Angst. Spinnenängste haben im Grunde eher diejenigen Wesen, die etwas gelockerter sind, also öfter Frauen, oder allgemein Menschen, bei denen das Seelengefüge elastischer ist.

W.W.: Und womit hängt die Angst vor Mäusen zusammen?

Angst: Vor Mäusen haben auch Männer Angst, interessanterweise. Sie dürfen das natürlich aufgrund eurer Normierung nicht so zeigen. Die kleinen Nager haben etwas Unbeherrschtes. Angst vor Mäusen ist durchaus auch etwas, was aus Vorinkarnationen mitgebracht worden ist. Mäuse bedrohen den Menschen im Prinzip, weil sie seine Vorräte, sein Gelagertes vernichten. Diese Angst ist etwas sehr Grundlegendes. Diese kleinen Nager nehmen mir das weg, was ich selber essen will. Die Angst vor Mäusen geht ganz tief in den Menschen hinein. Sie kommt aus Urzeiten. Und mit Ratten ist es genauso.

W.W.: Wie kann man Spinnenangst und Mäuseangst überwinden?

Angst: Erkennen, Strukturieren bzw. Analysieren und ein neues Bild dafür hinsetzen. Wie immer.

W.W.: Es gibt ja auch Tiere, die die Angst verkörpern, z.B. Koboldmakis, die oft auch fast vor Schreck sterben können. Welche Beziehung hast Du zu diesen Tieren?

Angst: In diesen riesenäugigen Makis kannst Du mich physisch sehen. Sie sind mein Abbild in der physischen Welt. Und alle Ängste, die ihr spezifiziert – Lungenangst, Herzangst usw. –, findet ihr spezifiziert in der Tierwelt wieder. Ich lebe mit diesen Tieren; sie sind sozusagen die Teile von mir, die physisch geworden sind.

W.W.: Vielen Dank. Möchtest Du zum Schluß noch etwas sagen?

Angst: Bitte. Eigentlich solltet ihr nur Angst vor der Angst haben. Sie ist ein uraltes Wesen. Alle anderen Ängste sind überflüssig.

Beteiligte Menschen

Verena Staël von Holstein, geb. 1959 in Rendsburg, Studium des Vermessungswesens in Berlin und Hamburg, Studium der Hydrographie in Hamburg, Arbeit als Programmiererin in Wilhelmshaven, Arbeit in der Seevermessung in Lübeck, 2 Kinder, seit August 1995 Mutter und Hausfrau in der Mühle, dort seitdem kontinuierliche Arbeit mit den Naturwesen.

Wolfgang Weirauch, geb. 1953 in Flensburg, Studium der Politik und Germanistik. Studium der Theologie an der Freien Hochschule der Christengemeinschaft. Herausgeber der Flensburger Hefte, Politiklehrer, Vortragsredner, Mitarbeiter beim Fernstudium Waldorfpädagogik & Coaching e.V.

Die Gespräche mit den Tieren werden fortgesetzt:
Im Sommer 2011 erscheint
Tiere 5 – Naturgeister 17

Gespräche u.a. mit folgenden Tieren oder den betreuenden Geistwesen: Rotfuchs, Kolkrabe, Libelle, Fliege, Koboldmaki, Ratte, Riesenschildkröte, Pelikan, Kuckuck, Eichhörnchen, Weißstorch, Graureiher, Marabu, Gepard, Schneeleopard, Riesengürteltier, Großer Ameisenbär, Riesenschuppentier, Narwal, Pottwal, Orang-Utan u.v.m.

Auch ein Band über Haustiere ist in Vorbereitung (voraussichtlich Ende 2011)

Sie können es beim Verlag unter Tel. 0461/2 63 63 oder Fax 0461/2 69 12 vorbestellen!

**E-Mail: info@flensburgerhefte.de
www.flensburgerhefte.de**